혐오하는
민주주의

혐오하는 민주주의

팬덤 정치란 무엇이고
왜 문제인가

박상훈 지음

후마니타스

차례

| 일러두기 |

이 책은 2022년 5월 17일 국회의원 연구 모임에서 발표한 "팬덤 정치와 민주주의"라는 글에서 시작되었다. 이때의 발표문을 손봐서 "팬덤 정치, 무엇이 왜 문제인가"라는 제목의 글을 국회미래연구원 웹진에 2022년 6월 21일 자로 게재했다. 당시의 문제의식을 발전시켜『서울신문』의 기명 칼럼 코너인 <박상훈의 호모 폴리티쿠스>에 팬덤 정치를 단일 주제로 2022년 8월부터 2023년 6월까지 총 14회의 글을 작성했다. 이 책의 1장과 2장, 5장은 모두 여기에 기초를 두고 있다. 국회미래연구원이 발간하는『국가미래전략 Insight』67호(2023/05/01 발간)에 게재한 "만들어진 당원: 우리는 어떻게 1천만 당원을 가진 나라가 되었나" 역시 같은 문제의식에서 작성했고, 이 책의 3장에 담았다. 이 책의 4장 "팬덤 정치의 다른 얼굴: 입법 공장이 된 국회"에서 사용하고 있는 자료는『국가미래전략 Insight』40호(2020년 10월 15일 발간)에 게재한 "더 많은 입법이 우리 국회의 미래가 될 수 있을까"에 기초를 두고 있다.

왜 쓰는가

1.

여기 두 개의 민주주의가 있다.

하나는 야당opposition party이 있는 민주주의다. 반대가 허용되지 않는 정치체제를 일당제라고는 할지언정 민주주의라고는 하지 않는다. 야당의 다른 이름은 대안 정부alternative government다. 시민이 복수의 정당들로 대표되고, 그들 혹은 그들의 연합이 번갈아 집권해 공공 정책을 주도함으로써 사회를 더 넓게 통합할 수 있기 때문이다. 정치란 이견들 사이에서 일하는 시민 사업이며, 정치가들 역시 상대 당으로부터도 인정받고 존경받을 수 있어야 민주적 시민 사업을 책임질 수 있다. 우리는 이를 '다원 민주주의'라 부른다.

다른 하나는 '자신들의 집권만이 정의로운 민주주의'이다. 상대 당은 공존과 협력의 대상이 될 수 없다. 여야는 민주주의를 함께 이끌어 가는 공동 통치자가 아니라 싸워야 할 적이다. 상대 당으로부터 존중받는 정치가는 설 자리를 잃는 반면, 정치 전쟁에 특화된 성향의 정치가들이 환호받는다. 같은 당 안에서조차 이견이 이적으로 공격받을 때쯤 되면, 시민의 사회는 물론 시민의 마음 역시 상처로 고통받는다. 개인과 집단의 다양한 선호로 움직이는 민주주의가 아니라, 대화하고 협력할 수 없는 민주주의, 의견이 다르고 생각이 다른 것을 혐오하는 민주주의가 온다. '팬덤 민주주의'가 그것이다.

2.

정치학자에게도 사회적 소명이랄까 책임감 같은 것이 있는 것은 아닐까 하고 생각할 때가 있다. 그 때문에 실증적 분석과 절제된 논의를 넘어 규범적이고 비판적인 질문에 마주하게 되곤 한다. 우리 정치가 좋아질 수 있을까? 한동안은 어렵다고 본다. 허망한 기대를 갖기보다 우리가 직면한 상황을 있는 그대로 대면하는 것이 좋을 때가 있다. 지금이 그렇지 않은가 한다.

첫째, 한동안은 어렵다고 보는 가장 큰 이유는 정치를 해서는 안 되는 국가기관의 수장(검찰총장)을 최고 통치자로 만들었기 때문이다. 그는 정치의 경험이 전혀 없다. 야당을 존중하고 함께 일을 풀어 가는 정치 지도자의 역할을 할 생각도 없다. 대통령 되기에 성공했을 뿐 민주정치와 융화할 의사가 없기에 그에게 대통령으로서의 좋은 역할을 기대할 수 없다.

둘째, 여당은 있을지 모르나 집권당, 즉 정부를 책임지는 정당government party은 없기 때문이다. 여당이 정부를 운영하는 것도 아니고 정국을 주도하는 것도 아닌 시대다. 우리 민주주의에서 집권당이란 무엇인가에 대해 깊이 회의하게 되는 순간이 계속되고 있다. 필자의 감각으로는 군부 권위주의 시절보다 지금의 집권 여당이 훨씬 더 자기 목소리를 내지 못한다. 박정희 시절의 공화당, 전두환 시절의 민정당보다 지금의 국민의힘이 더 권위를 갖는다고 볼 수 없다.

셋째, 지금의 대통령과 집권당 모두 한국 정치의 과거에 의존해 생존하고 있기 때문이다. 그들은 자신의 실력으로 대선에서 승리하지 않았다. 그들은 과거 대통령과 과거 집권당의 실패 덕분에 우연히 집권하게 되었을 뿐, 자신들만의 계획과 청사진을 우리에게 보여 준 적이 없다. 앞으로도 그들은 과거를 불러내고 과거와 싸워서 생존하게 될 텐데, 오래전 영국의 정치가 윈스턴 처칠이 말했듯, "현재가 과거와 싸우도록 내버려 두면 잃는 것은 미래"다. 과거와 씨름하는 정치가 좋은 변화를 만들 수는 없다.

넷째, 대통령은 있지만 정치 지도자는 없는 정부, 여당이지만 통치하지 못하는 집권당, 과거의 적폐와 싸우는 것에서 정당성을 주장하는 권력 집단의 문제를 말했지만, 이것이 비단 지금의 대통령과 지금의 여당만의 문제는 아니기 때문이다. 엄밀히 말해 오늘의 대통령과 오늘의 여당은 어제의 대통령과 어제의 여당 덕분에 성공할 수 있었다. 지금 정권은 과거 정권 '에도 불구하고'가 아니라 과거 정권 '때문에' 승리했다. 그런 점에서 지금 정권은 전 정권의 연장선에 있다. 그런데도 지난 정권을 책임졌던 누구도 자신들의 실패를 인정하지 않는다. 야당은 상대에게서 자신의 과거 모습을 발견하고도 '반성적 성찰'보다는 흔히 말하는 '내로남불식 부정'으로 일관한다. 한 테이블에 마주 앉아 우리 사회의 문제를 두고 진지한 대화와 숙의, 조정과 협상을 이끌 생각이 없는 것은 여야 모두 똑같다. 이런 상황은 조만간 달라질 것 같지 않다. 어느 한쪽 혹은 양쪽 다 무너지거나, 어느 쪽이라도 자신의 모습을 깊이 성찰할 수 있을 때쯤이 되어야 뭔가 달라질 수 있을 것이다.

다섯째, 대통령들이 정치적 역할을 하지 않고, 정당들이 정치를 잘못 이끌고 있다고 해도, 시민사회가 권력과 돈의 힘으로부터 독립된 이성적 공론장의 역할을 제대로 하고 있다면 비관할 일은 아닐지 모른다. 하지만 안타깝게도 정치가 이렇게 된 데에는 우리 사회의 언론과 시민운동, 전문가, 지식인 집단의 책임이 크다. 그들은 정치적 중립을 내세워 책임은 지지 않으면서도 실제로는 누구보다도 당파적인 영향력을 발휘했으며, 대통령비서실과 행정부의 여러 관직을 자유롭게 추구했다. 당적을 갖지 않으면서도 대통령 후보 캠프, 정부의 각종 위원회, 나아가 정당들의 공천심사위원회, 비상대책위원회, 혁신위원회에 자유롭게 참여했다. '외부 전문가 영입'이라는 이름으로 비례대표 국회의원 명단을 채워 온 것도 이들이다. 이는 한국 시민사회의 정치적 위선을 잘 보여 준다. 게다가 이들은 정부의 요직이나 여러 위원회 위원장 나아가 국회의원의 자리를 갖게 된 다음에도 실력과 성실함을 보여 주기 위해 노력하기보다는 당파적 여론 동원에 앞장설 때가 많았다. 상황이 이러다 보니 우리의 시민사회는 존경할 만한 언론인, 운동가, 지식인을 배출할 능력을 갈수록 잃어 가고 있다.

여섯째, 정치가 나빠지고 시민사회가 관직 약탈자들로 넘쳐 난다 해도 보통 사람들의 생활 세계가 그래도 건강하다면 희망은 있을 것이다. 하지만 이곳이야말로 들여다보기 힘들만큼 비극적이다. 가난하고 소외된 사람들은 살 수 없는 세상이 되었기 때문이다. 비교할 만한 대상 국가가 없을 만큼 높은 노인 자살률과 노인 빈곤, 고독사의 문제는 이 사회가, 자식들의 교육비를 대느라 노후 준비를 하지 못한 사람들에게 이제는 나이 들었다고 경멸까지 감수하도록 방치하고 있음을 말해 준다. 경제는 선진국이 되었다는데 놀랍게도 그것의 사회적 결과는 어둡고 암울하다. 법의 제재를 받지 않는 작은 사업장에서 집중적으로 발생하는 산재 사망 사고, 나빠져 가는 지방 현실과 나아질 기미가 없는 낮은 출생률, 줄어들지 않는 긴 노동시간, 소득 격차, 자산 격차, 남녀 임금격차, 비정규직 비율, 사교육비 지출 규모 등이 말해 주는 것은 분명하다. 그것은 지금과 같은 정치, 사회구조에서라면 경제적으로 발전하고 성장할수록 불평등과 차별, 혐오, 적대, 분노는 오히려 더 커질 수밖에 없다는 것이다. 서울의, 좋은 대학을 나온, 정규직 직장인들과 소수 최상위 계층만이 발전의 혜택을 전유할 수 있는 이 구조에서 다수 시민의 행복은 희생될 수밖에 없다. 우리 정치가 이런 문제에는 관심이 없고 오로지 서로를 척결 대상으로 몰아 자신의 안위를 지키는 일에 골몰하고 있는데 어떤 희망을 말할 수 있을까.

일곱째, 결정적인 것은 우리들의 마음이 이미 깊은 상처를 입었다는 데 있다. 많은 사람들이 화가 나 있고 억울해 하는 것을 넘어 이제는 좌절과 혐오의 감정을 상대에게 투사함으로써 서로 대화하고 협력할 수 없는 마음 상태를 갖게 되었다. 누가 이렇게 만들었을까? 대화하지 않는 정치, 우리 사회의 중대 문제를 두고 협력하지 않는 정치, 이를 부추기는 것으로 돈과 위세를 갖게 된 신종 권력 언론, 신종 여론 형성자, 신종 시민 지식인들이 그렇게 만들었다. 사나운 정치는 정치가들만이 아니라 시민을 사나운 민원인, 절대 자신의 몫을 포기할 수 없다는 사나운 이익 요구자로 만들었다. 점점 더 많은 사람들이 자신의 입장만 고집하고 다른 사람의 입장이나 관점은 고려하지 않는다. 망상에 사로잡혀서라도 세상 모두를 적대하는 야수가 되는 게 낫겠다고 소리치는 상처받은 마음들이 늘고 있다. 약어와 신조어들이 우리 사회처럼 많이 만들어지고 빠르게 확산되는 사회는 없다. 꼴페미, 이대남, 한남충, 꼰대, 수박 등등 수많은 신조어들은 물론이고 앞에 '개'를 덧붙여 자신의 감정을 더 세게 표현하는 관행은 모두 혐오와 야유에 기반을 둔다. 혐오와 야유가 정체성이 되는 사회에서 우리 모두가 필요로 하는 공동체성, 연대, 공감 같은 가치들은 자라날 수 없다. 집단을 호명하는 언어가 이처럼 분열적이면, 달리 말해 혐오가 서로의 정체성을 부여하는 힘으로 작용하면, 남는 것은 전염성이 큰 적대와 증오, 폭력이라는 사회적 질병이다.

3.

한국은 과연 안전한 사회일까? 이제 우리는 근대 정치철학의 출발점이었던 '폭력으로부터의 안전'의 문제부터 새롭게 따져 봐야 하는 시민전쟁civil war에 접어들었는지 모른다. 생각이 다른 사람이 가족이든 동료 시민이든 관용할 의사가 없음을 보여 주는 사례가 나날이 늘고 있다. 총만 안 들었다 뿐, 내전에 가까운 적의가 우리 사회를 뒤덮고 있다. 상황을 돌이킬 수 있을까? 우리 정치는 어떻게 해서 지금과 같은 지경이 되었고, 과연 언제쯤 변화와 개선의 전환점을 만드는 일에 착수하게 될까? 이 책은 이 질문에 답해 보려는 하나의 시도다.

1장

문제
: 현상으로서의
팬덤 정치

1. 왜 팬덤 정치 '현상'인가

팬덤 정치라는 도전

이 책은 '팬덤 정치'를 다룬다. 팬덤 정치는 2020년을 전후해 우리 사회의 최대 정치 쟁점으로 부상했다. 유사 쟁점인 정치 양극화나 포퓰리즘을 둘러싼 논란보다 이제는 팬덤 정치 논란이 더 빈번하고 더 격렬하다.

　어떻게 다루려는가? 첫째, 과거 권위주의 시기에 기원을 둔 이른바 '3김 정치' 이후 지난 20여 년 가까운 기간 동안 우리 정치에 무슨 일이 있었는지를 설명의 배경으로 삼고, 둘째, 팬덤 정치가 만들어지게 된 기원과 형성 그리고 구조와 변화의 문제를, 셋째, 비판적 관찰자의 관점에서 분석해 보려고 한다.

　달리 말해 권위주의로의 회귀를 걱정해야 할 단계를 넘어선 한국 민주주의가 좀 더 다원적인 가치와 이념을 포괄하는 방향으로 발전하기보다 그 반대로 지극히 배타적이고 공격적인 팬덤 정치로 귀결된 이유를 민주화 이후 우리가 경험한 정치 변화의 긴 맥락에서 비판적으로 따져 보려는 것이다. 이를 통해,

팬덤 정치를 특정 집단의 심리적 일탈 현상으로 단순화해서 이해해 온 우리 사회의 지배적인 해석과는 다른 설명을 해보고자 한다.

정치 팬덤을 '개딸 문제'이자 곧 민주당만의 현상으로 보는 것은 한계가 있다. 정치 팬덤 현상을 가장 잘 살펴볼 수 있는 경우는 자신들이 좋아하는 정치가를 지키기 위해 한꺼번에 입당하는 사례일 것이다. 2016년 문재인 당 대표를 지키기 위해 일시에 입당한 10만여 명의 민주당 신규 당원이나 2022년 대선 패배 직후 며칠 만에 가입한 14만여 명의 민주당 신규 당원이 대표적이다.

하지만 집단적으로 당원에 가입하는 사례는 국민의힘 쪽도 있었다. 이준석 당 대표 시절인 2021년 6월에서 9월 사이 국민의힘에 가입한 26만여 명의 신규 당원이 대표적인 예이다. 그 가운데 절반 가까이가 20~40대였다는 사실도 주목할 만하고, 나아가 국민의힘에 친화적인 수많은 유튜브 정치 채널이 존재하는 것에서 볼 수 있듯이, 팬덤 정치는 여야를 가로지르는 한국 정치 일반의 문제가 되었다.

팬덤 정치를 20~30대 여성이 주축이 된 영 페미니스트들의 문제로 보는 해석[1]에도 회의적이다. 무엇보다도 '개딸'이나 '개삼촌' 같은 용어가 페미니즘의 감각에서 나올 수 있는지부터

의문이다. 그런 정황이 특정 국면에서 있었다 하더라도 지속적인 특징은 아닌 것 같다. 오프라인에서 정치 팬덤은 여야 모두 중장년 내지 고연령의 참여자들이 주도하고 있다. 민주당의 정치 집회에 참여해서 이른바 '수박 의원'들을 따라다니며 욕설을 하는 사람들은 '태극기 집회' 참여자들과 적어도 연령이나 행태 면에서는 크게 달라 보이지 않는다.

인터넷이나, 소셜 네트워크 서비스SNS, 유튜브 등에서 볼 수 있는 언어나 소통 양식에서 팬덤 정치의 원인을 찾는 접근도 충분한 설명이 될 수 없다. (자신이 원하는 정보만 선택적으로 모으는) '확증 편향'이나 (같은 입장을 지닌 정보만 지속적으로 수용하고 강화하는) '반향실 효과' 등처럼 수용자 개인에게 초점을 둔 심리적 접근 또한 제한적이다. 그것으로 팬덤 정치를 설명할 수 있는 여지는 지극히 협소하고 또 근시안적이라는 한계를 갖는다.

정치 현상은 일차적으로 정치의 문제로 이해되어야 한다. 팬덤 정치 이전에 우리 정치와 우리 민주주의에 어떤 문제가 있었는지를 깊고 넓게 고찰함으로써, 왜 한국 정치가 팬덤 현

---

1 대표적으로 오세라비, "이재명의 '개딸'… 민주당 '접수'하는 2030 페미니스트," <펜앤마이크>(2022/03/26)를 참고할 것.

상에 휘둘리게 되었는지에 대한 인과론과, 어떤 개선의 노력이 필요한가에 대한 변화론을 모색하는 것이 훨씬 더 중요하다고 생각한다. 팬덤 정치를 특이한 사회집단의, 특이한 행동이나 심리적 문제로 보면 의외로 문제는 간단해진다. 하지만 정치가 나빠지고, 민주주의 또한 새로운 형태의 지배 수단으로 전락하게 되면, 언제 어디서든 나타날 수 있는 대중 정치의 한 양식으로 팬덤 정치를 본다면 이야기는 달라진다.

팬덤 정치를 민주주의적 현상의 일종이라고 볼 수 있을까? 그렇다고 본다. 본론에서 자세히 살펴보겠지만, 팬덤 정치는 민주주의를 벗어난 현상이 아니다. 민주주의에서라면 있을 수 없고, 있어서는 안 되는 정치 현상인 것도 아니다. 민주주의이기 때문에 나타날 수 있는 것이 팬덤 정치다. 다만 팬덤 정치가 민주주의의 발전에 기여할 것인지를 묻는다면, 그렇지 않다고 본다. 민주주의도 인간이 만든 정치체제이기에 당연히 한계가 있다. 좋을 때만 가치 있는 것이 민주주의이며, 그렇지 않을 때의 민주주의는 다른 정치체제 못지않게 우리를 고통스럽게 만들 수 있다.

팬덤 정치를 민주적 현상으로 이해하면, 그래서 우리가 그것을 편의상 '팬덤 민주주의'라고 이름 붙인다면, 문제의 핵심은 그것이 '혐오로 작동하는 민주주의'라는 점이다. 민주주의는 시민의 다양한 선호에 기반을 두고 작동하는 체제다. 선호의 다양성을 표출하고 대표하고 조정해서 적법한 공적 결정을 이끄는 것을 민주주의라고 한다. 그런데 혐오는 하나의 선호이외에 다른 것을 억압하는 문제가 있다. 그런 점에서 팬덤 정치나 팬덤 민주주의는 정당정치나 의회정치가 정초하고 있는 다원적 민주주의를 위협한다. 민주주의는 민주주의로되, 자유롭고 평등한 민주주의이기보다 그 반대로 억압적이고 극단적인 민주주의라는 데 팬덤 정치의 문제가 있다.

이제 민주주의의 적은 민주주의다. 군부 쿠데타나 공산 혁명의 도전에서 어느 정도 자유로워진 현대 민주주의를 위협하는 것은 비민주적 이념이나 대안이 아니라 자기 자신, 즉 민주주의가 되었다. 민주주의와 비민주주의의 싸움이 아니라 민주주의 안에서, 혹은 여러 민주주의'들' 사이에서의 싸움이 문제가 되고 있다.

민주주의를 어떻게 이해하고 운영해야 다정한 시민성을 북돋고, 사회가 필요로 하는 여러 변화를 좀 더 침착하게 성취할 수 있을까? 이 질문 앞에서 팬덤 정치는 새로운 자극이자 흥미로운 도전으로 우리 앞에 와 있다.

구성과 전개

책의 구성이랄까, 주제의 전개 과정을 간단히 소개하면 다음과 같다. 먼저 1장은 논의의 대상으로서 팬덤 정치란 어떤 문제인가에 대해 생각해 본다. 이를 통해 정치에서의 팬덤 현상이 기존의 전형적인 정치 현상과 어떻게 다르고 또 무엇이 특별한지를 살펴본다.

2장은 팬덤 정치의 기원과 구조 그리고 그것이 가진 특성을 관련 행위자를 중심으로 분석한다. 그 중심 행위자는 '팬덤 정치인'과 '팬덤 시민'이다. 특히 팬덤 정치인 가운데 '팬덤 리더'는 어떤 사람들이고 기존 정치 지도자와는 어떻게 다르며, 이들을 추종하거나 (경우에 따라서는) 팬덤 리더를 도구로 사용하는 팬덤 시민의 정치 운동이 가진 특징은 또 어떤 것인지를 이 장에서 따져 볼 것이다.

3장은 '팬덤 정당'의 문제를 다룬다. 특히 우리 정당들이 왜 팬덤 정치에 취약한 정당이 되었는지를 정당 내부와 당원의 문제를 중심으로 들여다본다. 기존 당원과는 다른 팬덤 당원의 문제와 그들이 요구하는 정당 개혁에 관련된 주제도 여기서 살펴본다. 끝으로 좋은 정당을 만들기 위해 필요한 조치들에 대해서는 이 장의 결론에서 언급할 생각이다.

4장은 팬덤 현상(1장), 팬덤 행위자(2장), 팬덤 정당(3장)에 이어 '국회의 문제'를 살핀다. 팬덤 정치가 심화되면 여야는 물론 한 정당 안에서조차 조정이나 협력이 어려워지고, 입법 과정이 잘 진행되지 않을 것으로 예상하기 쉽다. 하지만 실제로는 과도할 정도로 많은 법안이 발의되고 입법되는, 매우 역설적인 현상이 우리 국회에서 나타나고 있다. 이를 어떻게 이해할 것인가를 4장에서 살펴본다.

5장은 팬덤 정치를 '민주주의의 문제'라는 관점에서 살펴본다. 팬덤 정치의 행위자들도 모두 민주주의를 주장하는데, 그들이 민주주의를 이해하는 방식에 어떤 문제가 있는지를 집중적으로 살펴본다. 나아가 한국 민주주의가 점점 더 대통령 중심적이 되고 속도전을 방불케 하는 방향으로 치닫게 된 것이 팬덤 정치를 부추기는 측면도 따져 볼 것이다. 팬덤 정치를 변화시킬 주제의 문제도 5장의 결론에서 다룬다.

왜 '현상'인가

이제 팬덤 정치란 어떤 문제인지에 대한 이야기를 시작해 보자. 격렬한 논란에 비해 무엇을 팬덤 정치라고 하는지에 대한 좋은 정의는 아직 찾기 어렵다. 가장 큰 이유는 정치 팬덤들의 활동이, 익명의 공간에서 비공식적인 방식으로 나타났다 사라지는 것을 반복하는 비非전형성을 특징으로 하기 때문이다.

그런 점에서 이들이 자신들을 (뒤에서 자세히 살펴보겠지만) "저항하는 게릴라"로 표현하고 있는 것은 인상적이다. 정규전처럼 부대와 편제, 지휘 같은 요소가 있다 하더라도 잘 드러나지 않는 것이 팬덤 정치. 행동이 있을 때만 알 수 있고, 그런 점에서 말로 표현되고 실천으로 나타날 때만 존재한다는 것에 팬덤 정치의 특별함이 있다.

팬덤 정치는 일종의 '현상'이다. 조직으로서의 팬덤? 이념으로서의 팬덤? 제도로서의 팬덤? 보통의 정치 현상처럼 그렇게 다룰 수 없는 게 팬덤 정치다. 분명히 현상은 있다. 국회의원들에게 발송되는 '문자 폭탄'으로도 있고, 특정인을 대통령이나 당 대표로 만들기 위한 '당원 가입 운동'으로도 있고, 인터넷 커뮤니티에서의 격렬한 논쟁으로도 있고, 정당들의 '당원 청원 게시판'으로도 있고, '수박 깨기 퍼포먼스'로도 있다. 보통의 단체나 결사체처럼 주소지나 전화번호, 사무실, 대변자, 회원 명부, 공식 활동 같은 형태를 갖지 않을 뿐이다. 그렇다면 이런 정치 현상을 어떻게 개념화하고 어떻게 그 유형적 특징을 규정할 수 있을까?

일단 여론 시장과 인터넷 커뮤니티를 중심으로 팬덤 정치가

인용되거나 소비되는 의미를 분해해 보는 것에서 실마리를 찾아가 보자.

2. 팬덤 정치의 의미 구조

팬덤 정치의 주어는 이른바 '극렬 지지자' 내지 '강성 지지층'이다. 이들이 행동의 대상으로 삼는 목적어는 정치인인데, 여기에는 두 종류가 있다. 한쪽 편에는 추종의 대상으로서 팬덤 정치인이 있다. 팬덤 정치인과 팬덤 지지자의 관계는 '우리 이니', '(개혁의) 딸', '(양심의) 아들', '(개) 삼촌'처럼 가족에 가까운 친밀함으로 연결된다. 다른 쪽 편에는 팬덤 리더에 순응하지 않는 같은 당의 의원들이 있다. 이들은 팬덤 지지자들이 혐오하는 대상이다.

한편으로 더 가깝게 느끼고 싶은 감정과, 다른 한편 그와는 정반대인 혐오의 감정이 한 짝을 이루는 마음 상태가 팬덤 정치를 뒷받침한다. 더 흥미로운 것은 혐오가 아니라 혐오의 이유, 그리고 그들에게 혐오를 표출하는 형식에 있다. 혐오의 이유는 '내부 총질'로 우리 편을 공격하는 '위장된 첩자'이기 때문이다. 이재명 팬덤은 이를 '수박'으로 표현한다. 이전에도 상대 당이 심어 놓은 '세작'細作[2]이나 '엑스 맨'[3] 같은 유사한 표현이 많았는데, 그 가운데 '수박'은 압권이다.

누군가를 향해 '반민주적'이라거나 '반민족적', '반민중적'이라고 규정하는 것처럼, 과거에는 정치적 비난이나 공격의 경우 대개 자신의 의지를 직설적으로 표현하는 것이 일반적이었다. 그런 표현을 사용하기로 결심하고 행동하는 데에는 다소 비장한 마음이나 자세, 표정이 동반됐다. 수박은 다르다. 수박은 조롱과 멸시의 의미를 담는, 훨씬 더 비유적인 형식의 표현이다. 그렇기에 표현을 하는 사람에게 그 상대는 함부로 하대下待해도 좋은 존재가 된다. 욕설을 덧붙이는 데 따른 심리적 부담도 적다.

수박이라는 단어에서 '빨갱이'가 연상되는 사람도 있을 것이다. 해방 직후 이념 대립이 본격화되면서 빨갱이라는 말이 유행했는데, 그때 수박이 일종의 직유법으로 병용되었던 것도 틀림없는 사실이다. 1947년 9월 12일자 『독립신보』를 보면

---

2 한 단체의 비밀이나 상황을 몰래 알아내어 대립 관계에 있는 단체에 제공하는 사람.

3 뜻하지 않게 자기 팀을 망하게 하는, 스파이 같은 존재를 뜻하는 은어.

"요사이 유행하는 말 중에 '빨갱이'라는 말이 퍽 유행한다. 이것은 공산당을 말하는 것인데, 수박같이 거죽은 퍼렇고 속이 빨간 놈이 있고 …"처럼 말이다(『한겨레』 2022/06/13에서 재인용).

민주화 이후에도 이 말이 비슷한 의미로 사용된 예는 많다. 극우 인사 가운데 "예전에는 겉은 사회주의이지만 이론은 잘 모르는 '사과 빨갱이'가 많았는데, 지금은 겉은 푸른데 속이 시뻘건 '수박 빨갱이'가 많다"(<오마이뉴스> 2004/02/04에서 재인용)라는 반공주의적 사고방식을 드러낸 이도 있고, 김대중과 호남을 비하하는 (일종의 인터넷 극우 용어라는 의미의) '일베 용어'로 수박이 사용되었다는 주장도 있다.[4]

1990년대 학생운동 소집단 안에서 '수박'이라는 용어가 사용되었다고 증언하는 사람도 있다. 필자가 만난 과거 지하 운동가는 그때 수박은 "주사파인데 아닌 척 잘 위장하고 주변 사람들로부터 호감을 얻어야 한다는 의미"로 사용했다고 한다. 매우 드문 경우이기는 하지만, "운동권 내 은어"로 "생태를 표방하는 좌파"를 가리켰다고 말하는 이도 있다(『경향신문』 2011/

---

4 대표적으로 2021년 민주당 경선에서 이낙연 후보 측이 이재명 후보 측에 제기한 수박 논쟁의 사례를 들 수 있다. "'호남 비하' vs '겉과 속 다르다는 뜻' 호남 경선 앞 때 아닌 '수박 논란'"(『한국일보』 2021/09/22).

06/13). 어떻게 보든 과거의 수박은 이념 시비나 이념 논란의 차원에서 비롯되었다는 특징이 있다.

팬덤 정치의 언어가 된 수박은 기존의 의미나 문법과 크게 다르다.[5] 지금 수박이라는 말은 인터넷 용어로 사용되고 있는 '멸칭'蔑稱이라는 말에 잘 어울린다. '멸칭'은 누군가를 모욕하고 비하하고 무시하고 경멸하는 호칭으로, 일종의 '욕설'이나 '혐오 표현'을 뜻한다. <국립국어원 표준국어대사전>은 멸칭을 "경멸하여 일컬음. 또는 그렇게 부르는 말"로 뜻을 풀이한다.[6]

수박은 새로운 표현이다. 이념적 정체성을 드러낼 수 없었던 냉전 반공주의 시대의 산물도 아니고, 더 이상 '운동권 은어'도 아니다. 인터넷 대중화 시대의 '조롱 용어'이자 욕설이고, 상대를 혐오하고 비하하는 표현이다. 이 표현에 동반되는 행위의 양식에도 주목할 만한 특징이 있다.

---

5 2021년 민주당 경선에서 이재명 후보 측은 자신들이 수박이라고 표현한 것은 이념 시비와 무관하며, 단지 겉과 속이 다른 것을 가리킬 뿐이라고 대응한 것이 대표적이다. 이에 대해서는 각주 4를 참조.

6 오픈형 백과사전을 표방하는 <나무위키>에 따르면, "인터넷에서나 쓰이는" 이 말은 "남을 비난할 또는 경멸할(무시할) 목적"으로 누군가를 호명하는 것이자 "사실상 욕설의 동의어"이다.

우선 단지 겉과 속이 다르다는 것을 가리킬 뿐 누군가를 수박이라고 표현하는 것에 그렇게 심각한 이유 같은 것은 없다는 태도가 흥미롭다.[7] (친북 빨갱이라는 이념화된 용어와는 달리) 수박이라는 말은 그저 재미를 위한 표현이므로 죄책감을 가질 이유가 없다는 뜻이기도 하다. 이 때문에 혐오 대상에 대해 타인의 행동을 유도하는 '표적질'과 '문자 총공(욕설 문자 총공격)'을 정당화하기가 용이하다. 이들의 생각을 잘 보여 주는 한 인터넷 커뮤니티(<클리앙>)에는 "문자 총공의 의미와 참여 방법 안내"라는 제목의 글이 있다.[8] 그에 따르면 '문자 총공'으로 상징되는 팬덤 정치는 크게 세 가지 의미를 갖는다.

첫째는 "국민이 뽑아 준 국회의원들에게 정당한 요구를 하는 행위"이다. 둘째는 "팬들의 열정이 모여 집단 지성을 발휘해 가장 효율적인 방식을 택해 목표를 달성시키자는 집단행동"이다. 셋째는 "말 그대로 문자를 보내면 되는 간단한 일"이다. 정당한 행위이자 효율적인 방식이고, 누구나 힘들이지 않고 간단하게 할 수 있는 일이라는 설명은 팬덤 정치의 특징을 잘 집약

---

7 이에 대해서는 각주 4와 5를 참조할 것.

8 https://www.clien.net/service/board/park/17092252 (검색일: 2023/05/15).

해 준다.

집단행동에 참여를 권유하기 위해서는 도덕적 근거가 필요하다. 여기에는 주어진 상황에 대한 이해, 행위할 대상에 대한 평가, 선택할 수단에 대한 안내 등이 포함된다. 게다가 같은 당의 국회의원을 공격하는 일이므로, 참여를 주저할 이유도 적지 않다. 따라서 문자 총공격에 나서는 사람들에게 그런 행동은 ① 민주적으로 정당한 일이고, ② 방법이 효율적인지만 따지면 되는 일이며, ③ 정해진 매뉴얼대로 전화기를 열어서 처리하면 되는 간단한 일이라고 말해 주는 것은 도덕적 부담을 크게 줄여 주는 효과를 갖는다.

누군가를 표적 삼아 온라인 집단행동을 조직하는 일은 그 상대를 함부로 해도 된다는 강력한 신호다. 하지만 그 일을 복잡하게 생각하거나 자신의 행동에 대해 죄책감 같은 것은 가질 이유가 없다. 그들은 그저 수박일 뿐이다. 수박들이 왜 다른 견해를 갖게 되었는지, 그 견해가 옳고 그른지를 논의하거나 합리적으로 따져 물을 필요는 없다. 다른 생각을 말하는 것 자체가 수박들이 저지른 이적행위라고 본다면 행동에 나서면 된다.

우리가 아니라 수박이라는 대상이 잘못한 것이기에, 우리의 자유로운 혐오 표출은 문제가 되지 않는다. 오히려 정당한 일이다. 그보다는 어떻게 "효율적인 방식으로 목표를 달성"할 것인가만 생각하면 된다. 욕설을 담은 문자 폭탄과 복합기 기능을 마비시킬 팩스 대량 전송, '18원' 입금은 그들이 선택한 '효율적인 방식'이다. 최근 등장한 수박 색출, 트럭 시위, 상복 시위, 수박 깨기 같은 퍼포먼스는 창의적인 실험이다. 그렇다면 이들은 왜 이런 일에 열정을 갖게 된 걸까?

3. 팬덤 행동의 심리적 원천

2023년 4월 22일자 『한겨레』에 흥미로운 기사가 하나 실렸다.[9] 욕설 문자를 받은 의원들의 도움으로, 문자를 보낸 이른바 강성 지지자들에게 보름 동안 통화를 시도해 그 가운데 17명과 접촉한 결과를 담은 기사였다.

그간에도 팬덤 지지자를 인터뷰한 기사나 글은 있었다. 하지만 인터뷰에 응한 이들에게서 들을 수 있는 이야기는 다소 정형화된 내용이었다. 책임은 자신들이 문제 삼는 대상에게 있

---

[9] "민주당 강성 지지층, 그들은 왜 멈추지 않는가"(『한겨레』 2023/04/22).

고 자신들은 그 책임을 묻는 것이니, 행위의 동기나 의도의 합리성은 따질 필요가 없다는 것이다. 하지만 우리가 알고 싶은 것은 '타자화된 동기'를 넘어 그들의 팬덤 행동이 갖는 특징, 즉 대상을 직접 겨냥하고 욕설과 야유를 동반하는 그 원초성은 어디에서 기인하는지에 대한 것이다. 나아가 자신들의 행동을 정당화해 주는 신념의 체계는 또 어떤 특징을 갖는지, 왜 자신들의 행위를 공식화하는 선택을 하기보다 익명의 비공식적 공간에서 활동하는 쪽을 선호하는지에 대해서도 궁금한 것이 많다. 이 점에서 『한겨레』 기사는 전형적인 욕설 문자를 보낸 당사자의 정제되지 않은 반응과, 있는 그대로의 원초적 동기를 매우 현실적으로 포착해 냈다는 점에서 기존의 인터뷰 기사들과는 달랐다. 주요 내용을 보자.

그들의 문자에 욕설이 포함되어 있다는 것은 잘 알려진 사실인데 욕먹을 이유로 적시된 것들에는 앞뒤 설명이 없다. 단지 상대를 '공동체로부터 제거'해야 할 혐오의 대상자로 선언하는, 일종의 규정 행위만 있을 뿐이다. 대표적인 것들로 '친일 매국노'나 '역적', '밀정', '파렴치한', '양아치' 같은 것이 있었다.[10]

---

10 기사에 등장하는 대표적인 욕설 문자로는 "수박 ×× 밤에 보지 말자. 개 ×××야", "친일 매국노. 역적 ××야", "대표의 등에 칼을 꽂는 일제 강점기

그런 문자를 보낸 이유를 묻는 질문에 이들이 대답한 것의 하나는 '참을 수 없는 분노'였다. 예를 들어 "피가 거꾸로 솟는 느낌"이나 "너무 화가 나서" 문자를 보냈다는 응답이 대표적이었다.[11] 이런 관점에서 보면 이들 정치 팬덤은 상대가 적의를 숨기고 있다고 의심하거나, 그런 의심과 적대 의식을 상대에게 투영해 판단하는 성향이 강하다.

하지만 그런 분노나 적대 의식보다 더 흥미를 끄는 것이 있다. 그것은 자신들의 '문자 행동'이 꽤나 효과적이라는 경험과 그로부터 오는 자신감이었다. 이게 핵심이다.

처음에는 점잖게 문자를 보냈다는 한 응답자는 아무런 반응

밀정 같은 양아치 짓 그만하시오", "바퀴벌레 같은 ××들. 민주당 분탕질 그만하고 정치 그만둬라", "개수박 ××들 꺼져라. 개 쓰레기 파렴치한 정치 사영업자는 쓰레기 소각장으로 가라", "너 같은 것을 어쩌다가 찍은 내 손이 창피하다. 넌 두 번 다시 안 보겠지만, 천벌 아니면 벼락 맞아 뒈질 것이다", "수박 ××들 모조리 사료 분쇄기에 갈아 악어 우리에 던지고 싶습니다." 등이 있었다.

11 표현을 그대로 옮기면 "이 대표를 흔드는 민주당 의원 모습은 전쟁 중에 아군에게 총을 거꾸로 겨누는 것 같아 피가 거꾸로 솟는 느낌이에요."라거나, "국민의힘 주장을 따라 하는 게 너무 화가 나서 문자를 보냈어요", "개딸 프레임, 그건 똥파리, 수박들이 자신들에게 유리하게 이용하려고 만들어 낸 게 아닌지 의심스럽습니다." 같은 반응이 있었다.

이 없자 "자극적인 문자를 보내니 그제야 반응이 오더라고요."라고 답했다. 효능감이 좀 더 적극적인 자신감으로 이어진 예로는, "정치를 몰랐을 땐 가만히 있었지만 이젠 다르다."와 같은 반응이 있었다. 정치를 어떻게 다루면 되는지를 알게 되었다는 것이다.

제법 전략적인 행위 선택임을 강조하는 반응도 있었는데, 예를 들어 "우리 같은 사람이 있어야 이 대표도 운신의 폭이 넓어진다. 그래야 수박들이 더 심하게 하면 제명할 힘도 생기는 것 아니겠나."라는 답변이 있었다. 향후 행동의 계획을 밝히는 반응도 있었는데, "수박들을 다음 공천에서 배제하기 위해 권리 당원을 가입시키고 있다. 나도 이번 주 7명을 가입시켰다. 우리 같은 당원들이 있어 다음 총선에서 수박들은 다 물갈이될 것"이라는 목표를 표방하는 답변이 대표적이다.[12]

자신들의 문자 행동이 팬덤 리더에 대한 단순한 정치적 추종에서 비롯된 것이 아니라고 설명하는 예도 있었다. 대표적으로 "지금 나라 살리고 당 살릴 사람은 이재명밖에 없다고 생각한다. 하지만 이 대표도 잘못하면 지지를 철회할 것이다. 지금 문

---

12 효능감의 경험을 팬덤 행동의 중요 동기로 이야기하는 인터뷰는 다음에서도 볼 수 있다. "나는 왜 '개딸'이 됐는가"(『국민일보』 2023/01/31).

자를 보내는 건 수박들도 비판하고, 이재명 대표에게도 자극을 줘서 일을 잘하게 독려하려는 것"이라는 의견을 들 수 있다. 자신들은 나름대로 목표를 갖고 있고 효과적인 방법의 하나로 팬덤 정치를 주도하고 있다는 뜻이다.

팬덤 지지자들이 찾은 '효율적인 방식'과 그로 인해 얻게 된 '효능감', '만족감', '자신감'은 한 온라인 커뮤니티(<여성시대>)에 실린 다음의 글이 잘 보여 준다.

> 남자 아이돌 덕질보다 이재명 덕질이 재밌다. (아이돌) 소속사가 잘못할 땐 팩스 총공세를 벌여도 말을 듣지 않지만, 일주일 만에 10만 명 당원 가입하고 문자 총공세하니 민주당이 벌벌 떤다. 소속사보다 다루기 쉽다(『한겨레』 2023/03/12; 『중앙일보』 2022/03/23에서 재인용).

정당을 벌벌 떨게 만들고 있고, 그 일은 아주 쉽다는 자신감의 표현이 흥미롭다. 물론 이런 자신감은 민주당 쪽 팬덤 정치 현상에서만 발견되는 것은 아니다. 2023년 3월에 있었던 국민의힘 당 대표 선거에 나선 후보들이 책임 당원 가입을 무기로 삼은 전광훈 목사에게 휘둘렸던 상황도 유사한 점이 많다. 같은 해 4월 전광훈의 발언은 이를 잘 보여 준다.

국민의힘 공천권을 국민에게 돌려주십시오. … 이를 수용하면 … 국민의힘 당원 가입 운동을 펼치고 1천만 당원을 만들어 당을 진정한 국민의 편으로 돌려놓겠습니다. … 당원 모집에 최소한으로 가속도를 붙여서 진행을 하려고 합니다. 저의 제안을 받아들이지 아니하면 … 당신들의 버릇을 반드시 고쳐 드리겠습니다(『중앙일보』 2022/04/17에서 재인용).

공천권, 즉 공직 후보자를 공직 선거에 내보내는 권한은 정당이 가진 가장 강력한 무기다. 그런 공천권을 국민에게 돌려주라는 주장도 터무니없지만, 실은 자신에게 일정 몫을 달라는 게 전 목사의 진정한 의도일 것이다. 그리고 그 대가로 당원을 많이 가입시켜 주겠다는 것이다. 이렇듯 팬덤 정치의 가장 효과적인 방법은 점차 당원을 모으고 공천권을 포함해 당 운영에 영향을 미치는 쪽으로 발전하고 있다.

그들은 정치를 어떻게 통제할 수 있는지를 익혀 왔다. 혐오 표현이 효과적인 수단이 된다는 것도 알게 되었고, 혐오하는 정치인들에게 욕설 문자 총공격을 하는 것의 효능감도 경험했으며, 자신들이 좋아하는 정치인들을 통해 정당을 통제하는 방법도 익혀 가고 있다. 대표적인 팬덤 카페인 <재명이네 마을>의 사례는 이를 잘 보여 준다.

2022년 3월 10일 개설한 뒤 일주일 만에 회원 10만 명을 넘기고 한 달 만에 20만 명에 육박한 것으로 알려진 이 카페에서 '소속사 인기 순위'라는 이름으로 자신의 마음에 드는 정치인에게 투표하게 하고 그 결과를 발표한 적이 있다. 10위 안에 든 의원들을 위해서는 후원 계좌가 회람되었고, 회원들은 "순위가 참 옳다"는 반응과 함께 차기 총선의 공천도 이런 방식으로 이루어져야 한다는 의견을 이어 갔다.[13] '아이돌 팬덤'처럼 자기 '소속사 의원들'을 대상으로 인기투표를 하고 다른 소속사 의원들에 대해서는 적절히 욕설을 덧붙여, 전체적으로 재미와 의미를 구현하고 있는 것이다.

이렇듯 참여자 입장에서는 자신의 영향력을 자각하면서 재미와 열정을 갖게 하는 것이 팬덤 정치다. 이들에게 팬덤 활동은 놀이이고 정치를 지배하는 효과적인 방식이다. 쉽고도 신나는 일이 팬덤 정치가 되었다. 기존 사회운동이나 정치 운동의 엄숙주의와는 거리가 멀다. 그렇다면 이들은 자신들의 활동이

---

13 2022년 3월 26일 발표된 순위에 따르면 1위는 최강욱 의원, 2위는 최민희 전 의원, 3위는 추미애 전 법무부 장관, 4위는 박찬대 의원, 5위는 김남국 의원이었다. 6위는 민주당 원내 대변인에 임명된 이수진 의원, 7위는 우상호 의원, 8위는 김진애 전 의원, 9위는 박주민 의원, 10위는 김용민 의원이었다 (『아시아경제』 2022/03/28).

팬덤 정치로 정의되는 것에 대해 어떻게 생각할까?

4. 팬덤 정치를 넘어 팬덤 민주주의로

팬덤 지지자들 대부분은 팬덤 정치라는 표현을 자신들에 대한 '악마화 프레임'으로 거부한다.[14] 하지만 반대로 팬덤 정치를 민주적 대안으로 보는 입장도 있다. 대표적으로 온라인 커뮤니티 <클리앙>에 2022년 6월 8일자로 실린 "팬덤 정치는 대의민주주의의 대안이다"라는 글을 들 수 있다.[15]

이에 따르면 팬덤 정치는 두 차원의 이중 권력 사이에서 전개되는 싸움이다. 한 차원은 기존의 거대 미디어와 뉴미디어 사이의 싸움이다. 팬덤 시민들이 신뢰하고 편드는 쪽은 뉴미디

---

[14] 대표적인 주장과 논리에 대해서는 조은혜(2023)를 참고할 수 있으며, 국회의원 김남국의 『중앙일보』 기고글, "문자 폭탄 읽어는 봤는가 … 팬덤정치 악마화는 답이 아니다"(『중앙일보』 2022/06/03)에서도 살펴볼 수 있다.

[15] https://www.clien.net/service/board/park/17316470(검색일: 2023/05/15).

어다. 다른 차원은 정당정치와 팬덤 정치 사이의 싸움이다. 이들에게 기존 미디어뿐 아니라 정당 또한 "대중의 정치의식 성장을 차단하는 소화기"일 뿐이다. 뉴미디어는 "저항하는 게릴라들"이 중심이 되어 언론의 기득권 카르텔을 깨는 역할을 한다. 정당정치를 깨는 것은 팬덤 정치가 할 일이다. 그렇다면 정당정치와는 다른, 팬덤 정치란 무엇을 말하는 걸까.

이때의 팬덤 정치란 평당원이 주도하는 '정당 혁신 운동'[16]이자 그와 동시에 특정인에게 열망을 투사하고 이를 통해 정치와 언론을 전체적으로 바꾸려는 자신들만의 정치 운동이다. 정치 혁신, 정당 혁신을 실현하는 한 방법이 팬덤 정치이고 이 과정에서 지지자들에 의해 재창조된 것이 팬덤 리더라는 것이다. "팬덤 정치는 대의민주주의의 대안이다"라는 글의 다음 표현은 이를 잘 보여 준다.

메시아는 대중의 구원 혹은 해방 열망의 초현실적 투사체입니다.

---

16 팬덤 정치를 평당원들의 자발적이고 순수한 정당 혁신 운동으로 보고, 이를 비판하는 의원들을 "소년공 출신 당 대표를 인정하기에는 문화적으로 너무나 우월한 감정을 가진" 당내 지배층으로 비판하는 글에 대해서는 "평당원들, 정당 대중정치운동에 시동 걸다", <세상을 바꾸는 시민언론 민들레> (2023/05/27)를 참고할 수 있다.

마찬가지로 정치적 메시아는 개혁 열망의 현실적 투사체입니다. 이재명이 '민주당의 메시아'로 등장한 것은 개인숭배나 맹목적 팬덤이 아니라 대중의 개혁 열망이 이재명으로 투사된 것입니다. 즉 이재명이 팬덤을 만든 것이 아니라 팬덤이 (자연인 이재명과 전혀 다른 존재인) 정치인 이재명을 재창조한 것입니다.

　

자신들이 팬덤 정치를 만들고 또 이끌고 있다는 설명도 특별하지만, 특별함은 여기에 그치지 않는다. 이들에게 팬덤 정치는 "한국의 민주주의를 새로운 단계로 이끌게 될" 원동력이기 때문이다. 그게 가능한 이유는 "개혁 열망"을 가진 새로운 대중의 출현에 있다. 이 새로운 팬덤 대중에게 팬덤 리더는 "수단일 뿐"이고 "대리인일 뿐"이다. 따라서 팬덤 리더가 "대중의 열망과 멀어지는 그 순간, 대중의 열망은 빠르게 대안 메시아로 이동하게 될 것"이다. 이런 측면에서 보면 팬덤 정치의 주체는 팬덤 리더가 아니라 그를 '발견'해 낸 팬덤 대중이 된다.

이들 대중은 "뉴미디어로 무장한 대중"이다. 이들은 "정치 지도자와 직접 소통하며 정치를 온전히 자신의 것으로 만들어 갈" 능력을 갖춘 대중이다. 의회정치나 정당정치는 그들의 눈에 "수박 정치"다. 문자 폭탄은 "의회의 장벽을 허물고" 있으며 소통 기술의 발전은 "직접민주주의로 진화"를 가능케 한다. 이런 "시대의 변화에 적응하는 정치인과 정당은 대중의 '추앙'을 받을 것이고 그렇지 못한 세력은 콘크리트 바닥에 내동댕이친 수박처럼 산산조각 날 것"이다.

확실히 이런 관점에서 보면 팬덤 정치는 한국 민주주의의 미래처럼 보이는데, 과연 그럴까. 이 문제 역시 찬찬히 따져 볼 사안이 아닐 수 없을 텐데, 지금까지의 논의를 정리하면서 앞으로 다룰 주제를 짚어 가 보자.

5. 팬덤 정치가 제기하는 문제들

이상의 논의에 따르면, 팬덤 정치는 크게 보아 다섯 가지 차원에서 정의할 수 있다. 첫째는 정당한 시민 행동, 즉 유권자이자 국민의 한 사람으로서 의사를 표출하는 집단행동이 팬덤 정치다. 이런 정의에 대해서는 팬덤 지지자들 모두가 공감한다. 이차원에서 그들은 자신들의 행동에 확실한 정당성을 느낀다.

둘째는 자신이 지지하는 정치인을 지키면서 자신들이 혐오하는 정치인을 향해 야유와 욕설의 방법으로 그들의 의지를 꺾고자 하는 집단행동으로서의 팬덤 정치다. 욕설과 야유는 목적을 위해 선택된 '효율적인 방식'으로, 팬덤 대중의 참여를 쉽고 재미있게 만든다. 이 역시 팬덤 정치를 이끄는 사람들의 공통된 생각이다. 용인할 만한 욕설이냐 아니면 지나친 언어폭력이냐의 논란에서 팬덤 지지자들의 생각은, '정치인들이 욕 좀 먹는 게 뭐가 문제냐'는 쪽에 가깝다. 따라서 야유나 욕설이 빠진 합리적인 주장이나 요구의 형식으로 팬덤 정치가 바뀔 가능성은 크지 않아 보인다. 욕설은 팬덤 정치의 재미와 효능감을 위해 빠질 수 없는 본질적인 특징 가운데 하나가 되었다.

셋째는 단순한 의사 표현이 아니라 정치를 통제하고 나아가 "온전히 자신들의 것으로 만들어 갈" 수 있다는 자신감의 발로로서 팬덤 정치다. 그들은 여론 추종적인 정치인들, (누구나 참여할 수 있는 온라인 정당과 플랫폼 정당이 되겠다고 하고, 공직 후보 공천과 당 대표 선거에 당원이 아닌 일반 국민의 참여를 확대해 온 것 등의 예에서 보듯) 개방 위주의 변화를 보여 온 기존 정당의 취약점을 누구보다도 잘 이해하고 대응할 줄 알게 된 사람들이다. 팬덤 정치의 기획자나 조직가가 누구인지와 상관없이 팬덤 정치에 참여하는 사람들은 이를 느끼고 실감하고 있다. 팬덤 정치의 영향력은 바로 이 부분에서 나온다. 한마디로 그들은 대중 정치, 대중 민주주의의 약점을 누구보다 잘 파고들고 있고, 그 방식은 나날이 진화하고 있다. 이게 핵심이고, 이게 무섭다.

넷째, 이상 살펴본 여러 특징에 대해서는 팬덤 정치에 참여하는 사람들 사이에서 큰 이견이 없는데, 그것을 넘어서는 주장을 하는 사람들도 있다. 이들은 팬덤 리더를 수단으로 삼아 정당정치를 팬덤 대중이 지배하는 정치로 바꾸는 평당원 정치 혁신 운동으로 팬덤 정치를 정의한다. 그런 관점에서 보면 팬덤 정치의 주인공은 팬덤 리더가 아니라 새로운 팬덤 대중이 된다. 팬덤 리더는 수단이자 도구다. 따라서 팬덤 리더가 요구하는 자제나 절제 요청을 이들은 수용할 의사가 없다. 팬덤 정치의 대중적 자율성, 즉 추종할 팬덤 리더를 상황에 따라 버리고 바꿔 가며 자신들의 영향력을 계속해서 행사하게 될 가능성은 바로 이 문제, 즉 팬덤 리더와 별개로 팬덤 대중의 자율성이 얼마나 큰가에 달려 있다.

다섯째, 팬덤 정치를 곧 새로운 민주주의의 출현으로 이해하는 사람들의 팬덤 정치관이 있다. 이 관점에서 팬덤 정치는 대중 직접 민주주의 운동이다. 이 특징을 좀 더 깊이 이해하기 위해 이런 가정을 해보자. 팬덤 리더와 상관없이 효능감을 통해 팬덤 정치 활동의 재미를 느끼게 된 대중이 상당한 규모로 실존한다고 하자. 이들을 이끄는 팬덤 리더가 팬덤 정치를 새로운 단계의 민주주의 운동으로 추진한다고 해보자. 그 결과는 어떻게 될까? 팬덤 대중들이 정치인들과 정당들이 보이는 반응성responsiveness에서 재미와 보람을 느끼는 것을 넘어, 정당정치를 아예 팬덤 정치로 바꿔 낼 수 있을까? 당원 중심의 팬덤 정당을 지향하며 그에 맞게 정당의 조직과 당헌, 당규를 바꾸고자 한다면 기존 정당은 정말로 자신을 지켜 낼 수 있을까? 의원도 당직자도 대의원도 무력한 정당, 그 대신 팬덤 당원과 팬덤 리더가 주도하는 팬덤 정당은 실현될 수 있을까?

팬덤 정치를 직접 민주주의 내지 대중 직접 정치를 위한 기획으로 보는 관점에 대해 좀 더 생각해 보자. 그들이 앞으로도 끊임없이 직접 민주주의 운동을 주도할 것은 분명해 보이는데, 그 운동이 성공한다고 해보자. 시민 대중과 정치 지도자가 정당이나 의회정치의 매개 없이 곧바로 만나고 연결되는 직접 민주주의가 실현되었다고 할 때, 그것은 좋은 민주주의일까? 이 이슈는 포퓰리즘의 문제와 깊은 관련이 있으며, 대중 독재나 전체주의의 관점에서도 조명되어야 할 주제가 아닐 수 없다. 우리는 새롭고 특별한 이 민주주의를 미래로 여길 수 있을까? 다원주의적 민주주의의 전망을 버리고, 이견과 갈등 없이 대중의 일치된 의지를, 한 정당이나 한 정치 지도자를 통해 구현하는 전체주의적 민주주의를 대안으로 받아들여야 할까?

이상 살펴본 다섯 개의 정의 가운데, 팬덤 정치가 첫 번째 성격, 즉 시민들의 정당한 의사 표출로 그친다면 사실 아무 문제가 없을 것이다. 두 번째 성격, 즉 욕설과 일부 공격적 행동을 동반하는 집단적 압력 정치의 문제부터는 생각할 점이 많다. 혹자는 욕설과 조롱 위주의 정치 언어나 정치 행동을 민주주의에서 있을 수 있는 가벼운 일탈 현상 정도로 보면서, 시간이 지나면 잦아들 것으로 생각할지도 모르겠다. 하지만 그렇게 쉽게 말하기에는 여러 복잡한 문제들이 있다.

욕설, 조롱, 모욕의 정치 언어나 정치 행동이 그리 오래된 현상이 아닌 것은 맞다. 크게 보면 이명박 대통령 시절 대표적인 정치 팟캐스트 <나는 꼼수다>가 큰 전기였다. 그 이전까지 정치 풍자나 조롱은 온라인상에서 비슷한 취향을 가진 사람들의 'B급 문화'나 커뮤니티 활동 정도였다. <나는 꼼수다>는 이를 본격적인 정치 엔터테인먼트로 성공시켰다는 점에서 특별함이 있다. 진행자들이 사용한 정치 조롱과 유머 섞인 욕설의 효과는 큰 반응을 얻었다. 2011년 8월에는 전체 팟캐스트 다운로드 세계 1위를 달성했고, 『뉴욕타임스』 1면에 이들의 사례가 실리기도 했다.

방송 진행자들은 대통령, 정부, 집권당, 재벌, 보수 언론과 같은, 이른바 '권력자들'을 자유롭게 조롱했다. 이를 듣는 것만으로도 사람들은 해방감을 느낄 수 있었다. 그런 언어나 스타일을 따라 할 만큼 전염성도 컸다. 그래도 여기에서 그쳤다면 사실 지금 우리가 걱정할 만한 사안이 되지는 않았을 것이다. 문제는 이 방송에 다수의 유력 정치인들이 앞다퉈 출연하면서 그것이 미친 효과에 있었다.

유력 정치인들의 적극적인 참여가 없었다면 이 방송의 영향력이 그렇게 폭발적으로 커질 수는 없었을 것이다. 정치인의 출연은 풍자와 유머를 넘어, 비판이라는 이름으로 아슬아슬한 조롱의 정치 언어를 공적으로 정당화하는 역할을 했다. 그 덕분에, 판단을 내리기에는 정보가 충분치 않거나 확실한 설명이 어려운 사안임에도 음모론과 기획설을 자유롭게 주장하고, 비어와 속어를 추임새로 사용해도 되는 방송 공간이 될 수 있었다.

주목받고자 하는 정치인일수록 방송 출연을 희망했고, 진보적인 정치인들의 참여도 활발했다. 유명 지식인과 방송인, 시민단체를 대표하는 사람들의 참여도 뒤를 이었다. 당시는 야당이 국회에 있는 것이 아니라 팟캐스트에 있는 것처럼 느껴질 정도였다. 유머와 조롱을 '사이다 발언'으로 잘 결합하는 일을 '개혁적'이고 '진보적'인 것으로 착각하는 정치인들도 많았다.

정치인들이 출연자이면서 애청자가 되고, 방송의 영향력이 커지면서 정치 문화도 바뀌기 시작했다. 상호 존중의 정치 규범은 물론이고 존경심의 평등equality of respect을 핵심으로 하는 정치인들의 품격 유지 의무는 쉽게 무시되었다.[17] 엔터테인먼

트와 결합된 상업화의 압박 앞에서 '시민적 예의'civility와 권력의 절제를 내용으로 하는 정치 윤리는 설 자리가 없어졌다. 정치를 잘해서 인정받는 정치인이 아니라, 강하고 센 발언과, 동료 정치인 조롱을 잘하는 것이 영향력을 얻는 방법이 된 것이다. 한마디로 말해서, 정치인들 스스로 팬덤 언론의 언어와 스타일에 식민화되는 선택을 한 셈이다.

주목할 만한 것은 조롱과 야유의 정치 언어를 생산하고 소비하는 데 큰 역할을 했던 정치인들과 유사 언론인이 일관된 정체성을 갖는 것도 아니었다는 사실이다. 누가 대선 후보가 되고 누가 당 대표가 되어야 하는지를 두고 정치인들은 쉽게 싸우고 쉽게 분열하고 쉽게 입장을 바꿨다. '나꼼수'를 주도했던 세 인물(김어준, 주진우, 김용민)은 물론이고 그것의 진보판이라 할 '노유진'의 세 인물(노회찬, 유시민, 진중권)도 오래 지나지 않아 분열하고 멀어졌다.

변신에 능하고 언론과 방송에 자주 출연하는 것이 일종의 정치인의 능력으로 간주되는 분위기도 심화되었다. 팬덤 지지자들이 환호하는 한 정치인은 정동영계에서 출발했지만 그 뒤 쉽

---

17 민주주의가 필요로 하는 정치인의 말과 행위의 규범에 관해서는 박상훈(2022b)의 1부를 참조할 것.

게 친노가 되었고, 그렇게 쉽게 친문이었다가, 지금은 친명이 되었다. 그래도 아무 상관없는 정치 생태계가 자리를 잡았고, 그 속에서 신의와 일관성은 더 이상 가치 있는 정치 덕목이 아니게 되었다.

욕설과 조롱의 언어가 팬덤 정치의 특징을 구성하는 하나의 본질적인 요소가 되면서, 인연의 소중함이나 예의, 인격성과 같은 인간적 덕목도 쉽게 무시되었다. 가치나 이념 같은 집단적 정체성은 물론, 신념이나 도덕성 같은 개인의 윤리적 힘도 약해졌다. 기회가 되고 돈이 되고, 영향력을 가질 수 있다면 태도를 바꾸는 데는 긴 시간이 걸리지 않았다. 그런 의미에서 팬덤 정치는 참을 수 없이 가벼운 인간 행동의 원천으로 작용한다고 말할 수 있다.

확실히 우리 정치의 문화는 달라졌다. 정치 팬덤의 도움만 있으면 초선들도 당 최고위원이 되고 정치 후원금도 쉽게 채울 수 있게 되었다. 정치 팬덤을 거느리는 신종 언론인들은 공영방송에서도 영향력 있는 위치를 차지하게 되었다. 그들은 돈도 모을 수 있고 정치에 미치는 영향력도 갖게 되었다. 지금 우리 정당들이 경쟁적으로 내거는 저질 현수막들은 이런 변화의 총결산이라고 할 수 있다. 욕설과 야유, 조롱, 경멸 등 팬덤 언론들의 언어가 이제는 정당정치에서 더 극단적으로 표현되고 있기 때문이다.

적지 않은 정치인들이 돈과 영향력을 가진 팬덤에 이끌려 정치를 한다. 공동체를 위한 정치가 아니라 자신이 주목받는 정치를 한다. 더 큰 문제는 자신들의 권력 욕구를 정당화하는 근거를 자신이 아닌 타자나 경쟁자에서 찾아야 하는 것 때문에 과장된 말과 행동을 하게 된다는 점이다. 따라서 팬덤 정치에 경도될수록 필요 이상의 적대감, 공격성, 배타성의 언어나 행동을 보이게 되고, 그것이 이들을 '팬덤 강경파'로 만든다. 팬덤 정치가 이해관계와 부합하면서 그에 맞는 정치 행태를 의도적으로 추구하는 자발적 심리 기반을 갖게 되었는데, 과연 이런 악순환이 쉽게 바뀔 수 있을까? 어려울 것이다.

민주주의는 복수複數의 정당이 있고 의회가 있고 주기적인 선거만 있으면 되는 게 아니다. 같은 공동체에 속해 있는 동료 시민들에 대한 존중과 예의가 없이는 민주주의가 제대로 운영될 수 없다. 캐나다 출신 정치철학자 찰스 테일러는 이를 연대 solidarity의 가치라고 부른다(Taylor 2022, 18-47). 그 핵심은 '우리'We라는 호명이 얼마나 많은 시민 구성원을 포괄하고 있느냐에 있다. 다른 당과 그 지지자는 '우리'가 될 수 없다고 생각하게 되면 민주주의도 얼마든지 나빠질 수 있다는 것이다. 하물며 같은 당 안에서도 생각이 다른 사람들을 '우리'가 아닌 '수박'으로 배척한다면 정당 민주주의는 설 자리를 잃게 된다.

당파성이나 애당심을 갖는 것은 물론이고 선거에서 승리를 추구하는 것은 민주적인 일이다. 단, 각자가 공동체를 더 잘 운영할 수 있다는 책임감을 보여 줄 때만 그렇다. 반대로 당파성과 선거 승리가 상대 당이나 의견이 다른 동료 시민을 희생시키고 적대하고 배제하는 방식으로 추구된다면, 민주주의는 좋은 결과를 가져올 수 없다. 정당정치가 국가 간 적대 관계나 전쟁상태처럼 퇴락하는 것도 피할 수 없다. 욕설과 모욕, 공격과 배제가 압도하는 지금 우리의 정치는 어느 쪽일까? 팬덤 정치는 민주주의를 풍요롭게 하는가, 아니면 그 반대인가?

더 큰 문제는 앞서 살펴본 팬덤 정치의 세 번째부터의 성격, 즉 정치를 지배할 수 있게 된 '운동으로서의 팬덤 정치'에 있다. 만약에 팬덤 정치가 팬덤 리더도 통제할 수 없는 독자적 집단행동이나 독단적 대중운동으로 자리 잡는다면, 혹은 팬덤 리더가 그 길을 열어 주고 본격적인 팬덤 정당을 만들고자 한다면 이는 분명 대응해야 할 문제가 아닐 수 없다. 그런데 이 역시 생각보다 간단한 문제가 아니다.

팬덤 정치를 옹호하는 사람들은 정당을 당원 중심으로 바꾸자고 하고 대리자에 의한 민주주의 대신 대중 직접 정치를 강화하자고 한다. 이런 주장은 그간 우리 정당들이 늘 해오던 것들이다. 그런 주장을 활용해 이제 팬덤 당원들은 대의원 제도를 폐지하려고 한다. 그게 성공하면 다음은 당직자들을 통제하고자 나설 것이고, 의원들의 자율성 역시 제한하려 할 것이다. 이런 변화를 과연 무슨 논리로 막을 수 있을까.

필자가 보기에, 정당이 팬덤 정당으로 가는 길은 이미 열렸다. 지금 한국의 정당들은 옛날 정당이 아니다. 당원 기반도 달라졌다. 호남 향우회나 충청 향우회 혹은 관변 단체 회원이 중심이던 과거의 오래된 당원을 대신해 신규 팬덤 당원들이 지배하는 정당이 되었다. 무엇보다도 리더십 형성 과정이 혁명적으로 바뀌었다. 오랫동안 정치를 하며 당내에서 인정받은 정치가들이 리더가 되는 것이 아니라, 정당 밖에서 여론을 동원하고 열정적 지지자를 모아 정당을 장악하는 새로운 패턴이 이미 자리를 잡았다.

의원도, 당원도, 당직자도 더 이상 동지同志 관계가 아니다. 같은 당 안에서도 의견이 다르면 곧 적이다. 이제 정당의 토대는 당의 풀뿌리 지역 조직이나 당의 대중조직을 통한 참여에 있지 않다. 그렇기에 지금 정당 현실은 한결같이 사회적 기반과 유리된, 이리저리 유동하는 여론의 흐름 위에 내용 없이 붕 떠 있는 형국에 가깝다. 이런 정당을 누가 지배할까? 당파적 갈등을 부추기는 언론들과 인터넷 커뮤니티, 유튜브 정치 채널,

SNS 반응 등등이다. 팬덤 정치인들은 이들의 도구이기도 하고 또 애용자이기도 하다. 적대와 혐오, 야유와 경멸, 모욕과 비난의 언어가 일상이 된 이 연결망을 공론장이라고 부를 수는 없을 것이다. 팬덤 정치가 문제가 되기 이전에 이미 정당들은 이들 팬덤 언론에 포획되어 있었다.

그간 우리 정당들은 당원을 조직하고 참여를 제도화하는 대신 누구나 자유롭게 들어왔다 나갔다 해도 좋은 플랫폼이 되고자 했는데, 그 플랫폼이 진즉에 정치를 상업 활동에 이용하고 이를 통해 위세를 키우는 사람들에 의해 장악되고 만 것을 어쩌면 정당들만 모르고 있었던 것이 아닌가 한다. 어떤 관점에서 보든, 한국 정치를 압도하고 있는 팬덤 정치는 잠깐이면 지나갈 정치적 에피소드가 아니다. 상당 시간 동안 많은 이들을 고통스럽게 할 문제가 벌써 되어 버렸다.

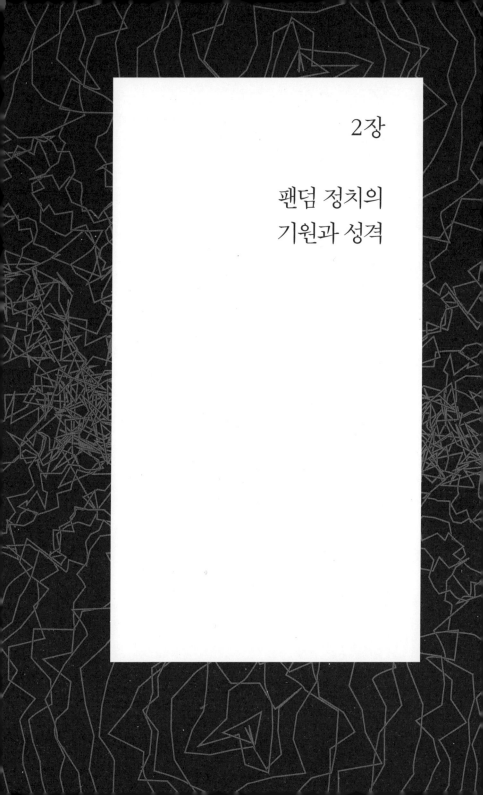

2장

팬덤 정치의
기원과 성격

'팬덤 정치'가 통속적인 용어인 것은 틀림없지만, 싫든 좋든 오늘의 한국 정치, 한국 민주주의가 직면한 문제를 가장 잘 집약하는 현상으로 자리 잡았다. 그간 정치학자들은 '정치 양극화'나 '포퓰리즘' 같은 개념과 이론을 통해 한국 정치의 문제를 다뤄 왔는데, 팬덤 정치는 정치 양극화나 포퓰리즘 정치의 한국적 유형을 훨씬 더 효과적으로 특징화할 수 있는 소재를 제공하기도 한다. 한국의 정당들이 그간 어떤 변화를 겪었는지를 살펴보는 데 있어서도 유익한 개념적 도구가 될 수 있다. 우선 관련 주제를 하나씩 분리해서 분석해 보기로 하자.

1. 팬덤 정치는 언제 어떻게 시작되었을까?

정치 양극화가 먼저 있었다

한국의 팬덤 정치는 '정치 양극화' 문제와 깊은 관련이 있다. 정치 양극화는 크게 두 시기를 중심으로 논란이 되었다. 2009년

그림 2-1. 정치 양극화 기사의 출현 빈도

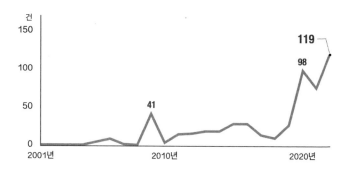

과 2019년이다. 정치 양극화와 관련된 기사의 출현 빈도는
2009년 갑작스럽게 등장해서 정점을 찍은 뒤 줄어들었다가 다
시 2019년부터 급증했다.[1]

2009년 이전까지 정치 양극화는 북한 이슈를 둘러싼 "남남
갈등"을 가리킬 때나, "영호남 지역 갈등"을 가리킬 때 아주 가
끔 쓰였을 뿐 사실상 사용되지 않았던 용어였다. 그나마 있던
몇 안 되는 정치 양극화 관련 기사도 대부분 미국 대통령 선거

---

1 이하에서 기사 빈도는 한국언론진흥재단이 제공하는 뉴스 분석 서비스 프
   로그램인 <빅카인즈>(www.bigkinds.or.kr)에서 11개 '전국 일간지'를 대
   상으로 한 '뉴스 검색' 결과에 기초를 두고 있다. 정치 양극화 기사는 '정치
   양극화', '정치적 양극화', '양극화 정치'라는 표현을 담은 기사의 수를 가리
   킨다.

를 다루는 내용이었다. 그러다가 2008년 말 '한미 자유무역협정FTA'을 둘러싼 갈등이 이듬해 국회에서 여야 간의 폭력 충돌로 이어진 직후 정치 의제로 떠올랐다.

국회에서 여야가 충돌하고 뒤이어 2009년 1월 12일 이명박 대통령이 라디오 연설에 나서 "해머가 대한민국 민주주의를 때"(렸다)라는 자극적인 표현으로 "분열을 조장하고 통합을 가로막는 정치적 양극화"를 비난했는데, 이를 기점으로 정치 양극화 이슈가 본격적으로 양산되기 시작했다. 같은 해 7월 '종편 관련 법'의 통과를 둘러싸고 충돌이 발생했을 때도 정치 양극화 기사가 어김없이 등장했다. 이렇게 해서 한 해 동안 가장 주목받는 의제가 된 정치 양극화는, "정당정치나 의회정치가 관용의 범위 밖으로 뛰쳐나가 정치가 해야 할 타협과 조정 대신 극단적 대립으로 치닫는 것"을 가리키는 용어로 자리 잡았다(박상훈 2020a).

양극화의 두 번째 국면에서 시작된 팬덤 정치

2019년에 나타난 양상도 2009년과 유사했다. 그 결정판은 2019년 '공직선거법 개정'과 '공수처법 제정'을 둘러싼 여야 간 폭력 충돌이었다. 이때 전체 국회의원 가운데 3분의 1이 넘는

표 2-1. 정치 양극화 관련 기사의 출현 빈도

연도	정치 양극화	동물 국회	진영 싸움	전체
2001	0		0	0
2002	0		0	0
2003	0	1	0	1
2004	0		0	0
2005	4		2	6
2006	8		0	8
2007	1		1	1
2008	0	1	0	1
2009	41		5	46
2010	3		1	4
2011	14	0	7	21
2012	15	5	19	39
2013	18	5	16	39
2014	18	35	42	95
2015	28	26	38	92
2016	28	122	24	174
2017	13	33	35	81
2018	9	14	34	57
2019	26	503	146	675
2020	98	286	95	479
2021	75	39	104	218
2022	119	97	87	303

주: '동물 국회', '진영 싸움' 기사 포함.

109명이 고발되었다. 국회는 80일 이상 열리지 못했다. 당시 야당은 의회를 떠나 광장에서 반대 집회를 이어 갔다. 이때 나타난 정치 현상을 당시 언론은 '동물 국회', '진영 싸움' 등으로 표현했는데, 이 기사 빈도를 정치 양극화 기사에 추가하면 2019년의 정치 양극화 관련 기사의 출현 빈도는 2009년에 비해 비교할 수 없을 만큼 높다.

표 2-2. 팬덤 정치 기사의 출현 빈도

연도	팬덤 정치	팬덤정치
2001	0	0
2002	0	0
2003	0	0
2004	0	0
2005	0	0
2006	0	0
2007	0	0
2008	0	0
2009	0	0
2010	0	0
2011	0	0
2012	1	0
2013	0	0
2014	0	0
2015	0	0
2016	0	0
2017	6	0
2018	3	0
2019	6	0
2020	122	0
2021	106	0
2022	677	269

주: '팬덤 정치', '팬덤정치' 분리.

팬덤 정치는 이 두 번째 국면의 정치 양극화 시기와 중첩된다. <표 2-2>와 <그림 2-2>의 팬덤 정치 기사 출현 빈도는 이를 잘 보여 준다.

우선 팬덤 정치는 2019년 이전까지는 거의 사용되지 않는 정치 용어에 가까웠다. 그러다가 2020년 폭발적으로 등장했고, 그 빈도는 정치 양극화 관련 기사의 빈도를 가뿐히 넘어섰

그림 2-2. 팬덤 정치 기사의 출현 빈도

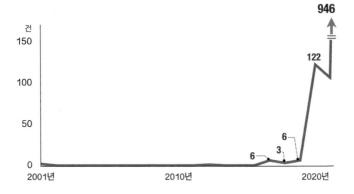

주: '팬덤 정치', '팬덤정치' 합계.

다. 2019년 이후 줄어든 정치 양극화 관련 기사를 팬덤 정치 기사가 대체하는 현상도 나타났다. 확실히 정치 양극화가 주로 학계나 지식인 집단의 언어였다면, 팬덤 정치는 언론이 훨씬 더 좋아하는 대중적 이슈였다. 흥미롭게도 2022년부터는 '팬덤'과 '정치'를 띄어 쓰는 것이 아니라 '팬덤정치'로 붙여 쓰는 기사가 크게 늘 만큼, 이제 팬덤 정치는 보통명사로 발전하고 있기도 하다. 그렇다면 왜 팬덤 정치 이슈가 더 일찍 2009년에 출현하지 않고 10년의 간격을 둔 2019년 이후 국면에서 본격화된 것일까?

'친박'과 '친문'이 만든 변화

우선 2009년 정치 양극화 이슈가 등장한 직후 여야 의원들을 중심으로 정치 양극화에 대한 '제도적 억제'에 나섰다는 사실이 중요하다. 2010년 여당의 '쇄신파'와 야당의 '온건파' 의원들은 정치 양극화 개선을 위한 대응 입법 논의를 시작했고, 2012년 18대 국회 마지막 시기에 (이른바 '국회선진화법'으로 불리는) 국회법 개정을 했다.

법의 내용은 두 차원으로 나눠 볼 수 있다. 하나는 집권당의 독주를 막고 여야가 협력과 합의의 정치를 이끌도록 제도적 강제를 부과한 것이고, 다른 하나는 회의 진행을 물리적으로 막는 행위에 대한 처벌의 강도를 높인 것이다. 한마디로 말해 '정치 양극화 방지법'이라고 불릴 만했다.

안타까운 일이지만 국회선진화법의 효과는 오래가지 못했다. 이를 이해하기 위해서는 박근혜 정권 시기에 나타난 변화를 살펴봐야 한다. 박근혜 행정부가 들어서자마자 국회선진화법은 도전받기 시작했다. 2013년 3월 박근혜 행정부가 추진한 정부조직법 개정안 처리가 지연되자 대통령과 대통령을 지지하는 '친박' 의원들이 주도해 법 개정을 요구하고 나섰다. 이들의 시도는 여야 온건·협상파들에 의해 무산되었는데, 적어도 이때까지는 국회선진화법을 주도한 이들의 입지가 있었다.

하지만 이때 본격화된 '친박' 현상은 한국 정당정치의 역사에서 새로운 변화를 불러왔고, 이 문제는 중요한 의미를 갖는다. 김영삼, 김대중, 노무현 시기까지는 대통령과 집권당 사이에 상호 자율성을 전제로 한 정치 규범이 있었다. 이를 가리키는 것이 '당정 분리 원칙'이다. 대통령의 파벌은 반대 파벌과 여론의 경계 대상이었다. '상도동계', '동교동계', '친노' 등 대통령 파벌은 물론 대통령 가족의 일원을 중심으로 한 '비선 라인' 또한 집권 기간 내내 여론의 감시를 받았다. 사법 처리의 대상이 된 적도 많았다.

이런 과정에서 집권한 현직 대통령은 당내 정치에 개입해서는 안 된다는 강제 규범이 작동했다. '친박'은 달랐다. 그들은 대통령을 배출한 다음 오히려 더 강력해졌고, 특히나 당내 '지배 파벌'의 역할을 했다.

어떤 관점에서 보든 '친박'은 특별했다. 상도동계, 동교동계, 친노처럼 학연이나 지연을 포함해 오랜 인간적 인연에 기초를 둔 파벌이 아니었다. 가족 구성원이 비선 세력으로서 영향력을 발휘하던 과거와 같은 양상도 아니었다. 이해관계와 권력관계를 중심으로 새롭게 형성된 신흥 파벌이었고, 주로 정당과 국회에서 활동하는 의원 중심 집단이었다.

이들이 당을 주도하게 되면서 그 전까지 유지되었던 당정 분리의 원칙은 사라졌다. 대신 '당정 통합'이라는 이름으로 집권당 내부에서 대통령에 대한 반대가 나오지 않도록 하는 것이 이들의 핵심 역할이었다.

친박 현상은 문재인 대통령 시기에 '친문' 현상으로 이어졌다. 친문은 당내 지배 분파로 일찍부터 부상했고, 그 영향력은 친박 때보다 약하지 않았다. '청와대 관심 사안', '대통령 공약 사안'을 앞세워 당정은 물론 의회정치 전반을 좌우했다. 한편으로 대통령의 의제가 국회의 의제, 정당의 의제를 압도하기 시작했고, 다른 한편 정당 내부와 국회 내부는 상호 의심과 음모, 질시가 스며들기 시작했다.

박근혜 행정부와 문재인 행정부를 거치면서 두 가지 새로운 변화가 나타났다. 하나는 당내에서 누가 대통령 파벌이 되는가의 문제가 결정적으로 중요해짐에 따라, 대선에서 승리하게 되면 집권 여당 안에서 신진 개혁 세력이 등장하고 성장했던 과거의 패턴이 완전히 사라졌다는 사실이다. 김대중 행정부 시기 노무현, 노무현 행정부 시기 '천·신·정'(천정배, 신기남, 정동영), 이명박 행정부 시기 '남·원·정'(남경필, 원희룡, 정병국) 같은 현상은 기대하기 어려워졌다.

다른 하나는 대통령이 되려는 사람은 물론이고 대통령이 된 사람도 자신의 파벌을 통해 당을 지배하는 것이 당연시되면서 대통령의 뜻이 무엇인지를 아는 사람이 당내 정치를 주도하게 되었다는 것이다. '박심', '문심', '윤심' 같은 용어가 등장하고 서로를 향해 '문핵관'이나 '윤핵관'으로 호명하는 현상은 이를 잘 보여 준다.

악명 높은 당내 경선

현직이든 차기를 노리든 당권 장악이 가장 중요한 목표가 된 것과, 그것이 팬덤 정치로 귀결된 것 사이에 악명 높은 당내 경선이 있다. 개방형 경선이든 당원 중심 경선이든, 핵심은 '표 동원'에 있었다. 선거인단 매집, 권리 당원 내지 책임 당원 매집과 같이 음성적으로 이루어지는 표 동원에 사활을 걸게 만드는 것이 당내 경선이다. 지금 우리 정치에서 사법 처리를 둘러싼 거의 모든 이슈는 바로 이 당내 경선에서 비롯된 것들이다.

정당 간 경쟁에서 돈과 조직 동원은 당과 선관위가 엄격하게 관리하기 때문에 비교적 투명하고 깨끗하다. 반면 당내 경선에서 동원되는 비공식적인 돈과 조직의 규모는 어마어마해졌는데, 그 과정은 철저하게 '비가시적'이다. 당내 경선이 대의원은 물론 당원과 국민선거인단, 여론조사까지 포괄하는 방향으로 대규모화되면서 한편에서는 돈과 다른 한편에서는 세 동원이 공식, 비공식 영역을 가리지 않고 최대로 필요해진 것, 문제는 바로 여기에서 발생한다.

팬덤 정치는 한국 정치의 이 새로운 문법이 만들어 낸 결과물이다. 대통령 후보가 되기 위해서도, 대통령이 되기 위해서도, 대통령으로서 권력의 안정화를 위해서도 당을 가져야 했다. 단순히 갖는 것이 아니라 자기 뜻대로 좌우할 수 있어야 했다. 이 일을 용이하게 하려면 당 안팎의 여론을 쥐고 흔들 자신만의 팬덤이 필요하다.

정치가 팬덤에 의존하게 되면서 여야 모두에서 신생 개혁 세력은 물론이고 협상파나 온건파들이 역할을 할 수 있는 환경이 사라졌다. 민주당의 원혜영, 정장선, 박상천, 김성곤 의원과 김세연, 남경필, 홍정욱, 황우여, 황영철 같은 새누리당 의원 등 과거 국회선진화법을 주도했던 여야 의원들은 모두 국회를 떠나야 했다. 이 의원들이 있을 때가, 국회 운영을 여야 온건파와 협상파, 개혁파들이 주도했던 마지막 시기였다.

당내 경선은 가혹한 변화를 만들어 냈다. 살아남기 위해서라도 더 세게 말해야 하고, 상대 당을 더 세게 몰아붙여야 했다. 그래야 주목받을 수 있고 또 환호받을 수 있게 되었다. 이런 변화에 적응할 수 없는 의원들은 원치 않는 실존적 고민을 해야 했다. 적응할 것인가 아니면 그만둘 것인가. 20대 국회를 끝으로 출마를 자진 포기했던 의원들은 당장은 홀가분해졌다고 생각했지만, 그들이 갈 곳은 없었다. 일부는 방송이나 종편, 유튜브 채널의 '정치 싸움을 부추기는 프로그램'에 나갔고, 일부는 정치를 완전히 떠났다.

이런 현상은 21대 국회에서도 나타날 것이다. 지금과 같은 정치에 환멸을 느끼는 사람들일수록 당내 경선을 앞두고 정치를 그만둘 생각을 하게 될 것이다. 정치를 계속하고 싶고 재선과 3선, 4선에 도전하고자 하는 의원들도 막상 경선이 시작되고 나서 견딜 수 없는 모욕을 감수하다 보면 마음속으로는 수십 번 그만하고 싶다는 생각을 갖게 될 것이다. 필자가 만난 3선급 의원 한 사람은 "정치를 하는 일이 나날이 인간의 나약함을 시험하는 것 같다."며 비애감을 토로했다.

어느 순간부터인가 정치라는 직업이 너무 고통스러운 일이 되어 버렸다. 정치를 하는 일에서 보람을 느낀다거나, 정치가로서 자부심을 갖는다고 말하는 사람을 찾기 어려워졌다. 지금 같은 당내 환경에서 정치를 하는 일이 즐겁고 기쁘다고 말하는 의원들이 있다면 그야말로 독한 멘탈리티의 소유자라고 봐야 할 것이다.

변화의 계기였던 2017년 대선

물론 팬덤 정치로의 귀결이 필연적이었던 것은 아니다. 그와는 다른 방향의 변화를 요구하는 흐름도 분명 있었다. 대표적으로 2016년 촛불 집회와 2017년 대선이다. 촛불 집회는 진보만이 아니라 중도는 물론 보수 시민의 상당수가 참여하고 지지했던, 일종의 '사회적 대연정'이었다. 대통령 탄핵은 야 3당과 집권당 내 상당수 의원이 참여한 '4당 정치 동맹'을 통해 가능했다. 뒤이은 조기 대선은 압도적 득표자 없이 마무리되었다.

이 과정을 존중했다면 이후 집권한 문재인·민주당 정부는 진보와 중도 그리고 온건 보수 시민의 폭넓은 지지에 기반을 두는 한편, 광범한 정치 연합을 통해 박근혜 정권 시기에 노정된 문제를 함께 개선하는 방식으로, 공동 통치co-governance를 제도화했어야 했다. 적어도 집권 첫해 정도는 탄핵 정치 동맹에 참여한 네 정치 세력 사이에서 '합의된 개혁'을 추진하면서 다원 민주주의의 길을 넓혔어야 했다. 2017년 조기 대선에서 문재인 후보는 선거 당일은 물론 이튿날 취임사에서도 그러겠다고 약속했다.

지금 제 머리는 통합과 공존의 새로운 세상을 열어 갈 청사진으로 가득 차 있습니다. … 이번 선거에서는 승자도 패자도 없습니다. 우리는 새로운 대한민국을 함께 이끌어 가야 할 동반자입니다. … 저는 국민 모두의 대통령이 되겠습니다. 저를 지지하지 않은 국민 한 분 한 분도 저의 국민이고, 우리의 국민으로 섬기겠습니다. … 대통령부터 새로워지겠습니다. … 준비를 마치는 대로 지금의 청와대에서 나와 광화문 대통령 시대를 열겠습니다. … 주요 사안은 대통령이 직접 언론에 브리핑하겠습니다. … 권력기관은 정치로부터 완전히 독립시키겠습니다. … 분열과 갈등의 정치도 바꾸겠습니다. 보수와 진보의 갈등은 끝나야 합니다. 대통령이 나서서 직접 대화하겠습니다. 야당은 국정 운영의 동반자입니다. 대화를 정례화하고 수시로 만나겠습니다.

안타깝게도 그렇게 되지 않았다. 촛불 '합의'는 촛불 '혁명'이 되었다. 다당제는 극단적인 양당제로 퇴락했다. 시민 대연정은 '문빠, 태극기부대, 광화문 집회, 서초동 집회, 이대남, 개딸, 극렬 유튜버'들로 난장판이 됐다. 박근혜 정권의 "좌익 정권 10년 적폐 청산"은 문재인 정권의 제1호 국정 과제로 선포된 "적폐의 철저하고 완전한 청산"으로 이어졌다. 검찰 권력은 박근혜 정권 때와 마찬가지로 다시 동원되었다.

여야가 국정 동반자가 되는 일도 없었다. 대의 민주주의는 간접 민주주의로 폄훼되었다. 박근혜식 국민 직접 정치론의 진보판이라 할 '청와대 정부' 중심의 직접 민주주의론이 앞세워졌다. 청와대가 직접 언론 기능을 담당하기 시작했고, 여론조사 예산은 이전 청와대와 비교할 수 없을 만큼 급증했다. 대통령의 여론 직접 정치가 만들어 낸 결과물이 '문빠'로 불리던 정치 팬덤이었다. 팬덤 정치가 2019년을 지나며 여론 시장에서 크게 이슈가 되기 시작한 것은 이런 변화를 빼고 설명하기 어렵다.

이재명·이준석 이전과 이후의 팬덤 정치

지금까지의 논의 가운데 핵심을 따져 보자. 우선 팬덤 정치 이전에 한국 정치가 정당보다는 대통령이 중심이 되는 방향으로 나빠지기 시작했다는 사실이 중요하다. 지금으로부터 36년 전 한국의 민주화는 대통령 권력을 제한하고자 하는 문제의식의 발로였는데, 이 관점에서 보면 정치가 과도할 정도로 대통령 중심으로 돌아가는 것은 '민주주의의 퇴행이나 역전'이라 부를 만한 큰 변화다.[2]

---

2   이에 대해서는 거시적 관점에서 팬덤 정치의 문제에 접근하는 5장에서 "대통령을 위한 민주주의로의 퇴행"을 주제로 자세히 살펴보겠다.

박근혜 대통령 때부터 적폐 청산의 정치와 국민 직접 정치가 본격화되었다는 것은 앞서 언급한 바 있다. 대통령이 나서서 국회 개혁을 요구한 것도 이때였는데, 대통령이 지지자를 동원해 국회와 정당을 압박한 것은 보기 드문 일이었다. 이때부터 본격적으로 정당은 대통령 파벌 혹은 대통령이 되려는 사람의 파벌이 지배하게 되었고, 국회는 여야 사이가 아니라 대통령을 사이에 두고 대리전을 치르는 곳이 되었다.

그 연장선에서 보면 문재인 대통령이 적폐 청산 정치와 국민 직접 정치를 이어 간 것도 새로운 일은 아니다. '청와대 국민 청원'처럼 시민들의 요구가 삼권을 가로질러 대통령에게로 직접 달려가게 한 것 정도가 새로운 변화였다고 할까. 그렇지만 그 부작용은 매우 컸다. 좌익 적폐 청산이냐 보수 적폐 청산이냐, 친일이냐 종북이냐 같은 갈등은 걷잡을 수 없이 확대되었다. 여야는 물론 여야를 각각 지지하는 시민들을 서로 가상의 적으로 맞서게 만들었다.

그 결정적인 모습은 2019년 10월에 나타났다. 코로나19 감염병 사태가 시작되기 직전인 그때, 보수 야당이 주도한 광화문 집회와, 집권 민주당 지지자들이 주도한 서초동 집회가 한강을 사이에 두고 최다 인파를 동원해 냈다. 한국 사회가 흡사 '두 개의 나라', '두 개의 국민'으로 분열되었음을 극명하게 드러낸 순간이었다. 더 큰 문제는 어느 쪽도 물러서거나 다른 길을 찾으려는 의사가 없었고, 그 뒤로 정치 양극화는 극단적 심화의 길을 가고 말았다는 점이다. 그것이 가져온 결과가 지금 우리가 문제로 삼고 있는 팬덤 정치다.

정치 양극화의 심화와 팬덤 정치 현상의 본격적인 등장은 온건 다당제나 합의 민주주의처럼 갈등을 절약해 협력의 기반을 키울 수 있는 정치의 길이 폐쇄되었음을 의미한다. 그 과정에서 기회를 잡고자 하는 '야심가형' 인물들이 대중의 의지와 열정을 자신에게 최대 동원하려는 욕구를 숨기지 않았는데, 이때 등장한 두 특별한 인물형이 이재명과 이준석이다.

이 새로운 유형의 정치가들이 보여 준 성취는 놀라운 것이었다. 그것은 호감, 좋은 평가, 인격적 훌륭함이 아니더라도 정치적으로 주목받고 승자가 될 수 있음을 보여 주었기 때문이다. 무엇보다도 비호감과 혐오의 이미지조차 극심한 정치적 논란을 불러일으키게 된다면, 양극화된 두 진영(그것이 정당 간이든, 정당 내든) 가운데 어느 한쪽만 자기편으로 만들어도 되는, 일종의 새로운 정치 문법이 만들어진 것이다.

이 새로운 정치 문법은 (시민 전체로 보면 절반의 유권자, 당 내부나 당 지지자로 보면 그 절반의 절반에 집중해서 강렬한 적대감을 불러일으키려 한다는 점에서) 일종의 '반쪽 정치론'이라 할 수 있다. 비호감을 불러일으키는 행동이나 말이라 해도 한쪽 편에서 환호를 받으면 된다. 좋은 인격이나 품격보다 거칠고 무례하고 무책임한 말과 행동이라 해도 확실한 지지자만 얻으면 초선 의원도 당 지도부에 들어갈 수 있다. 점잖을 빼는 중진이나 다선 의원이 오히려 비겁한 정치인으로 공격받게 된다. 이런 정치 문법이 지배하면서 진보와 보수를 아우르는 통합형 리더십이나, 여야 시민 모두로부터 인정받고자 노력하는 정치가는 성공할 수 없는 시대가 되었다.

적대와 대립의 양극화를 통해 승리를 지향하는 이 새로운 정치 문법이 시민사회의 변화와 무관할 리는 없다. 정치가 이 새로운 문법에 지배되기 이전에 이미 시민단체들은 당파적으로 재편되어 있었고, 종편 텔레비전이나 뉴미디어 정치 채널을 중심으로 진영 논리, 적대 논리를 생산하는 사람들이 각광받는 변화가 먼저 있었기 때문이다. 유튜버가 정당을 대신했고, 초선 의원들이 민주정치를 익히려 하지 않고 권력 추종자가 되어 의회 민주주의를 망가뜨리는 일도 이미 20대 국회 때부터 있었다.

국회의원들이 진영과 적대의 논리를 양산하는 채널의 아침 방송 프로그램을 들으며 출근하는 것이 일상이었던 당시 상황에서 팬덤 정치가 아닌 다른 것이 나타날 수 있었을까. 광화문과 시청 주변이, 적대하는 시민 집단의 집회 경쟁으로 뒤덮이는 일이 과연 어제오늘 갑자기 등장했다고 할 수 있을까.

2021년과 2022년의 한국 정치는 민주당 쪽에서는 '이재명과 개딸'이, 국민의힘 쪽에서는 '이준석과 이대남,' 그리고 '윤석열과 검찰'이 압도했다. 이들 모두가 크든 작든 팬덤 정치의 신기원을 만들어 온 주역임에는 틀림이 없다. 그렇지만 모든 문제가 이들 때문이라고 말할 수는 없다. 적어도 발생론으로만 보면 팬덤 정치는 그 이전에 시작되었고, 이들의 문제만으로 치환해 팬덤 정치를 이해하는 것 역시 공정한 일은 아니다. 팬덤 정치는 그 기원이나 형성사의 관점에서 보면 최근의 문제만은 아닌, 상당 기간 동안 여러 문제들이 누적되고 중첩되어 나타난 결과가 아닐 수 없다.

이해하기 어려운 일, 견딜 수 없는 일도 오래 지속되면 인간은 고통과 긴장을 줄이기 위해 그 상황에 적응한다. 미국의 사회학자 대니얼 패트릭 모이니핸은, 일반적인 기준에서 벗어난 일이 일반화되고, 사회를 지탱하던 불문율에 대한 위반이 계속해서 일어날 경우, 다시 말해 비정상이 일상화되면 사람들은 기대를 낮추고 기준을 하향 조정해서 견디기 어려운 상황을 정상 상황으로 받아들이려는 경향이 있다고 말한 적이 있다(Moynihan 1993, 17-30). 지금 우리가 그런 것이 아닌가 싶다. 비정상적인 정치가 오래되었지만, 정치가 원래 그런 것인 양 그에 맞춰 잘 적응하는 정치인들도 있고, 체념하듯 방관하는 정치인들도 있다. 일반 시민들도 하루 이틀 그런 게 아니라는 듯 당연시하는 것 같다.

혐오가 정체성이 된 정치

광적인 사람들을 뜻하는 '패나틱'fanatic에서 유래한 팬덤은 우리말로 광신과 열광에 가까운 의미를 갖는다. 팬덤은 사용하는 사람에 따라서는 긍정적인 의미일 수도 있고 그 반대일 수도 있다. 그 이유는 이성reason과 대비되는 의미의 열정·정념passion의 역할을 이해하는 방법에 달려 있기 때문이다.

계몽주의와 같은 합리주의 관점에서 보면 팬덤은 긍정적으로 수용할 수 없을 것이다. 하지만 이성 비판적인 사유의 계보에서는 얼마든지 다른 주장을 발전시킬 수 있다. 그런 점에서 팬덤 정치는 포퓰리즘과 유사한 면을 갖는다. 한쪽에서는 민주주의를 위협한다고 보는 반면, 다른 한편에서는 민주주의를 급진화하는 데 도움이 된다고 보기 때문이다(박상훈 2021).

인간의 역사에는 부정적 낙인이나 모욕적 명명이 새로운 정체성이 되고, 결국 긍정적 표준이 된 사례가 적지 않다. '민주주의'dēmokratia라는 용어부터가 그렇다. 처음 이 말은 '데모스'로 불리는 일반 시민들도 '크라토스', 즉 통치에 참여할 수 있다는 견해를 비난하고 조롱하려는 사람들이 만든 용어였다. 주로 귀족정 지지자들이 사용했던 이 용어는 비난이나 낙인의 의도를 갖는 것이었다. '옳고 그름이 무엇인지를 교육받지 않은 이들이 공익을 어떻게 판별해서 통치를 할 수 있단 말인가. 민주주의? 그건 일종의 광신자들의 잘못된 신념에 불과하다.' 그런 의미로 만들어져 쓰인 말이 민주주의였다.[3]

민주주의가 군주정이나 귀족정과 구분되는 정치체제의 한 유형을 뜻하는 개념으로 발전한 것은 한참이 지나서였다. 임마누엘 칸트의 말마따나 "이성이 [자신에게] 필요한 힘을 획득하기 전까지" 그 전에 없던 새로운 생각이나 주장들이 광신으로 비난받곤 했는데(토스카노 2013, 234), 민주주의야말로 그런 전형적인 사례다. 민주주의라는 용어가 민주주의자들의 말이 된 다음에도 민주주의는 늘 갈등적 해석을 불러일으키는 용어였다. 철학자들 대다수는 민주주의에 회의적이었고, 반대로 민중 선동가들은 민주주의를 기회의 단어로 애용했다.

민주화가 되고 민주주의가 자리를 잡았다고 해서 정치가 합

---

3 민주주의라는 말의 기원과 변화에 대해서는 박상훈(2017b)의 2장, "민주주의의 과거, 현재 그리고 미래"를 참조할 것.

리적이고 대중의 열정이 이성적일 것이라고 생각한다면 그건 오산이다. 민주주의는 늘 소란을 동반한다. 그런 관점에서 보면 팬덤 정치 또한 민주주의에서만 나타날 수 있는 대중적인 현상이자, 일상생활에 정보 통신 기술이 깊숙이 들어오면서 만들어지게 된 '초연결 사회'에서의 초현대적인 현상이다. 중요한 것은 그것이 얼마나 가치 있는 소란이고 의미 있는 열광인가 하는 점인데, 이 문제는 대중적 현상 그 자체로만 판단할 수 없다.

팬덤 정치는 어떤 가치나 이념, 정책적 특징을 담고 있는가? 그것은 사회적으로나 공동체를 위해서 얼마나 정의롭고 얼마나 유익한 것들로 채워져 있는가? 이제 이 평가와 판단의 문제를 살펴봐야 할 텐데, 이를 위해서는 비교가 필요하다. 인간과 사회의 문제는 실험의 방법으로 다루기 어려우므로, 우리가 선택할 수 있는 방법은 한국의 팬덤 정치 문제를 다른 나라의 유사 사례와 비교를 통해 조명해 보는 것이다.

팬덤 정치는 미국의 양극화 정치나 유럽의 포퓰리즘 현상과 얼마나 같고 얼마나 다를까? 이로써 우리는 팬덤 정치가 포괄하고 있는 사회적 내용이나 성격을 무엇이라고 규정할 수 있을까? 이제 이 문제로 넘어가 보기로 하자.

2. 팬덤 정치는 유럽의 포퓰리즘 정치나 미국의 양극화 정치와 무엇이 같고 무엇이 다를까?

향토화와 세계화의 오류 사이에서

변화와 개선을 생각하는 사람들은 자신이 속한 사회나 나라에 비판적일 때가 많다. 근본적으로 그런 태도에는 자기 나라를 사랑하는 마음이 있다. 지금 현실에 만족하지 않고 바꾸고 개선할 것들에 더 주목하는 것은 그 때문이다. 물론 비판도 지나치면 마치 우리만 문제인 것처럼 편협한 마음을 갖게 할 때가 있다. 정반대의 태도는 다른 부작용을 낳는다. 우리만이 아니라 다른 나라도 똑같은 문제를 안고 있다고 봄으로써 문제 자체를 없애 버리는 경우다.

　예를 들어 팬덤 정치를 한국 정치만의 특별한 문제로 접근하면 '향토화의 오류'에 빠질 수 있다. 양상은 다르지만 유럽의 포퓰리즘이나 미국식 정치 양극화에도 팬덤 정치와 유사한 문제가 있기 때문이다. 그렇지만 한국의 팬덤 정치를 포퓰리즘이나 정치 양극화와 같은 문제라고 이해하면 역으로 과도한 '세계화의 오류'를 피할 수 없다. 같은 것과 다른 것은 분리돼야 제대로 된 비교가 가능하다.

팬덤 정치나 양극화 정치 그리고 포퓰리즘 현상 모두 적대와 혐오를 심화시키는 문제가 있다. 다른 정치 세력과 상대하는 것을 대결과 승패의 문제로 보는 것도 유사하다. 명백한 사실임에도 받아들이지 못하고, 잘못을 인정하는 것을 굴복으로 여기는 것은 그 때문이다.

그렇다 보니 공유할 수 있는 사실성의 기반은 좁아지고, 끝없는 논란으로 무엇이 사태의 진실인지조차 알 수 없는 상황이 만들어질 때가 많다. 토론·숙의·조정·협상의 방법으로 서로 간에 공존과 타협을 이끌어 가는 정치 본래의 기능을 '술수와 책략', '원칙의 훼손'으로 비난하고 공격하는 문제도 야기한다. 조급하고 성마르며, 그래서 쉽게 화내고 흥분하는 행태도 똑같다. 팬덤, 포퓰리즘, 양극화 정치 모두 정치를 기능하지 못하게 하는 '반反정치의 정치'라는 특성을 공유한다. 그러나 다른 것도 있다.

이념이나 정책, 계층적 특성이 약한 팬덤 정치

한국의 팬덤 정치는 미국 공화당의 강경 보수 세력인 '티파티'나 미국 민주당의 진보적 세력인 '무브온'처럼 특정한 이념이나 정책을 지향하는 움직임이 아니다. 난민 정책으로 촉발된 유럽의 우파 포퓰리즘과도 다르고 긴축정책에 대한 반대로 결집한 남부 유럽의 좌파 포퓰리즘과도 다르다. 우리식 팬덤 정치는 정책이나 이념을 지향하는 집단행동이 아니다. 오히려 보수도 싫고 진보도 싫다는 태도가 지배적이다. 민주당 팬덤은 국민의힘만이 아니라 정의당에 대해서도 적대적이다.

다소 옛날 느낌을 줄 때도 있다. "개딸", "이대남", "문빠", "친윤", "친명" 같은 표현에서 보듯 오히려 가부장적인 느낌이 더 두드러질 때도 많다. 계층적 기반도 다르다. 미국 트럼프 지지자들처럼 저학력·저소득층이 중심인 것도 아니다. 유럽의 포퓰리즘 지지자들처럼 신자유주의 세계화 때문에 일자리나 소득을 잃게 된 '하층 피해자 대중'의 불만과 두려움에 기초를 둔 것도 아니다.

동독 지역에 기반을 둔 독일의 포퓰리즘이나, 과거 미국과 러시아의 경우처럼 농촌 지역에서 발원했던 포퓰리즘과 달리 팬덤 정치는 지방적인 현상도 아니다. 팬덤 정치를 한국식 포퓰리즘이라고 한다면 그것은 도시의 교육받은 대졸자가 중심이 된 '중산층 포퓰리즘'의 특성이 훨씬 강해 보인다. 그런데도 정책·이념적 합리성보다는 특정인에 대한 집착을 특징으로 한다는 점에서 한국의 팬덤 정치는 특별하다.

주도하는 정당의 특성도 다르다. 유럽의 포퓰리즘은 기성 주류 정당들에 대한 불만과 그들이 대변하지 못하는 정책적 이슈를 매개로 제3의 신생 정당이 주도하는 정치 운동을 특징으로 한다. 반면 한국의 팬덤 정치는 압도적으로 기성 양당의 문제다. 유럽의 포퓰리즘이 정치 밖 혹은 정치의 주변부에서 발원하고 에너지를 얻은 도전이라면 한국의 팬덤 정치는 정치의 중심부에서 발원하고 심화된 문제라는 점에서 다르다. 주류 정당의 포퓰리즘화, 양극화, 팬덤화가 문제의 핵심이지 제3정당 때문에 문제는 아니라는 것이다.

정치 양극화로만 보기 어려운 특징

양대 정당 간의 갈등이라는 점에서 한국의 팬덤 정치를 미국식 정치 양극화와 유사한 것으로 볼 수 있을지 모른다. 하지만 다른 점도 많다. 미국의 정치 양극화의 경우 공화당의 극렬 지지자들이 선도했다. 반면 우리의 경우는 민주당 쪽이 주도적이라는 점에서 차이가 있다.

2023년에 한국행정연구원 국정데이터조사센터가 실시한 "한국의 정치 양극화 현황과 제도적 대안에 관한 국민 인식 조사"에 따르면 '상대 정당에 대한 비호감도 국제 비교' 부분에서 한국은 민주당 지지자들이 국민의힘에 대해 보이는 비호감도가 그 반대 경우보다 일관되게 더 높은 것으로 나타났다(국정데이터조사센터 2023, 3). 정치 관련 여론조사들이 한결같이 보여 주는 것은 국민의힘 지지자에 비해 민주당 지지자의 의견 응집도가 비교할 수 없이 높다는 점이다. 확실히 극단적인 정치 양극화를 이끈 미국의 트럼피즘과 달리 한국의 정치 양극화, 한국의 팬덤 정치는 민주당 쪽으로부터 발원하는 바가 훨씬 크다는 특징이 있다.

좀 더 근본적인 문제도 있다. 그것은 지금 우리 정치의 문제를 정치 양극화로 정의할 수 있을까 하는 것이다. 정당 이론에서 말하는 '양극화'란 좌우 양 끝에 있는 정당 사이의 이념적 거리가 커진 것을 가리킨다. ('정당 수'와 '양극화'라는 두 변수를 중심으로 나라별 정당 체계의 유형론을 완성해 낸 사르토리에 따르면) 이를 보여 주는 지표는 두 가지다.[4] 하나는 좌우 양편에 '반체제 야당'이 있고, 이들이 주요 정당들의 중도 수렴화를 제어할 정도로 영향력을 가질 때다. 다른 하나는 중도의 공간에 영향력 있는 정당이 있고, 이들이 정당들을 좌우로 밀어내는 쐐기

---

4 이하 논의는 Sartori(2005), 6장에 따른다.

역할을 할 때다. 한마디로 말해 정치 양극화는 다당제적 현상이라는 것이다.

한국식 정치 양극화에는 이런 다당화를 이끄는 정당 구도 party format나 정당 역학party mechanics이 없다. 혹자는 다당제에서 정치 양극화가 있다면 양당제에서도 정치 양극화가 있는 것 아니냐고 반론할지 모른다. 하지만 정당 이론에는 양당제에서의 정치 양극화에 대한 논의가 존재하지 않는다. 양당제에서 양극화의 심화는 곧 내전이나 분리 독립으로 귀결되는, 정당정치의 붕괴를 의미하기 때문이다.[5] 그런 의미에서 지금의 정치 양극화나 팬덤 정치는 '이론에도 없는 문제'이자, 그대로 방치한다면 양당제로는 감당할 수 없는 결과를 가져올 것이다.

정서적 문제가 아닌 다원화의 부재가 더 큰 원인

정당 간 양극화를 걱정하기에는 우리 정치에서 양당 간의 이념

---

[5] 사르토리는 이렇게 표현한다. "[양당제에서 양극화 유형이 존재하지 않는 이유는 양당제에서 양극화는] 사실상 '붕괴'를 나타내기 때문이다. 이념 거리가 극대화되어 원심적 경쟁이 일어나면 양당 구도는 파괴되거나 내전 상황으로 치닫게 된다"(Sartori 2005, 260).

적 차이가 너무 없다. 한국 정치는 대북 인식이나 페미니즘을 둘러싼 갈등은 있으나, 사회경제적 이슈를 둘러싼 양당 간 이념적 차이는 거의 없다고 봐도 무방하다(박상훈 2020a; 국정데이터조사센터 2023, 1). 경제 성장의 문제 앞에서 정당들의 태도는 지극히 순응적이다. '혁신' 성장인지, '녹색' 성장인지, '포용' 성장인지의 차이는 있을지 모르나, 성장과 발전을 공약하지 않는 정당은 없다.

모든 정당이 국민 정당이다. 이념 정당과는 거리가 먼 극단적 실용 정당으로 분류되는 게 한국의 정당들이다. 국가보안법이 있는 사회에서, 더 이상 국가보안법의 폐지나 개정을 논의하지 않는 국회에서 정당들의 이념적 차이를 말하는 것 자체가 한계가 있는 일이기도 하다. 그런 이유로 정치학자들은 한국의 정치 양극화를 이념적 양극화와는 다른 정서적 양극화affective polarization로 정의하곤 한다. 그리고 그런 양극화의 정도를, 지지 정당이 다른 사람들이 서로에 대해 갖는 비호감도로 측정하곤 한다.

물론 정서적 양극화에 대한 여러 논의에도 따져 볼 문제가 없는 것은 아니다. 과거 영호남 출신 사이에서 결혼, 친구, 동업 관계를 맺고 싶지 않은 심리적 거리감으로 지역감정을 측정하고, 이를 근거로 한국의 정당정치를 지역주의 정치로 정의하곤 했다.[6] 하지만 출신 지역이나 지지 정당이 다른 사람들의 심리적 반응이나 정서적 거리감으로 정치의 문제를 이해하는 것은 한계가 있다. 그런 접근은 시민들 사이의 감정이나 정서적 거리감이 얼마나 커지고 있는지를 잘 보여 줄지는 몰라도, 왜 그런 정서적 차이가 확대되었는가라는 인과론은 물론이고 구조론, 변화론도 발전시킬 수 없다.

과거의 지역 감정론처럼 시민 집단들 사이의 심리적 거리를 과장하는 것에 그치는 것은 아닌지에 대해서도 생각해 봐야 한다. 지역민 사이 감정의 앙금을 푸는 것으로 지역주의의 문제에 접근하는 것이 한계가 있듯이 정당 지지자들 사이의 정서적 거리감과 일치의 정도로 정치의 문제를 다룰 수는 없을 것이다. 한국의 정치 양극화나 팬덤의 문제는 정서나 비호감, 거리감의 문제가 아니다. 그것은 정치의 영역에서 만들어진 '정치적' 문제이고, (뒤에서 살펴보겠지만) 무이념, 무신념의 권력 정치가 민주주의의 다원적 기반을 잠식해 왔던 것의 결과로 나타난 문제. 따라서 정치 양극화의 대안을 '다원화'가 아니라 '중도화'에서 찾는 것은 오히려 문제를 더 악화시킬 수 있음을 생

---

6   지역감정과 사회적 거리감에 대해서는 박상훈(2013)을 참조할 것.

각해야 한다.

주목해야 할 더 중요한 문제가 있다. 기본적으로 한국의 팬덤 정치는 정당 간 문제이기보다 정당 내의 문제다. 일반적인 정치 양극화라면 정당 간의 갈등이 심할수록 정당 내 결속은 커져야 정상일 것이다. 팬덤 정치는 다르다. 그것은 정당 사이에서보다 정당 내에서 더 큰 분열과 적대를 만들어 낸다. 팬덤 리더나 팬덤 당원을 둘러싸고 당내 계파 간 적대감은 상상을 초월한다.

민주당이든 국민의힘이든 상대 정당보다 당내의 상대 계파를 더 싫어한다. 개딸은 윤석열보다 '수박'을 더 싫어한다. 이재명을 싫어하는 민주당 사람은 윤석열보다 이재명을 더 싫어한다. 엄밀히 말해 정당 간 적대와 혐오는 당내 경쟁에서 상대 계파를 제압하는 수단으로 악용되면서 과도하게 증폭된 면이 크다. 따라서 한국의 팬덤 정치는 공직선거법보다 당내 공천 문제나 경선 제도에 훨씬 더 민감하다. 팬덤 시민과 팬덤 당원들 역시 정당 다원화를 촉진하려는 목적에서 출발한 공직선거법 개정 논의에 대해서는 관심이 없으며, 그들은 오직 당내 경선과 공천에서 이른바 '수박'을 배제시키는 문제에 집중하고 있다.

한국의 팬덤 정치가 갖는 유형적 특징

정리해 보자. 첫째, 한국의 팬덤 정치는 전 세계적인 걱정거리가 된 포퓰리즘 정치나 양극화 정치의 한 유형이다. 분노와 적대, 혐오와 대립의 대중적 정서를 자극하는 정치 운동의 성격을 갖는다. 한동안 한국의 팬덤 정치 현상은 정치 양극화 문제로 정의되었다. 그러다가 2020년을 전후해 정치 양극화로만 포착하기 어려운 새로운 문제가 되었다.

둘째, 한국의 팬덤 정치는 긴축 정책이나 이민 정책, 난민 정책 등 기존 정당들에 대한 정책적 불만에서 촉발된 포퓰리즘 정치나 양극화 정치와는 다른 점이 많다. 검찰 수사와 검찰 개혁 같은 이슈에 매달리는 것에서 볼 수 있듯이, 팬덤 정치에서는 사회정책이나 공공 정책보다 누가 대통령이 되고 누가 당 대표가 되어야 하는지에서 촉발된, 권력의 소유권을 둘러싼 갈등이 지배적이다. 보통의 사람들이 겪는 사회경제적인 문제와 무관한, 어쩌면 여야 정치 세력 그들만의 문제에 가까운 것이 팬덤 정치다.

셋째, 팬덤 정치는 좌파 포퓰리즘, 우파 포퓰리즘처럼 이념적 특징을 갖는 것도 아니다. 오히려 반보수, 반진보처럼 '반이념'적인 성향이 더 두드러져 보인다. 팬덤 정치가 계층적 현상인 것도 아니다. 세계화에 대한 불만과 두려움을 가진 하층 대중을 동원하려는 정치 운동도 아니고, 지방적 현상도 아니다. 굳이 계층과 지역의 차이를 따진다면, 도시의 교육받은 중산층들 가운데 정치 참여의 열정이 큰 집단의 현상이라는 점이 두드러진다.

넷째, 한국의 팬덤 정치는 제3정당의 형태로 나타난 것이 아니라 양당 사이에서 전개되며, 더 중요한 특징은 정당 사이보다 정당 내부적 현상이 더 압도적이라는 사실이다. 누가 당권을 가져야 하고, 누가 공천을 받고 누가 대선 후보가 되어야 하는지를 둘러싼 당내 전쟁에서 비롯되는 바가 절대적이라는 것이다.

요컨대 팬덤 정치는 정치 경쟁의 문제이면서 정당 경쟁의 문제이고 동시에 정당 내부의 권력투쟁 문제이기에 한국의 대통령제, 양당제 정치에 대한 것은 물론 당내의 은밀한 정파 갈등 및 당원 구조에 대해서도 폭넓게 살펴봐야 할 문제가 아닐 수 없다.

이 문제로 넘어가기 전에 짚고 넘어갈 것이 있다. 도대체 팬덤 정치가는 누구이고, 팬덤 시민들의 활동은 어떻게 유형화할 수 있으며, 그들이 만들어 내는 문제에는 어떤 것들이 있을까?

3. 팬덤 정치는 누가 이끄는가
: 팬덤 리더, 팬덤 시민 그리고 팬덤 언론

누가 팬덤 리더인가

팬덤 정치도 정치인 한, 정치에 필요한 지지 동원의 특징을 갖는 것은 당연하다. 다만 정당의 공식적 가치나 이념보다는 정치 엘리트 개인의 '개성적 힘'에 의존하는 대중 정치에 가깝다. 팬덤 정치가의 관점에서 팬덤 정치는 '자신만의 사인화私人化된 권위 자원'의 빠른 축적을 목적으로 하는 지지 동원 정치다. 여기까지는 누구나 동의할 수 있을 것이다.

정치가가 더 많은 지지를 추구하고 자신에게 권위 자원을 집중시키고 싶어 하는 것은 대중 정치에 부수되는 '귀여운 비용費用'이다. 과거 안철수 현상이나 문국현 현상 같은 사례에서 볼 수 있듯이 그리 공격적이지 않은 양상으로 나타날 때는 특정 인물을 통해 변화의 욕구를 표현하는 사회현상 내지는, 특별한 조치를 하지 않아도 잠시 주목을 받다가 사라지는 자연스럽고 일상적인 정치 현상일 때도 많다.

팬덤 정치는 다르다. 그 핵심은 기존의 정당 규범이나 정치 규범을 무시하거나 우회, 혹은 때로 공격하고 파괴하는 방식으로 대중의 지지를 추구하고 이를 통해 정치를 좀 더 격렬하고 열정적으로 만든다는 점이다. 팬덤 정치가는 정당정치가 기득권과 특권 집단에 의해 지배되고 있다고 생각하고, 자신을 정당정치의 아웃사이더로 여긴다. 정상적인 방법으로 공정하게 경쟁해서는 당도 권력도 장악할 수 없다고 생각한다. 그는 정당을 바꾸고 지배하고 자신의 것으로 만들고 싶어 한다. 그는 동료 정치인과의 공존과 협력을 통해 정치를 하는 사람이 아니라 자신의 팬덤을 이용해 기존 정치를 제압하기를 원하는 사람이다.

아마도 이런 정의에 부합하는 전형적인 정치가를 꼽으라면 2022년의 20대 대선에서 격돌하게 된 윤석열과 이재명일 것이다. 그들의 의도와 상관없이 두 사람은 정당정치의 아웃사이더로서 자신들의 영향력을 팬덤 정치의 양상으로 추구할 수밖에 없었던 점은 있다. 상황이나 조건보다 자신의 의지나 결정으로 팬덤 정치를 자각적으로 선택한 사례도 있다. 이준석과, 대선 패배 이후 곧바로 당권 장악에 나섰던 이재명의 경우가 대표적이다.

이준석은 한국 정치에서 페미니즘에 대한 비판을 넘어 이를 혐오와 적대의 위험한 도구로 활용한 대표적인 인물의 하나다. 이재명은 '친북, 종북'과 같은 의미 구조를 갖는 '친일 국방' 같은 일방적이고 적대적인 정치 언어를 쉽게 동원한다는 점에서[7] 이준석과 다르지 않았다. 두 사람 모두 여론을 흥분시키고 적대를 자신의 정치 자산으로 바꿔 내는 데 능숙한 면모를 보여 준 정치가라 할 수 있다.

물론 많은 정치인이 어떤 방법을 써서라도 팬덤을 가지려고 애쓴다. 그럴 수만 있다면 의회정치와 정당정치의 규범을 무시하고 말과 행동을 험하게 할 의사도 있을 것이다. 의도나 의사는 있지만 실제 행동에 나서지 않은 정치인들까지 팬덤 정치가로 유형화할 수는 없다. 문제는 팬덤 리더를 추종하면서, 팬덤 지지자들이 원하는 행동과 말을 하는 정치인이다. 비록 팬덤 정치가로서 아직 성공한 것은 아니더라도 그들이야말로 팬덤 리더의 조력자나 편승자로서 팬덤 정치의 주축을 이루고 있다고 해야 할 것이다. 어쩌면 윤석열이나 이재명, 이준석보다 더 문제는 그 주변의 권력 추종적이고 팬덤 추종적인 보통의 정치

---

7 2022년 10월 이재명 대표가 한미일 연합 훈련에 대해 "극단적 친일 국방"으로 규정하고 나선 것은 의외였다. 이에 대해 『경향신문』은 2022년 10월 11일자 사설로 "이재명 대표는 윤석열 정부의 외교 안보 정책 실패를 부각하고 싶었겠지만, 논리 비약에 극단적 표현을 쓰는" 것을 비판했고, 길윤형 『한겨레』 국제부장은 "누가 이재명 씨에게 한-일 관계에 대해 가정교사를 해줬으면 좋겠다."라며 "재팬 패싱은 불가능하다"라는 칼럼을 썼을 정도다(2022/10/17). 그러나 그 뒤에도 여러 사안을 친일과 반일로 단순화하는 표현들은 계속 사용되었다.

인들일지도 모른다.

앞선 대통령들의 사례는 어떨까? 헌신적인 지지자 집단을 가졌던 김대중은 정당과 의회정치를 존중했고 보수정당과의 연합을 통해 정부를 운영했다는 점에서 팬덤 정치가로 유형화할 수 없다. 서구식 다당제와 연합 정치를 지향했던 노무현의 경우도 강렬한 지지자들의 존재 여부와 상관없이 팬덤 정치가로 분류할 수 없다. 정당정치와 의회정치만 싫어한 것이 아니라 대중 동원을 혐오했기에 팬덤 자체가 없었던 이명박 역시 팬덤 정치가로 볼 수 없다.

본격적인 정치 양극화 시대를 연 박근혜와 문재인의 사례는 중요하다. 박근혜는 국회 개혁과 직접 민주주의를 앞세워 국민 서명운동에 참여한 최초의 현직 대통령이었다. 집권당의 공천은 물론 당 지도부까지 장악하고 통제하려 했으며, 열정적 지지자 집단을 가졌다는 점에서 팬덤 정치의 한 유형을 보여 준 것은 틀림없다. 하지만 아무리 그래도 박근혜는 전통적인 통치 스타일에 가까웠다.

그의 팬덤은 구세대에 치중되어 있었다. 뉴미디어나 소셜 네트워크를 통한 여론 동원에서는 별다른 새로운 변화를 보여 주지 못했다. 박근혜를 지지하는 유튜버들의 행태는 구시대적이었다. 그런 점에서 박근혜식의 팬덤 정치는 지나치게 낡고 시대착오적이다. 앞으로도 그와 같은 모델을 다른 누가 모방하거나 반복하기는 어려워 보인다.

박근혜의 낡은 팬덤 정치에 비해, 문재인은 팬덤 정치의 신新 모델을 보여 주었다. 그는 의회주의자도 정당주의자도 아니었고 그럴 기회를 갖지도 못했다. 당 대표나 대선 후보, 대통령인 적은 있어도 정치가다운 역할에 적극적인 적은 없었다. 지지자들을 동원하는 데 보인 열의에 비해, 여야 사이에서나 비판 여론과의 관계에서 마땅히 했어야 할 정치적 역할은 소홀히 했다.

대의제를 간접 민주주의로 폄훼하고 직접 민주주의를 강조함으로써 의회정치나 정당정치를 멀리했다. 대신 여론조사와 SNS, 뉴미디어를 활용한 국민 직접 동원 정치에 특별한 노력을 기울였다. '문빠'로 통칭되는 지지자들 가운데 일부가 보여 준 여러 사례에서 보듯이, 말과 행동에 있어 타인에 대해 무례함을 보인 지지자 집단에 의존해 대통령직을 수행했다는 사실도 부정할 수 없다. 다만 문재인의 말과 행동이 거친 것은 아니었다는 점에서 그 역시 전형적인 팬덤 정치가와는 달랐다고 할 수는 있겠다.

팬덤 정치의 등장과 확산을 팬덤 정치가의 스타일에서만 찾는 것은 한계가 있다. 팬덤 정치에 대한 비판이 커지면 팬덤 정치가들도 스스로 팬덤과 거리를 둔다. 정치가에게 팬덤은 수단일 뿐 팬덤 그 자체가 목적은 아니기 때문이다. 그런 점에서 팬덤 정치가는 본질적으로 수단 합리성을 추구하는 기회주의적 유형의 정치가에 가깝다. 팬덤이 필요하긴 하나 어디까지나 그것이 자신의 정치적 목적에 도움이 되는 범위 안에서만 활용하려 하기 때문이다.

팬덤 시민은 누구인가

분명 정치인의 개성만으로 팬덤 현상을 설명할 수는 없다. 더 중요한 특징은 제도화된 정치과정 밖에서 정치과정 안으로 밀고 들어오는 지지자들의 '정형화되지 않은 방식의 집합적 열정'에 있다. 개별적으로 그들이 누구인지는 알 수 없고, 그 내부의 갈등이나 견해 차이, 서로를 구분할 수 있는 하위 유형이 있는지도 알 수 없다.

그들의 존재감은 집단적 힘을 표출할 때만 느낄 수 있고, 그때는 분열 없는 하나의 동질적 집단으로 인식된다. 그들은 행동하고 실천하며 그래야만 존재한다는 점에서 특별하다. 물론 행동이나 실천 방식에 이견을 가진 내부 비판자나 이탈자가 있을 수 있다. 하지만 개별적으로 이탈해 나가면 그만일 뿐 그들의 존재는 의미가 없다. 의견 집단도 이해 집단도 아닌, 행동 집단 내지 운동 집단의 유형에 가깝기 때문이다. 보이지 않는 지도부나 활동가가 있는지 분명치 않지만, 개별적으로 호응하는 사람의 규모는 상당하다. 어떻게 보든 팬덤 정치는 새로운 형태의 운동, 그것도 대중적 운동이다. 팬덤 시민의 관점에서 보면 팬덤 정치보다 '팬덤 정치 운동'이라는 표현이 더 적합할지도 모른다.

특별한 대중운동으로서의 팬덤은 제도화를 거부하는 집단적 열정에 그 본질이 있다. 제도화는 정념과 열정을 배제한 이성적 기획을 뜻한다. 팬덤은 그럴 수 없다. 팬덤은 계속 열정을 동원해야 하고 계속 움직여야 한다. 이 일은 정치를 평화로운 조정보다는 적대적 싸움에 가까운 것으로 이해할 때만 가능하다. 종북, 친일, 적폐, 꼴페미, 수박 세력 같이 용납할 수 없는 자들과의 싸움에 나선다는 소명 의식을 갖지 못하면 팬덤의 존재 이유는 약해질 수밖에 없다. 팬덤 정치가의 존재도, 정당의 공식적 가치나 이념도 그것에 복무할 때만 가치를 갖는다.

정형성이나 안정성은 팬덤의 본질과 충돌한다. '좌표 찍기', '18원 보내기', '수박 깨기'처럼 새로운 운동성을 끊임없이 보충해야 팬덤은 지속 가능하다. 팬덤 정치는 가변적이고 유동적이다. 심지어 길지 않은 주기로 수혜자와 피해자가 교차할 때도 있다. 한때 팬덤 정치의 수혜자였다가 지금은 '친명' 팬덤의 공격을 받게 된 '친문'이 대표적인 예다. 그런 가변성, 운동성 때문에 팬덤 정치는 관점에 따라서는 민주주의를 혁신하는 대중적 에너지로 이해되기도 하고 민주주의를 위협하는 악성 포퓰리즘처럼 보이기도 한다.

팬덤 지지자들이 적극적 시민성을 이상으로 삼는다는 건 틀림없어 보인다. 하지만 그들은 정치의 자율성을 인정하지 않는다. 정당의 문화나 전통, 규범, 가치를 중시하지 않는다. 정상적인 정치과정과 절차를 신뢰하고 기다려 주지 않는다. 그 긴 과정의 끝에서 최종적 결정자로서 역할을 하는 것에 만족하지 않는다. 그들은 정치에 일상적으로 관여하고자 하고, 정치를 변화시키고 싶어 한다. 다만 그것이 연대와 협력, 공익에 대한 의무와 책임감보다는 자신들의 생각과 다른 자들을 제압하고자 하는 열정으로 움직인다는 데 특별함이 있다.

그들은 정치, 정당, 의회, 언론, 지식인을 신뢰하지 않고 정치가를 믿지 못한다. 그런 점에서 그들은 자유주의적 시민성은 물론 공화주의적 시민성의 이상과도 거리가 먼 특별한 시민이다. 때로는 혁명적이고 때로는 반동적이다. 격렬한 선의는 있으나 자신의 선의가 불완전할 수 있다는 생각은 하지 못한다.

돈과 표와 열정을 가진 팬덤 시민들이 세상에 미치는 영향력은 막강하다. 야심을 가진 정치인일수록 자신도 힘을 키워 가다 보면 언젠가 팬덤이 만들어지지 않을까 하는 기대를 놓을 수가 없다. 언론이나 시민운동, 지식사회 역시 팬덤 시민들의 영향력에 굴복한 지 오래다. 강렬한 정견을 가진 팬덤 시민들의 요구에 맞게 두 개의 큰 진영으로 나뉘어 서로 사나운 얼굴을 하고 공격을 주고받는 일에 이들도 익숙하다. 이렇게 보면 팬덤 정치는 팬덤 리더보다 팬덤 지지자로 불리는 특별한 시민 및 그들의 세계와 더 깊은 관련이 있다.

팬덤 정치 운동에 참여하는 팬덤 시민이 누구인지를 특정할 수는 없으나, 행위 패턴을 통해 어떤 집단인지에 대해서는 어느 정도 정의가 가능하다. 우선, 참여자들에게 팬덤 정치는 익명의 대중적 열정을 통해 정치과정에 영향을 미치고자 하는, 일종의 '자기 효능감'self-efficacy을 실현하는 행위다. 단순히 선호나 지지 성향을 나타내는 것이 아니라, 절차나 과정을 무시해서라도 정치를 지배하고 주도하려 한다는 점에서, 전에 없던 '새로운 종류의 압력 정치[8]'를 특징으로 한다.

---

8   압력 정치(pressure politics)란 정치 밖 이익 옹호 집단들이 원하는 정책과 예산을 획득하기 위해 입법자들에게 시위나 여론 동원 나아가 협박 등의 방법을 동원해 압력을 행사하는 행동을 가리킨다. 이에 대해서는 압력 정치와 정당정치를 비교하는 샤츠슈나이더(2008)를 참조할 것.

팬덤은 불만에 찬 시민이자, 조직되지만 않았을 뿐 사실상의 정치 활동가들이다. 그들의 신념은 현상유지보다는 현상타파의 내용을 갖는다. 용인할 수 없는 적敵의 존재로부터 자기 자신과 자신의 행동을 정당화한다. 그들은 확신에 차 있고, 주저함이 없으며, 옳고 그름이나 선과 악에 대한 판단에 있어서 단호함, 그 이상을 보여 준다.

그들의 눈에 자신의 의지대로 따르지 않는 정치가는 반反개혁, 반反시민 세력이다. 공격과 저주를 받아 마땅한 구악舊惡이다. 그들은 오로지 하나의 정당 혹은 그 정당을 지배하게 될 팬덤 리더와 그를 따르는 사람들만 인정한다. 사실상 일당제一黨制 지지자에 가까운 마음 상태를 갖는 시민들이다.

4. 팬덤은 왜 가변적인가

팬덤의 세 유형

팬덤 리더의 전략적 의도나 팬덤 시민들이 가진 집단적 특성만으로 팬덤 정치를 이해하는 것에도 당연히 한계가 있다. 팬덤은 조건적이다. 지지자들의 열정을 집약시키는 팬덤 리더가 없다면 팬덤 정치는 없다. 인격화된 팬덤 리더의 존재는 중요하다. 팬덤 리더는 조직화되어 있지 않은 그들의 무정형적 집합행동을 가능케 하는 초점 요인focal point이다. 팬덤 리더의 존재는 팬덤 운동의 조직화 비용을 획기적으로 낮춰 준다.

하지만 팬덤 리더의 역할이 어디까지인지는 정확히 알 수 없다. 팬덤 리더가 그들의 '주인'일 수도 있고, 반대로 '도구'에 불과할 수도 있다. 다만 조건에 따라 팬덤의 동력은 변하고 새로운 팬덤 리더를 찾아 이동할 수 있다는 것은 어느 정도 사실로 나타난 바 있다. 그렇다면 팬덤 운동의 가변성을 만들어 내는 것은 무엇일까.

지난 선거에서 친문 팬덤과 친박 팬덤의 빠른 약화는 물론이고, 정당정치의 아웃사이더인 윤석열, 이재명이 당내에서 빠른 속도로 친윤 세력과 친명 세력을 형성한 예에서 보듯, 분명 팬덤은 리더 개인에 고정된 현상이 아니다. 바로 이 점 때문에 특정 인물에 대한 절대적 헌신과 의존을 특징으로 하는 '영도자Führer 현상'과는 구분되어야 한다. 반反엘리트주의의 경향이 강한 포퓰리즘 현상과도 다르다. 이는 팬덤을 구성하는 전형적인 세 집단의 유형을 나누어 살펴보면 쉽게 알 수 있다.

첫 번째 유형은 '추종형 팬덤'이다. 어떤 상황에서도 팬덤 리더를 신뢰하고 따르려 한다는 점에서 이들은 충성형 팬덤이다. 한마디로 이들은 팬덤 리더에 헌신하고 의존하는 유형의 지지자 집단이다. 이들이 다수라면 팬덤 현상의 이동과 변화는 크지 않을 것이고 그때의 팬덤 정치는 영도자 추종 현상에 가까워진다.

하지만 이들의 추종 행동에는 팬덤 리더 개인에 대한 충성심과 정당에 대한 충성심이 겹쳐 있다. 개인보다 당에 대한 충성심이 이들의 정치 행동에서 차지하는 비중이 크다면, 이들 역시 정당의 결정에 따라 충성의 대상을 바꿀 수 있겠지만, 그래도 이 유형의 팬덤은 지지나 추종의 대상을 바꿀 여지가 가장 작은 지지자들이라 할 수 있다.

두 번째 유형은 '편익 추구형 팬덤'이다. 이들은 팬덤 리더의 성공을 통해 영향력을 추구한다. 주로 정치 영역 안에 있는 내부자인 이들은 사실상 팬덤 정치를 기획하고 움직이는 진정한 '팬덤 활동가'다. 이들에게 팬덤 정치는 일종의 합리적 투자 행위다.

이들의 입장에서 팬덤 리더는 자신들의 수단이고 도구다. 따라서 팬덤 리더가 힘을 잃거나 바라는 편익을 기대할 수 없게 되면 이들은 새로운 투자처를 찾아 가장 먼저 떠난다. 이들에게는 신념도, 이념도, 정책도 장벽이 되지 않는다. 과거 팬덤 지지를 함께 조직했던 이들도 조건이 바뀌면 갈라서기도 하고,

얼마 전까지 서로 적대했던 이들도 계산이 바뀌면 얼마든지 함께한다.

종편 방송이나 인터넷 방송 등에서 활동하는 전직 국회의원들이나 극우 유튜버 내지 시민운동가들 사이에서 그런 사례가 점차 늘어나고 있다. 어제의 '친문 유튜버'가 오늘의 '친명 유튜버'로 변신한 사례들은 이미 많다. 한때 유명했던 보수 유튜버가 이제는 윤석열 퇴진 집회를 같이 하기도 한다. 그렇다면 앞으로도 유사한 사례는 반복될 것이다. 편익 추구형 팬덤 지지자나 팬덤 투자형 인물들은 변신에 능한 가장 기회주의적인 유형이다.

흥미로운 것은 다음의 세 번째 유형인데, 이에 대해서는 여러 번 언급한 바 있다. 이들은 팬덤 활동을 통해 정치 참여의 효용을 극대화하고자 한다는 점에서, 일종의 '정치 효능감 추구형 팬덤'이다. 팬덤 리더에 의존적인 첫 번째 유형과는 달리, 이들을 행위에 나서게 만드는 가장 중요한 요인은 공격의 대상에 대한 적대 의식이다. 자신들이 나서지 않으면 막을 수 없다고 여기는 친일 세력, 적폐 세력, 빨갱이, 좌파, 반개혁 세력 등의 존재가 이들을 움직이게 한다.

효능감 추구형 팬덤은 정치 영역 밖에서 활동하고, 지위나 이익을 추구하지 않는다는 점에서 두 번째 편익 추구형 팬덤 활동가들과 구분된다. 팬덤 리더가 힘을 잃어도 쉽게 옮겨 가지 않는 첫 번째 유형의 추종형 팬덤과도 다르다. 팬덤 리더가 영향력을 유지하는 한에서만 팬덤을 지속하기 때문이다. 이들 역시 상황이 바뀌면 정치 효능감을 얻고자 새로운 팬덤 리더를 찾는다. 단, 두 번째 유형의 편익 추구형 팬덤과는 달리 이동하는 데 시간이 걸리고 주저하며 옮겨 간다는 점에서는 차이가 있다.

팬덤 정치의 가변성은 주로 편익 추구형 팬덤 활동가들과 정치 효능감 추구형 팬덤 지지자들에서 발원한다. 팬덤 리더 개인보다 정당에 대한 충성심이 더 큰 팬덤 지지자들 역시 조건에 따라서는 달라질 수 있다. 그들도 결국은 정당의 결정에 따를 것이기 때문이다. 팬덤 현상이 절대적이고 맹목적인 지지의 양상으로 나타나다가도 상황이 바뀌면 유동성을 갖게 되는 것은 바로 이들의 존재 때문이다.

크게 보아 팬덤 리더와 팬덤 지지자의 관계는 서로를 필요로 하는 조건적이고 상대적인 측면이 강하다. 무조건적이고 일방적인 개인 추종형 팬덤이 팬덤 정치를 지배한다고 볼 수는 없다. 따라서 상호 간의 욕구나 조건이 만족되지 않으면 팬덤 현상은 급변할 수 있고 쉽게 소멸할 수도 있다. 그만큼 팬덤 현상은 이미 가변적이었고, 앞으로도 다시 변할 것이라 예상할 수 있다. 이를 뒤집어 말하면, 정당이 제대로 된 결정을 내리고 그 방향에서 좋은 정당이 되려는 노력 여하에 따라서, 팬덤 정치의 문제는 생각보다 쉽게 개선할 수 있다는 뜻이기도 하다.

새로운 대중운동으로서의 팬덤

팬덤 정치가 가변적이기는 하나 (현재와 같은 정당정치가 계속되는 한) 쉽게 사라지지는 않을 것이다. 무엇보다도 그 이유는 정치를 원하는 대로 움직일 수 있다는 것을 알게 된 익명의 적극적 시민층이 광범하게 형성되었기 때문이다. 이들은 팬덤 리더를 만들고 또 버릴 능력이 있다. 이들은 조직이나 단체를 만들고 사무실을 내고 활동가를 고용하고 회비를 내는 전통적인 방식으로 일하지 않는다.

그런 방식의 참여가 아니더라도 돈도, 지지도, 열정도 모을 수 있다. 전통적인 방식의 참여와 의사 표출에서는 수많은 규범과 문화적 제약이 있지만, 익명의 활동에서는 그런 규범과 문화를 깨고 무시해도 되는 쾌감이 있다. 팬덤 시민은 소극적이고 추종적이기보다는 적극적이다. 하지만 전통적인 의미의 적극적 시민[9]과는 다른 새로운 유형의 적극적 시민이다. 그들은 빠른 민주주의를 원한다. 빠른 결과를 얻기 위해 서슴없이 행동한다. 신뢰를 바탕으로 이루어지는 긴 절차와 과정을 기다

리지 못한다.

그들은 집단행동을 한다. 하지만 전통적인 집단행동과는 많이 다르다. 그들은 운동을 한다. 하지만 전형적인 조직 운동과는 거리가 멀다. 책임 있는 지도부나 공개된 소재지가 있는 결사체를 만들 의사도 없다. 상대 집단이나 다른 집단들과 대화나 토론에 나서는 의견 집단이 될 생각도, 공개적 활동이나 상호작용을 벌일 의사도 없다. 그들은 자신들이 원하는 것을 위해 자신들이 원하는 방식대로 행동한다.

이들 팬덤 시민의 마음 상태는 혁명의 사이클에서 나타나는 대중적 현상과 유사하다. 시작은 기성 체제에 대한 반감에서 비롯된다. 영향력을 갖게 된 이후에는 적대 세력 혹은 이들을 이롭게 하는 이적 세력의 도전을 분쇄하는 것이 중요하다. 집권에 성공한 이후에는 대통령을 비판하는 당내 이견 그룹을 이적시하는 열정이 이들을 지배한다. 집권에 실패해 야당이 되면 이들은 당내 온건파나 협상파의 득세를 제압하기 위해 과거

---

9   적극적 시민(active citizens)이란 소극적 자유보다 적극적 자유에 기초를 둔 개념으로, 공동체의 미래에 관심을 가지고 행동하며 관여할 의사를 가진 시민을 가리킨다. 존 로크보다는 장 자크 루소의 이상에 가까운 시민상이라 할 수 있다.

'투쟁 야당'이라는 전통을 불러와 전투 의지를 강화한다.

이처럼 상황에 따라 태도의 선택은 가변적이지만 정치의 본질을 '적敵과 아我의 싸움'으로 본다는 점에서는 일관적이다. 이들은 (이견에 대한 존중이나 다름에 대한 관용과 같은) 민주주의가 가진 다원주의적 가치에 순응하는 데까지 상당한 시간이 필요한 특별한 시민들이다.

민주주의는 반反민주주의자들에 의해서가 아니라 새롭게 등장한 이 시민 집단에 의해 위협받을 수 있다. 이들은 열렬한 민주주의자들이지만, 동시에 민주주의를 오해한 사람들이다. 민주주의이기에 시민이 직접 자유롭게 주권을 실현해야 한다는 생각으로 행동에 나선 이들은 민주주의자이기보다는 민주주의의 지배자이고자 하는 이들이다.

오늘날 민주주의 국가들이 군부 쿠데타나 좌파 혁명에 의해 위협받는 사례는 많지 않다. 그보다는 "민주주의를 정치, 정치인, 정당으로부터 구출해 내서 사회나 국민, 시민에게 가져다 줘야 한다."라고 하는 사람들, 국민의 직접 정치에 희망을 걸어야 한다고 주장하는 사람들, 정치(정치인, 정당, 의회 등)의 자율적인 역할 없이 신기술과 신제도를 통해 민심 그대로를 재현해 낼 수 있다고 믿는 사람들에 의해 민주주의가 혼란에 빠진 경우는 많았다.[10] 이들로 인해 새로운 대중운동의 전성기를 맞게 되었지만, 좀 더 자유롭고 평등하고 안전하고 평화로운 세상이 될 가능성보다 그렇지 않을 가능성이 더 높아지고 있다.

분명 그들은 조직화의 비용을 치르지 않고도 영향력을 발휘할 수 있는 소통 기술과 집단행동 기술을 갖게 되었다. 지도자나 활동가의 수고 없이도 집단행동을 이끌 수 있다는 희열도 경험했다. 정당도 의회도 언론도 지식사회도, 하다못해 기업도 움직일 수 있다는 것을 알게 되었다.

이들을 움직이는 것은 여론을 자극하는 적대와 분노다. 누군가의 잘못에 대한 고발은 많은 이들을 흥분시키고 그런 흥분은 초연결 사회가 가진 네트워크를 따라가며 집단행동에 나서게 만든다. 폭로와 좌표 찍기만 문제가 아니다. 그들은 사람들을 겁박하는 동시에 두려움을 갖게 만든다. 그러면서도 손쉽게 모금을 하며, 대규모 지지표를 동원할 능력도 있다. 언론도 정치인도 정당도 알아서 굴복하게 만든 힘은 바로 여기에 있다.

인간은 이성보다는 열정, 합리성보다는 정념에 쉽게 영향을 받는다. 개인보다 공중이 정념의 노예가 되기 쉽다. 인간의 역

---

10 이에 대해서는 레비츠키·지블랫(2018)과 런시먼(2018; 2020), 로젠블루스·샤피로(2022) 등을 참조할 것. 민주주의에 대한 잘못된 이해가 민주주의를 위협하는 문제에 대해서는 5장에서 좀 더 자세히 살펴보겠다.

사는 이를 뒷받침하는 증거들로 넘쳐 난다. 정념을 제어할 합리적 이성의 작동은 힘들고 긴 과정의 산물이다. 해결해야 할 정책 사안이 떠올랐다 하더라도, 그 사안이 어떤 문제인지를 정의하기 위해서는 그것이 어디에서 비롯되는지에 대한 인과론이 필요하고, 이를 위해서는 분류와 유형화가 필요하고, 다른 나라들의 비교 사례도 점검해야 한다.

다른 사안들보다 얼마나 중요하고 시급한 일인지를 따지는 우선순위도 설정해야 하고, 필요한 예산과 정책 수단도 살펴야 한다. 이런 일을 뛰어난 개인 혼자만의 힘으로 감당하기 어려운 것은 당연하다. 정보를 선별하고 지식을 공유하고 대안을 조직할 수 있는 권위 있는 시민 조직 없이 이런 일은 실현 불가능하다.

정당과 의회가 그런 시민 조직이다. 이들은 적법하게 권위를 인정받은 시민 기구다. 인류가 이를 받아들이기까지 수많은 시행착오를 감수해야 했다. 정당과 의회가 힘을 잃으면 정치가 나빠지는 것으로 그치지 않는다. 일반 대중이 힘을 갖는 것도 아니다. 오히려 국가 관료제와 사회 속 강자들이 더 큰 영향력을 갖게 되는 것은 물론이고, 정치가 해야 할 사회 보호와 갈등 관리의 역할을 제대로 할 수 없다. 그 피해자는 목소리가 작은, 사회 속 약자들이다. 팬덤 대중운동이, 정당과 의회가 중심이 되는 대의 민주주의에 공격적인 것은 결코 좋은 일이 아니다.

5. 팬덤 정치는 무엇을 남기는가

작동 불능의 민주정치

보통의 정당정치에서는 정당 간 차이로부터 갈등의 조정과 합의를 위한 창의적 노력이 발원한다. 팬덤 정치는 다르다. 이견과 차이는 감정적 적대에 활용된다. 적대의 동원은 대중적 혐오로 이어지고, 정당 간 협력의 공간을 협소하게 만든다. 정당들 사이에서 공존을 전제로 경쟁에 나설 수 있는 공동의 기반 common ground이 협소해지면 정치는 작동할 수 없다.

팬덤 정치는 의회정치와 정당정치의 구조를 허물어뜨린다. 더 나은 합의를 위해 싸우는 정치가 정당정치라면, 팬덤 정치는 상대의 몰락을 위해 싸운다. 상대가 몰락하는 정치를 지향하지만, 결과는 모두가 몰락하는 정치로의 퇴락을 가져온다. 눈에는 눈으로 맞서는 것이 결국에는 모두를 장님으로 만들듯이, 적폐 청산과 직권 남용 수사를 번갈아 반복하는 것은 정치의 기능을 위축시킨다.

(법을 적용하는 일이 아니라 법을 만들고 제정하는 일을 하므로) 의회정치는 법을 어기는 것보다 선례나 규범을 어기는 것을 부끄럽게 여기는 전통 위에 서있지만, 팬덤 정치가들은 어떤 선례나 규범이든 상대에게 유리하다면 아무렇지도 않게 무시하거나 폐기한다. 이 역시 정치의 붕괴를 재촉한다.

팬덤 정치는 '극단적 당파성'이 지배하는 정치다. 누가 더 공익 증진에 이바지하고, 누가 더 사회적 요구에 책임 있게 대응하는지를 두고 경쟁하는 정치가 아니다. 누가 더 상대 당을 잘 모욕하고 아프게 만들 수 있는지를 두고 경쟁하는 정치다. 팬덤 정치에서 여야는 자기들의 이익만 극단적으로 추구하는 무책임한 집단이 된다. 그 결과는 여야 어느 한편만이 아니라 여야 모두 신뢰받지 못하는 정당정치로 이어진다.

팬덤 정치는 양당제를 극단적으로 양극화시킨다. 앞서 말한 대로 학자들이 분류해 놓은 정당 체계 유형에 '양극화된 다당제'는 있어도 '양극화된 양당제'는 없다. 양당제는 정당들의 합리적 선택이 중도 지향적일 때만 존립할 수 있으며, 양당제에서 양극화의 심화는 곧 체제 붕괴를 가져온다고 보았기 때문이다. 이런 관점에서 보면, 양당 간의 양극화를 극단적으로 심화시키는 팬덤 정치는 정치만이 아니라 사회를 분열시키고, 결국

민주정치를 작동 불가능하게 만들 수 있다.

정당 내부의 적대와 혐오

팬덤 정치는 여야 사이에서만이 아니라 당내에서도 적대를 재생산하는데, 특히 정당 내부의 파벌 양극화를 심화시킨다. 정당 간 적대 못지않게 당내 주도권을 두고 당내 세력들 사이의 적대를 극단적으로 키워 정당 내부마저 분열과 파괴로 이끄는 것이다. 한마디로 말해 팬덤 정치는 당내 다원주의를 위협한다.

팬덤 정치는 참여의 범위scope를 확대하는 데 기여하기보다는 강성 지지자들이 가진 선호나 혐오의 강도intensity에 의존하는 정당을 만든다. 다른 목소리나 이견이 대표될 기회를 억압하고, 목소리 큰 소수에게 과도한 영향력을 갖게 하는 것이다. 그런 점에서 팬덤 정치는 '열정적 소수자 집단'passionate minorities이 당을 지배하게 하고, 오래된 당원이나 대의원, 당직자들의 영향력을 왜소하게 만든다. 참여는 불평등해지고 대표가 왜곡되는 것도 피할 수 없다.

이들 열정적 지지자 집단은 대개 비非가시적이다. 참여는 하되 누군지 특정되지 않으며, 오로지 대대적인 압력이 동원될 때만 그 실체와 위력을 볼 수 있다. 권력은 있지만 책임은 지지

않는, 신종 권력 집단의 출현은 팬덤 정치의 또 다른 부작용이
다. 민주주의는 참여 그 자체가 아니라 책임 있는 참여를 필요
로 한다는 것을 팬덤 정치가 일깨워 준다.

전도된 정치 윤리

팬덤 정치는 '정치의 유사 종교화'를 부추긴다. 팬덤 지도자는
박해받는 구원자 이미지로 포장된다. 시민에게는 자유를, 정
치가에게는 책임을 부과하는 체제가 민주주의인데, 팬덤 정치
는 정치가가 자유롭고, 이를 위해 시민이 헌신해야 하는 민주
주의를 낳는다. '지못미(지켜 주지 못해 미안해요) 현상'에서 보
듯, 정치가의 실패를 지지자가 대신 미안해하는 '전도된 윤리'
를 낳는다. 팬덤 정치는 권력자에게 의존적인 대중 심리를 키
운다.

팬덤 정치는 절차적 합리성에 따른 안정된 변화가 아닌, 파
격과 의외를 반복하는 정치를 기대하게 만든다. 또한 사람들의
마음 상태를 불신과 증오로 몰아가며, 특단의 해결책을 추구하
게 만든다. 음모론이 힘을 발휘하고, 그로 인해 민주주의가 필
요로 하는 신뢰의 정치 문화를 키워 갈 수 없게 한다. 남는 것은
적나라한 승패뿐이다.

당직과 공직을 둘러싼 경쟁은 사활적이지만, 정책 의제를 둘러싼 경쟁은 나타날 수 없다. 권력투쟁과 그것을 위한 '규정 싸움'이 당을 압도하며, '승리가 곧 정의'가 된다. 팬덤 지도자는 있으나 존경받는 정치 지도자가 나올 수 없는 환경은 이렇게 만들어진다.

팬덤 정치는 언어의 저질화, 저급화를 낳는다. 말은 흉기가 되고, 거부감을 주는 시위 형태가 양산되며, 유튜브 정치꾼들이 사람들의 마음을 지옥으로 만든다. 자신들에게는 무한 관용적이고 상대에게는 과도하게 적대적일 뿐, 공정한 언어는 없다. 도덕적 감각의 상실을 뜻하는 '내로남불' 정치를 동반하는 팬덤 현상은 보편적 정의 규범을 허물어뜨리는 역할을 한다.

시민을 타락시키는 정치

팬덤 정치는 시민·당원 직접 정치를 추구한다. 팬덤 리더와 이를 지지하는 시민·당원이 수직적으로 직접 연결되는 정치를 원한다. 지도자와 대중이 수직적으로 직접 연결되는 정치는 고대 직접 민주주의가 직면했던 최대의 어려움이었다.[11]

고대 직접 민주주의는 현재와 같은 여야 정당이나 이익 결사체들 사이의 협상과 교섭은 물론 입법·행정·사법 기능 사이에

수평적 상호작용이 없는, 일종의 '수직적 정치'를 특징으로 한다. 10일 정도에 한 번 열렸던 시민 총회에서 모든 것을 결정할 수 있었고, 공직에는 '짧은 임기'와 '연임 불가'라는 제한 조치가 있었기에 시민들이 번갈아 정부를 직접 운영할 수 있었다.

이 체제의 단점 가운데 하나는 시민 대중이 독단적인 주장에 휘둘리기 쉽다는 데 있었다. 당시의 용어로 말하면 데마고그와 참주, 즉 대중 선동에 능한 지도자가 출현하지 않을까 늘 두려워했다. 그 때문에 고대 직접 민주주의는 참주나 데마고그의 출현 가능성을 막는 일에 고심해야 했다. 대표적인 사례가 도편추방제ostracism다. 인기 있는 정치가를 일정 기간 도시국가 밖으로 추방했다 불러들이는 일을 반복한 것이다.

현대 민주 공화정도 데마고그와 참주, 오늘날 용어로 말하면 포퓰리스트의 출현을 막으려는 노력의 산물이었으나, 그 방법은 고대 민주주의와 달랐다. 공화정은 '대표의 선출'과 '피치자의 동의'를 원리로 작동하는 정부다. 이를 구현하기 위해 선출직 시민 대표들에게 공권력 집행을 맡기되, 임기를 기준으로

---

11 지도자와 대중 사이에 다양한 중간 집단이 존재하지 않을 경우 민주정이 전제정으로 타락할 수 있다는 주장과 함께, 권력의 수평적 분립의 필요성을 강조한 고전적 논의에 대해서는 몽테스키외의 『법의 정신』을 참조할 수 있다.

주기적 책임을 물을 수 있게 했다.

집권 중에도 정부 권력을 수평적으로 쪼개고 분립시켜 상호 견제가 가능하게 했다. 시민 개개인에게는 그 누구도 침해할 수 없는 기본권을 갖게 했다. 그들의 서로 다른 이익과 열정은 결사와 집단, 정당의 형태로 실현할 수 있게 했다. 이 모든 것을 헌법상의 확고한 권리로 공식화했다.

현대의 민주 공화정도 실패를 반복했다. 그 어떤 제도나 규범으로도 포퓰리스트를 완전히 막을 수는 없었다. 마니 풀리테 mani pulite는 '깨끗한 손'이라는 이탈리아어이자, 1992년부터 시작된 검찰의 정치 부패 조사 작업을 뜻한다. 2년에 걸친 수사 기간 동안 담당 검사는 '국민적 영웅'이 되었고 그의 손에 이탈리아 정당정치는 완전히 붕괴되었다. 그 과정에서 성공한 팬덤 정치가가 베를루스코니다.

미국의 트럼프 당선도 크게 보아 유사한 현상이다. 대중적 열광을 동반했고 그와 함께 소수 인종에 대한 공격과 반이민 정서의 동원 등 어느 모로 보나 다원 사회의 발전에 긍정적일 수 없는 부작용을 가져왔다. 검찰총장이라는, 정치를 해서는 안 되는 국가기관의 수장이 대통령이 된 한국의 사례도 다르지 않다. 이들 모두는 다수 시민과 대중이 선택한, 성공한 포퓰리스트들이다.[12]

인류가 경험한 가장 고통스러운 체제는 광범한 대중 참여를 동반했던 전체주의였다. 권위주의가 대중의 참여를 억제하고 정치에 대한 무관심을 조장한 체제였다면, 전체주의는 사회 구성원을 대중운동의 형태로 동원하고 정치화했던 대형 프로젝트였다.

전체주의의 억압적인 측면에만 주목하면 그 체제의 본질을 이해하지 못한다. 전체주의자들은 갈등도 분열도 없는 완전한 국가, 같은 민족만의 이상적인 복지 체제를 꿈꿨다. 그런 미래에 대한 대중적 열광이 있었기에, 이 길에 방해가 된다고 여긴 이질적 구성원들에게 대규모 폭력이 쉽게 가해졌다.

과거 독일의 나치 정권에서 보았듯, 누군가 유대인 상점에 '좌표'를 찍으면 밤사이 법의 보호에서 벗어난 곳이 되어 약탈과 방화의 표적이 되기도 했다. 처음에는 유대인이었지만 점차 폭력은 동성애자·집시·프리메이슨·공산주의자로 확대되었다. 그때와 비슷한 일이 인간들의 사회에서는 언제든 일어날

---

12 독자적인 정치 기반이나 정당 기반이 없는 윤석열 후보의 대선 승리는 누가 보더라도 전형적인 포퓰리스트 사례에 해당한다. 대선 시기에 비해 집권 후 지지율은 이전 대통령에 비해 낮게 나타났지만, 그로서는 팬덤의 형성을 위해 노력하지 않을 수 없는 포퓰리스트의 유인을 늘 갖고 있다.

수 있다.

정견이 다른 것 때문에 누군가가 너무나 싫어지면 시민이든 당원이든 팬덤을 넘어 전체주의적 심성을 갖게 될 수 있다. 누군가를 향해 빨갱이·종북·적폐·토착왜구·친일파·수박·꼴페미로 낙인찍고 싶어지면 민주주의자가 될 수 없다는 생각을 해야 한다. 다른 사람을 자극해 자신이 싫어하는 대상에 더 많은 공격이 가해지길 바라는 마음을 갖게 되면 그때부터는 세상이 전쟁터가 될 수 있음을 걱정해야 한다.

우리는 모두 불완전하다. 언제든 오류의 가능성을 안고 사는 존재다. 그런 자각 위에서 이견으로부터 배우고 이견과 협력할 수 있어야, 민주주의도 가치를 갖는다. 이견을 가진 시민이나 당원은 배제해야 할 악이나 적이 아니라 생각이 다른 동료 구성원이다. 차이와 다름 속에서 서로 공통의 관점을 넓혀 가고자 노력해야 우리는 같은 미래를 공동으로 일궈 가는 협업자가 될 수 있다. 팬덤 정치는 이 문제의 중요성을 생각하지 못하게 한다.

강요된 진정성

팬덤 정치가 정치에 대한 관심과 참여를 제고하는 데 기여한 것 아니냐고 생각하는 사람도 있을 것이다. 팬덤 정치 덕분에 '깨어 있는 시민'들이 늘어나는 것은 좋은 것 아니냐고 반론할 수도 있다. 하지만 다르게 생각해야 한다고 본다. 시민 참여도 좋을 때만 가치가 있다.

시민 참여는 무조건 좋고 따라서 시민이 요구하고 원하는 대로 해야 한다는 민주주의관은 곤란하다. 시민의 요구와 선호가 어디 따로 있는 것이 아니다. 그것은 오히려 정치를 통해 다원적으로 표출되고 조정되어 몇 개의 공익적 대안으로 형성되는 과정을 거쳐 적법하게 결정될 때 의미를 갖는다. 정치의 역할을 존중하지 않은 채 시민의 요구대로 하라는 것이 실제로는 목소리 큰 소수 시민의 지배를 낳는다는 점을 생각해야 한다. 우리에게 필요한 것은 시민의 다양한 요구와 이해관계를 정치적으로 조정하는 민주주의이지, (존 스튜어트 밀이 『자유론』에서 깊이 우려했던) '시민을 폭군으로 만드는 민주주의'가 아니기 때문이다.

질병이 인간의 면역력을 키워 주는 역할을 하고, 죽음에 대한 깊은 인식이 삶을 더 가치 있게 해준다고 해서 질병이나 죽음을 찬양할 수 없듯이, 팬덤 정치가 참여를 더 열정적으로 만들고 당원 수를 늘리고, 정치 아웃사이더들에게도 기회를 제공해 준다고 해서 그런 정치가 바람직한 것은 아니다. 세상 일 가운데 불구경과 싸움 구경이 사람들의 이목을 가장 많이 끈다고 해서 방화범이 되거나 분란 조장자가 될 수는 없듯이, 우리의 정치적 삶은 적대보다는 공존, 혐오보다는 신뢰, 일방적 주장보다는 합리적 조정의 가치를 따라야 한다.

혹자는 아무리 그래도 팬덤 시민들에게는 순수함과 진정성이 있다고 항변할지 모르겠다. 언론들의 인터뷰에 나선 팬덤 지지자들은 한결같이, 자신들을 악마화하는 행태에 대한 억울함을 말한다. 자신들은 정치를 혁신하기 위해 자발적으로 나섰으며, 수단에 문제가 있다 해도 그렇게 해서 결과적으로 정치인들이 진정성을 갖고 정치를 하게 되면 좋은 것 아니냐고 말한다. 이 점에서 의도의 진정성은 생각해 볼 주제다.

진정성authenticity은 우리 개개인이 가져야 할 도덕적 덕목이다. 자신의 내면에서 좀 더 선한 의도에 헌신하고자 의지를 다지는 것이라면 진정성은 좋은 인격의 토대가 될 수 있다. 하지만 남에게 내보이기 위한 진정성, 혹은 타인의 행동을 강제하는 자신을 정당화하기 위한 진정성, 각자의 온전한 통치 영역이어야 할 내면의 왕국을 자유롭게 헤집고 들어가는 알리바이로서의 진정성은 때로 폭력이 될 수 있다. 그것은 마치 부모가 아이에게 깊은 상처를 주고도 "다 너 잘 되라고 그런 거야."라고 말하는 것과 다를 바 없다.

나의 의도만을 정당화하는 그런 진정성이라면, 결국 의도도 나쁜 것이다. 내게 진정한 것이 타인에게 상처가 되는 것을 선한 의도로 설명할 수는 없다. 그것은 결국 타인을 공격하려는 나쁜 의도를 합리화하는 것에 불과하기 때문이다. 그런 점에서 '기울어진 운동장'을 알리바이 삼아 자신들의 지나침을 정당화하는 것도 같은 문제를 낳는다.

말로만 공격하는 것일 뿐 물리적으로나 직접적으로 상처를 입히는 것도 아니므로 문제가 없다는 태도도 잘못이다. 의도야 어쨌든 결과적으로 좋으면 되는 것 아니냐는 논리도 온당치 못하다. 이 점에서 다음과 같은 장 자크 루소의 지적은 경청할 만하다.

우리가 당하는 모든 불행들과 관련해서 우리는 결과보다는 의도에 더 많은 관심을 갖게 된다. 지붕에서 떨어지는 한 장의 기와가 우리를 더 심각하게 해칠 수 있지만, 심술궂은 사람이 고의로 던진 돌만큼 우리에게 깊이 상처를 남기지는 못한다. 던진 돌은 빗나갈 수 있지만, 그 의도는 항상 급소를 타격한다(Rousseau 1979, 128).

같은 당 안에서 이견을 가진 사람들의 의지를 꺾고자 그들을 향해 보내고 던지는 욕설과 공격을 그 의도의 순수성과 시민 참여의 진정성으로 정당화하려는 것은 비극적인 일이 아닐 수 없다.

권력화된 팬덤 정치 언론

팬덤 대중운동이 아무런 지휘부 없이 전개된다고 볼 수는 없다. 그렇다면 팬덤 정치 리더가 지휘부의 역할을 하는가? 그렇게 보기는 어렵다. 팬덤 정치 리더의 측근 누군가가 음성적인 팬덤 조직자나 보이지 않는 팬덤 동원자의 역할을 할 수는 있겠으나, 그것으로 수십만 명의 대규모 팬덤 대중운동을 이끌 수 있다고 보기도 어렵다.

그렇다면 누가 팬덤을 의식화하고, 수많은 정치 의제들에 대한 판단을 제공하며, 그들의 행동과 사고 체계를 일정 방향으로 조율해 내는 역할을 하는 걸까? 동원의 채널은 인터넷 커뮤니티와 같은 초연결망이 제공하고, 열정적 의지를 갖게 하는 갈등 사안들은 여야나 기성 언론들이 제공한다 해도, 수많은 팬덤 시민들의 의식을 안정적으로 이끄는 가장 중요한 역할은 새로운 언론 매체들이 아닌가 한다.

<나는 꼼수다> 이후 지난 10여 년의 시간 동안 팟캐스트와 유튜브 채널, 탐사 보도 매체들이 만들어졌고, 기존의 언론들

도 자신의 지면과 방송 프로그램의 일부를 이들에게 개방해 왔다. 이들은 대중의 이목을 집중시키는 것만으로도 돈이 되고 표가 되는 환경에서 합리적 이성보다 공중의 정념을 자극하는 신종 언론 권력이다. 그들은 사안의 한 단면만 강조함으로써 사람들을 흥분시킨다.

이들은 인간의 성급함을 누구보다 잘 악용한다. 이들은 조급하다. 잘못이 분명하고 대안도 너무 분명한데 왜 당장 조치를 취하지 않느냐고 화를 낸다. 방송 진행자들의 목소리는 한결같이 크고 확신에 차 있다. 차분한 진행자는 시대 변화를 못 따라 가는 사람처럼 되어 버렸고, 사실 위주의 담백한 설명 기사는 아무도 자극하지 못하는 무미건조한 것이 된 듯하다. 시청자나 독자들의 열정적 관심과 참여를 이끌어야 한다는 사명감이 팬덤 언론을 지배한다.

시민 참여, 대중 지성, 집단 지성, 국민주권은 팬덤 언론들의 민주적 신조다. '통치 받는 민주주의'가 아니라 '통치하는 민주주의'여야 한다는 것이 그들의 믿음이다. 그들은 정치에 참여하고 책임을 분담하기보다, 정치 밖에서 정치를 자신들이 바라는 대로 지배하고 싶어 한다. 정치적 실력이나 통치의 능력을 키우는 일의 중요성을 생각하지 않은 채 성급한 비난과 공격에 나선다. 그것도 조롱과 비하, 혐오와 욕설에 가까운 언어들로 말이다.

그들은 작은 조직, 작은 정당 하나를 제대로 만드는 것이 얼마나 힘든 일인지를 소중하게 생각할 수 없게 만든다. 그들은 외부에서 지시하고 강요하는 데 익숙하다. 세상은 증오와 적대, 의심과 음모론으로 병들어 가는데, 대체 왜 일이 이렇게 되었는지를 멈춰서 생각할 의사가 없다. 그런 그들이 지금껏 상대를 모욕하는 정치를 정당화해 왔다.

정치도 정당도 시민도 침착하지 않으면 민주주의는 길을 잃기 쉽다는 것을 이들 팬덤 언론이 깨닫게 해준다. 정치 공론장, 언론 공론장, 지식 공론장이라고 부를 만한 자유롭고 합리적인 대화의 공간은 파괴되었다. 그러다 보니 권위 있는 정치인도, 존경받는 지식인도, 신뢰받는 시민단체도, 공정한 독립 언론도 찾아보기 어렵게 되었다.

신뢰, 존경, 권위, 책임 같은 것들의 가치는 사라진 지 오래다. 그 자리를 여론조사 지지율, 조회 수, 구독자 수, 청취자 수와 같은 무윤리적amoral 크기가 대신한다.

좋은 가치나 내용보다 열광적 추종자를 얻는 것이 돈이 되고 권력이 되는 '인플루언스 사회', '셀럽과 인싸들의 세상'을 이들이 선도하고 있다. 이들 신종 언론과 인터넷 채널이야말로 팬덤 정치의 시대를 상징하는 주역이다. 더 비극적인 것은 국회의원들이 이들의 방송에 출연하고 싶어 하고, 하루하루 자기 이름이 얼마나 자주 언급되는지, 사람들이 자신을 얼마나 알아보는지에만 신경을 쓰는 의정 활동을 하고 있다는 사실이다. 팬덤 언론은 정치가의 수준을 크게 떨어뜨려 놓았다.

품격을 잃은 불합리한 정치

팬덤 정치로는 미래를 열 수 없다. 무례한 언어 사용자들이 위세를 떨칠수록 정치는 품격을 잃는다. 사람들을 공격자나 파괴자로 만드는 정치가 팬덤 정치다. 팬덤 정치는 여야가 서로를 등지고 자신의 지지자를 향해 상대를 일러바치는 정치를 낳는다. 이제나 저제나 서로 트집 잡고 시비할 거리를 찾게 만든다.

팬덤 정치는 권력에 아첨하는 정치를 낳고, 이는 공익에 기여하려는 정치인의 신념을 약화시키며, 결국 당내 민주주의를 권력투쟁의 도구로 전락시킨다.

팬덤 정치는 불합리한 정치다. 시민을 극단적으로 분열시켜 놓고, 인간관계를 증오와 혐오로 갈라놓은 뒤 자기들끼리 몰려다니는 어두운 정치다. 팬덤 정치는 서로가 다르게 옳기 위한 정치가 아니라, 자신들만 옳기 위한 정치다. 이런 정치는 정치가 아니라 독단이며, 독단은 정치의 적이다. 여러 의견이 공존하면서 토론하는 다원주의가 없는 정당, 책임감도 온기도 없는 정당을 팬덤 정치가 만든다.

우리에게 정치가 필요한 것은, 시민 삶의 여러 조건을 보살피고 그들이 지역사회에서 생산과 돌봄, 은퇴 후의 삶을 계획할 수 있는 공동체를 만들기 위해서다. 우리에게는 그런 정치가 필요하다.

정치는 권력자를 위한 것도 국가를 위한 것도 아니다. 구성원들이 서로 돕고 협동하는 삶을 살 수 있도록 뒷받침해 줄 때 정치의 가치는 빛난다. 시민을 웃게 할 수 없는 정치, 사회를 밝게 만들 수 없는 정치는 더 이상 정치가 아니다. 정치가 이 세상을 밝고 다정한 곳으로 만들어야 할 소명을 버리면 우리 삶이 위험해진다.

우리에게는 그런 정치가 필요하지 않다.

3장

정당은
왜 팬덤 정치에
취약해졌는가
: 1천만 당원의 나라

1. 한국의 정당: 어제와 오늘[1]

왜 당원인가

팬덤 정치가 정당들 사이에서보다 정당 내부에서 비롯되는 바가 크다면, 팬덤 정치 이전에 분명 정당의 변화가 선행했을 것이다. 팬덤 정치가 새로운 형태의 대중운동으로 전개되었다면 그것은 당원이라고 하는 당 조직의 맨 저층에서부터 변화를 동반했을 것이다. 이 장에서는 바로 이 문제를 살펴보고자 한다.

정당은 변하지 않기 위해 끊임없이 변하는 존재다. (현대 정당론의 가장 권위 있는 해설자라 할 수 있는 피터 메이어가 말하듯) 정당들의 '체계'가 균형equilibrium의 원리로 작동한다면 '조직'으로서 정당을 움직이는 원리는 근본적으로 적응adaptation이다. 정당은 살아남기 위해서도 변화하고 달라져야 한다.

---

[1] 필자에 앞서, "정당은 왜 팬덤 정치에 취약해졌는가"라는 이 장의 질문을 제기한 예가 있다. 이들이 팬덤 정치를 거대한 '무책임의 체계'로 정의한 것은 인상적이다(신진욱·이세영 2022).

(정당론의 고전 가운데 한 권을 저술한 미국의 정치학자 샤츠슈나이더가 강조했듯이) 정당이 움직이는 세계에는 공식적인 차원만큼이나 비공식적 차원이 크게 존재한다. 정당은 보이는 것만이 아니라 보이지 않는 비가시성의 넓은 세계를 갖는다.

(현대 정당론의 완성자라고 할 수 있는 사르토리가 효과적으로 이론화했듯이) '정당 체계'라고 불리는 '가시성의 정치 영역'에서 정당들은 자신들의 이기적인 욕구나 조직적인 목적보다 훨씬 더 공익적이어야 하는 압박에 직면한다. 하지만 '정당 조직'으로 정의되는 '비가시성의 정치 영역'에서 개인과 세력은 훨씬 더 원초적이고 자기 계파나 정파의 이익을 추구하는 데 주저함이 없다.

(앤서니 다운스가 자신의 공간 모델에서 잘 다루었듯이) 가시성의 영역에서는 정당들의 이념 위치나 정책 위치가 서로 가까워질 수는 있어도 서로를 뛰어넘어 이동할 수는 없다. 반면 당내에서 정파나 계파들이 이해관계에 따라 좌우를 넘나들며 누구와도 거래할 수 있는 것은, 그것이 정당의 내부인 비가시성의 세계에서 벌어지는 일이기 때문이다.[2]

---

2 정당론에 대한 여러 이론가와 그들의 핵심 주장에 대해서는 박상훈(2017a)을 참조할 것. 위에서 언급된 정당론을 대표하는 저서들의 서지 사항을 국

당원은 비가시성의 정당 조직 안에서 가장 크고 권위 있는 존재이며, 정당의 가장 중요한 존립 기반이다. 당원이 정당을 만든 것이 아니라 정당이 당원을 만들었지만, 정당의 성장과 성공은 당원 없이 이루어지지 않는다. 표와 재정의 상당 부분을 책임지고, 정당을 시민사회와 생활 세계로 연결하며, 당내 의사 결정 과정을 최종적으로 정당화해 주는 것 또한 당원의 역할이다(호프마이스터 2021, 180-185; van Biezen, Mair & Poguntke 2012, 42). 따라서 정당들이 내세우는 담론이나 그에 따른 외형적 변화가 실제로는 '구조적 무변화'나 '예기치 못한 변형'을 동반하게 된다면, 누가 어떻게 당원이 되고 당원으로서 어떤 역할을 어떻게 하는가의 문제야말로 정당의 변화와 무변화 내지 변형의 여러 특징을 효과적으로 분석할 수 있는 적절한 소재가 아닐 수 없다.

내 번역본을 기준으로 소개하면 다음과 같다. 피터 메이어 지음, 함규진·김일영·이정진 옮김, 『정당과 정당 체계의 변화』(오름, 2011); E. E. 샤츠슈나이더 지음, 현재호·박수형 옮김, 『절반의 인민주권』(후마니타스, 2008); 조반니 사르토리 지음, 정헌주 옮김, 『정당과 정당체계』(후마니타스, 근간); 앤서니 다운스 지음, 박상훈·이기훈·김은덕 옮김, 『경제이론으로 본 민주주의』(후마니타스, 2013).

한국적 예외?

비교 정치의 맥락에서 한국의 정당들이 보여 주는 변화는 특별하다. 당원 수는 줄고 정당 수는 느는 것이 오늘날 정당정치의 지배적인 경향인데(호프마이스터 2021, 180) 한국의 사례는 정반대의 경향을 보여 준다. 정당은 줄고 당원 수는 폭증했다. 본론에서 자세히 살펴보겠지만, 다른 나라에서 유사 사례를 찾기 어려울 정도로 지난 20년 동안 한국의 당원 수는 폭발적으로 늘었다.

반면 상위 두 정당 아래 제3당 이하 정당이 차지하는 의석 비중은 급격히 줄었다. 2016년 출범한 20대 국회에서 양대 정당의 의석 독점률이 81.7%인 것에 비해 2020년에 출범한 21대 국회에서는 94.3%에 이르게 되었다. 2인에서 5인 선거구까지 있는 지방선거의 경우 상황은 더 심하다. 2018년과 2022년의 지방선거에서 양대 정당의 의석 독점률은 각각 95.7%와 98.8%였다.

전통적으로 한국의 정당은 당원보다는 간부, 지역보다는 중앙을 중심으로 운영되어 왔다. 오랫동안 권위주의 체제를 운영해 온 집권 여당은 국가를 정점으로 '안정된 조직 구조'를 유지해 왔고,[3] 야권의 경우는 '양김 정치'라는 표현이 함축하고 있듯이 대중적 지지자를 가진 정당 보스를 중심으로 '안정된 지도부'를 유지해 왔다. 그에 반해 자발적으로 당비를 내거나 정당 활동에 참여하는 당원은 찾아볼 수 없었는데, 그런 의미에서 전통적으로 한국의 정당은 '멤버십에 기반을 둔 대중정당'과는 확연히 다른 유형을 가졌다고 할 수 있다. 이익대표의 성격에서도 TK(대구 경북), PK(부산 경남), 호남 향우회, 충청 향우회의 사례에서 볼 수 있듯이 지연과 학연이 중심이 된 후원-수혜 관계가 정당과 사회를 잇는 주된 연계망이기도 했다.

변화의 전환점은 2004년이었다. '지구당 폐지', '법인과 단체의 정치자금 기부 금지' 등 정치관계법의 대대적인 개편이 그때 이루어졌다. 기존 정당들과는 달리 이념 정당과 계층 정당을 지향했던 민주노동당이 원내에 진입한 것도 2004년이었다. 민주노동당은 '무상 이슈'와 '비정규직 이슈'를 중심으로 한국의 정당정치에 신선한 충격을 가져다주었다. 6개월간 매달 당비 2000원을 내야 하는 '진성 당원제'를 도입하며 2003년 11월 창당한 열린우리당이 민주화 이후 최초로 원내 과반 의석을 차지한 것도 2004년이었다. 권위주의 시기부터 이어져 온 이

---

3 정당 이전에 국가를 먼저 장악한 다음에 만들어진 자유당, 공화당, 민정당의 사례를 통해 권위주의 집권 여당을 '국가 파생 정당'으로 정의하고 있는 박상훈(2017a)을 참고할 것.

른바 '3김 정치'가 끝나고 새로운 인물과 세력에 의한 '3김 이후 정치'가 본격적으로 시작되었음을 2004년은 상징한다. 이 전환의 과정에서 정당을 둘러싼 변화와 개혁의 주장이 폭발적으로 제기되었다.

당시 제기된 주장들은 서로 방향을 크게 달리했다. 한쪽에서는 현실성이 없는 '당원 중심 모델'을 고집하기보다는 아예 '지지자 중심의 정당 모델'을 지향해야 한다고 주장했다. 원외의 중앙당에 의존하는 것이 아닌 선출직 중심의 '원내 정당화'를 하자는 주장이나, 조직보다는 디지털 플랫폼에 의존하는 '네트워크 정당', '사이버 정당', '디지털 정당'을 지향하자는 주장 등이 그와 짝을 이루며 개진되기도 했다. '정당 공천 폐지' 등을 내세우며 정당정치를 대신해 '시민 정치'를 해야 한다는 주장도 있었다.

다른 한쪽에서는 당비를 내고 참여하는 '당원 중심의 대중 정당', '책임 있는 대중 정당'을 강조하는 흐름이 있었다. 정당의 계층적 정체성이나 이념적 지향을 강조하는 흐름도 있었고, 기존 정당 안에서도 노동, 여성, 청년, 직능과 같이 사회적 요구를 적극적으로 당내로 조직해야 한다는 주장이 있었다. 당원 정치교육은 물론 당직자와 선출직 출마자 교육 프로그램을 만들어야 한다는 주장과, 지역에 기반을 둔 '풀뿌리 분권 정당'을 지향해야 한다는 주장도 이와 맥을 같이 하는 면이 있었다.

흥미로운 것은 지난 20년 가까운 변화의 시간 동안 정당들은 이 모든 요구를 수용했다는 사실이다. '국민 참여'라는 이름으로 지지자는 물론이고 유권자 일반에까지, 무분별하다 싶을 정도로 외부자에게 정당의 의사 결정을 개방했다. 반면 당비를 내는 당원의 참여를 늘리기 위한 당원 관련 제도의 변화도 계속되었다.[4] 노동조합과 협회 등 다양한 이익집단과의 연계도 계속 확대했고, '을지로위원회'나 '노동위원회' 등 직능 관련 당내 기구들의 역할과 위상도 높아졌다. '정책 당원', '정책 대의원' 제도를 신설할 정도였다. 이와 동시에 SNS는 물론 여론조사를 활용한 당내 의사 결정 제도를 과감하게 도입했다. 원내 대표의 권한과 의원들의 자율성이 크게 강화되는 등 원내 정당화의 노력도 계속되었다. 또한 17개 시도 지부와 지역 위원회의 역할을 늘리고 당원 자치, 지역 자치 등의 다양한 시도도 확대되었다.

지금 와서 돌아보면 신기하다 싶을 정도로, 위와 같이 서로 양

---

4 민주당의 경우 가장 최근이라 할 2018년 8월부터 2022년 8월까지 4년 동안에만 당규 가운데 '당원 및 당비 규정'을 무려 18회 개정했다(더불어민주당 2022, 88).

립할 수 없을 것 같았던 방향의 이런저런 시도가 공존하고 또 병행되었으며, 실제로도 시도에 상응하는 변화를 가져왔다. 한국의 정당은 더 이상 옛날의 정당이 아니게 되었다. 정당정치의 선진국들이 '당원 없는 정당'을 걱정하고(Dalton and Wattenberg 2000) '현대판 간부 정당'의 출현에 대한 논란(Koole 1996)을 이어 오고 있는 가운데, 지금 한국 정치는 전혀 다른 문제로 고심 중이다.

발전 혹은 퇴행?

분명 정당들은 바뀌고 달라졌다. 다만 그 성격을 정의하는 일은 간단하지 않다. 상상할 수 없을 정도로 개방적인 정당이 되었지만, 그렇다고 당내 조직과 역할 체계가 축소되거나 줄어든 것도 아니다. 더 이상 간부 정당이라고 말할 수 없을 만큼 당원이 늘었고 참여도 확대되었지만, 그렇다고 대중정당이라고 하기는 어렵다. 오히려 선출직이 중심이 되는 엘리트 정당의 성격은 과거와 비교할 수 없을 만큼 강화되었다.

정당 교부금이 엄청난 규모로 늘었다는 점에서는 (대중 당비보다 국가 예산에 의존하는) 카르텔 정당cartel party에 가까워졌다. 그럼에도 다양한 이익 결사체들에 의한 후원은 물론, 당비 수

입의 규모는 빠르게 늘었다. 국회의원 총선이 있던 2020년 우리 정당들의 국고보조금과 당비 수입 총액은 각각 910억 원과 680억 원이었다. 하지만 선거가 없던 2021년에는 국고보조금과 당비 수입이 460억 원과 620억 원 정도였다(중앙선관위 2022, 565-567).[5]

놀랍게도 모든 측면의 변화가 혼재되어 있고, 아직은 어느 방향의 정당 모델이 자리 잡을지는 확정적이지 않다. 전환의 과도기라고 말할 수도 있고, 아니면 지금과 같은 '하이브리드형 정당'의 특성이 오랫동안 지속될 가능성도 없지 않다. 정당들 사이에서 각자의 특성이 커지는 것도 아니고, 변화의 방향이 점차 분기되고 있는 것도 아니다. 조직 구조에 있어 차이가 커진 것도 아니다. 상황은 그 반대다. 당원 관련 제도를 포함해 정당들의 조직은 구조적으로나 기능적으로 더 유사해졌기 때문이다. 당내 대의 구조나 집행 체계 및 당원 규정에서 지도부 선출, 공직 후보 경선, 원내 정당 운영 방식에 이르기까지, 조직으로서 정당의 모습은 여야 사이에서 빠르게 수렴되었고, 지금은 어느 정당이나 구조적으로 비슷해졌다.

---

5   물론 전체 당비 수입에서 일반 당원들이 낸 당비가 차지하는 비중은 지극히 작다. 이에 대해서는 뒤에서 자세히 살펴보겠다.

정당의 활동 양식도 비슷해졌다. 모든 정당의 정책 결정은 여론에 따라 계통 없이 이루어진다. 매일 국민투표를 하는 것처럼 빈번하게 이루어지는 여론조사가 모든 정당에 절대적인 영향력을 미치는 것도 다를 바 없다. 정당 양극화가 극단적으로 심화된 것 같지만, 실제 양대 정당의 이념적 차이는 거의 없다는 점도 흥미로운 일이다. 사르토리의 정당 유형 분류에서 대표적인 기준인 '이념'과 '실용'의 스펙트럼상에 우리 정당들을 위치시킨다면 극단적으로 실용 쪽에 가깝다. 양대 정당은 모든 계층에 지지를 호소하는 '국민정당'이고 '포괄 정당'이다. 중도 유권자를 두고 경쟁한다는 점에서도 다른 것이 없다. 지향하는 가치를 중심으로 보면, 경쟁의 방향은 '원심적'이기보다 '구심적'이다. 경제 선진국을 지향하는 발전주의나 성장주의 역시 녹색 성장, 포용 성장, 혁신 성장 등의 이름으로 모든 정당에서 변함없이 강력하다. 복지 수급의 범위를 확대하는 일에 반대하지 않으면서도 증세나 조세 부담을 늘리는 문제는 물론이고 연금과 보험료 인상을 둘러싸고도 양대 정당의 소극적 태도는 완고하다. 그런 점에서 우리 정치의 '감세 국가' 지향성은 여전히 강하다.[6] 정당 간 차이가 전혀 없다고는 할 수 없겠지만, 유형의 차이가 아니고 정도의 차이일 뿐이다.

이상과 같은 변화와 무변화의 여러 측면을 정당의 맨 저층인 당원의 차원에서 조명해 보는 것이 갖는 분석적 가치는 크다. 오래전 뒤베르제가 말한 대로(Duverger 1959, 63), 당원은 '정당의 본질'이다. 학생 없는 학교를 생각할 수 없듯이 당원 없는 정당도 생각할 수 없다. 당연히 지난 20년 가까운 한국 정당들의 변화 노력은 당 조직의 하부구조인 당원의 세계에도 엄청난 영향을 미쳤다. 문제는 당원의 세계를 있는 그대로 들여다보는 것이 지극히 어렵다는 사실에 있다. 누가 당원이 되는가? 당원의 구성과 참여는 어떻게 변화해 왔을까? 그간의 정당 변화가 갖는 발전의 측면과 퇴행의 측면은 당원의 역할과 활동을 어떻게 바꿔 놓았을까? 누가 당원을 불러들이고, 무엇이 당원을 떠나게 혹은 떠나지 못하게 만드는가?

안타깝게도 질문의 중요성에 비해 자료는 빈약하다. 어떤 질문에도 실증적 객관화에 미칠 만한 답을 내놓을 수 없는 상태다. 그래서 한국행정연구원과 한국정당학회 그리고 국회미래연구원이 참여한 공동연구팀은 정당의 중요 행위자이자 정책 결정자라고 할 수 있는 국회의원과 당직자를 대상으로 면담 조사를 진행했다. 더불어민주당과 국민의힘 그리고 정의당 의

---

6   이런 관점의 연장선에서 한국 정치를 '조세 없는 민주주의'로 정의하는 논의에 대해서는 손낙구(2022)를 참조할 것.

원 20여 명이 2022년 9월 16일과 2022년 12월 2일 이틀 동안 의원 집담회 형식의 조사에 응해 주었다. 2022년 12월 16일에 국민의힘 미래국 당직자와의 면담 조사가 있었고, 더불어민주당 조직국 및 디지털전략실 당직자와의 면담 조사는 2022년 12월 23일에 있었다.

인터뷰 형식의 공식적인 면담 조사는 유익했지만 동시에 한계도 있었다. 무엇보다도 공개적으로 이야기할 수 있는 범위 밖의 '비가시성의 정치' 영역을 탐색할 수 없었다. 이런 문제를 보완하기 위해 전·현직 국회의원과 지방의원 및 중앙당과 시도 지부 당직자 그리고 조직국 경험이 있는 전·현직 당직자들과 폭넓은 비공식 인터뷰를 가졌다. 공식적인 자료에서는 파악할 수 없는 당내 상황이나 당원의 현황은 이들의 증언을 통해 파악했음을 밝혀 둔다.

2. 당원 폭증, 정당 분열, 국회 불안정

폭증하는 당원 수: 당원 1천만 시대

중앙선관위가 정당들로부터 제출받아 발표한 "2021년도 정당

표 3.1. 한국의 당원 수 변화

단위: 천 명

연도	당원 수	인구수 대비 비율(%)	연도	당원 수	인구수 대비 비율(%)
2004	1,955	4.0	2013	5,298	10.1
2005	2,692	5.5	2014	5,246	10.2
2006	2,930	6.0	2015	5,837	11.3
2007	3,760	7.6	2016	6,102	11.8
2008	3,878	7.8	2017	7,508	14.5
2009	4,124	8.3	2018	7,826	15.1
2010	4,791	9.5	2019	8,658	16.7
2011	5,102	10.4	2020	8,771	16.9
2012	4,782	9.4	2021	10,429	20.2

자료: 중앙선관위(2022, 23).

의 활동 개황 및 회계보고"에 따르면, 2021년 대한민국의 당원 수는 총 1042만 9000여 명에 달했다. 당원 1천만 시대가 도래한 것이다. 이 수치는 인구 대비 20.2%, 유권자 대비 23.6%에 해당한다(중앙선관위 2022, 14-20). 대선과 지방선거가 있었던 2022년 자료가 나온다면, 사실상 유권자 4명 가운데 한 명은 당원인 나라가 되어 있을 것이다.

2021년 중앙선관위 선거연수원이 발표한 "각국의 정당·정치자금제도 비교연구"에 따르면, 정당정치의 역사가 가장 오래된 영국의 보수당 당원은 약 20만 명(2021년 기준)이고 노동당 당원은 50만 명 정도(2020년 11월 기준)다. 전체적으로 당원 규모는 인구 대비 2% 정도이지만, 그 가운데 당원이 12만 5000명인 스코틀랜드국민당(2018년 12월 기준)과 12만 명인 자유민

표 3.2. 영국의 당원 수

단위: 천 명

정당명	당원 수	기준일
노동당	432	2021
보수당	172	2022
스코틀랜드국민당	104	2021
자유민주당	74	2021
녹색당	54	2021

자료: Burton and Tunnicliffe(2022, 4).

표 3.3. 독일의 당원 수

단위: 천 명

기민당	기사당	사민당	녹색당	자민당	좌파당	독일대안당
406	139	419	97	66	61	35

자료: 중앙선관위선거연수원(2021, 153).

주당, 5만 명인 녹색당(2019년 9월 기준)의 당원 증가가 주목을 받았다(중앙선관위선거연수원 2021, 128-129). 좀 더 최근 자료를 보면 그때보다 당원 수는 전체적으로 약간 줄었다(<표 3.2>).

대중정당의 모델 국가라 할 독일, 그 가운데 150년의 역사를 가진 독일 사민당의 당원 수는 42만 명 정도다. 가장 오랜 기간 집권한 기민당과 기사당은 합해서 55만 명 정도다. 다른 정당의 당원 수를 모두 합쳐도 122만 명 정도다. 30년 전 200만 당원 시대에서 매우 완만하게 줄어 왔지만, 2017년에 1.8%가 증가하고 2018년 및 2019년에 0.25%가 감소한 것에서 볼 수 있듯이, 전체 당원 수는 어느 정도 안정을 이루고 있다. 기민당과 사민당 등 큰 정당의 당원 감소와 녹색당의 당원 증가 추세가 엇갈

표 3.4. 스웨덴의 당원 수

단위: 천 명

정당명	2018-2019년 당원 수	2019-2020년 당원 수
사회민주노동당	95	90
온건당	48	45
민주당	30	32
중앙당	29	26
좌익당	25	24
기독민주당	21	26
자유당	16	14
녹색당	12	11

자료: 중앙선관위선거연수원(2021, 172).

리고, 자민당과 녹색당, 좌파당 등에서 30세 이하 입당 비율이 증가하는 등 전체적인 추세가 어느 정도 균형을 맞추고 있는 것으로 보고되고 있다(중앙선관위선거연수원 2021, 153-156).

주요 정당들의 몰락에 가까운 변화를 경험한 이탈리아와 프랑스, 그리고 스페인의 당원 자료는 현재로서는 큰 의미를 갖지 않는다. 비교적 안정된 정당정치를 보여 주는 스웨덴의 경우 2018년에서 2020년 사이의 상황을 보면 <표 3.4>와 같다. 다른 나라에 비해 당원 규모가 여전히 높다 해도 인구 대비 3% 정도임을 알 수 있다.

비민주주의 국가 가운데 강력한 당-국가 체제를 유지하며 4대 1의 경쟁을 뚫어야 당원이 될 수 있는 있는 중국이 2022년 기준 인구 대비 7.1%가 공산당 당적을 가진 것과 비교해 봐도 (『한국경제』 2022/06/29), 인구 대비 20%가 넘는 한국의 당원 규모는 놀랍다. 역사적으로도 이런 당원 규모는 (1945년 기준) 약 850만 명에서 900만 명의 당원을 가졌던 독일 나치당에서나 찾을 수 있을지 모른다(미국홀로코스트박물관 2023; Nonnenmacher & Spier 2019, 15).

규모만이 아니라 속도는 더욱 놀랍다. 2021년 한 해 동안 한국의 당원은 166만 명 정도가 늘었다. 2011년 이후 10년 사이에 500만 명 가까이 늘었다. 2004년과 비교하면 무려 800만 명 이상이 늘었다. 한마디로 말해 당원 수가 경이로운 수준으로 폭증한 것이며, 이는 지난 30년간 꾸준히 당원 수가 감소하는 추세를 보여 온 정당정치 선진국들과 비교할 때 독특한 현상이 아닐 수 없다. 한국의 1천만 당원은 세계 정치학계에 보고되고 설명되어야 할 특별한 문제가 되었다.

잦은 정당 분열과 지도부 붕괴

당원 폭증은 정당 발전의 결과물일까. 그 반대다. 정당들은 계속 분열했고, 리더십은 안정되지 못했다. 2004년 이후 2022년까지 18년 동안 민주당 계열은 총 8회나 당명을 바꿔야 할 만큼 분열의 위기를 겪었다. 2015년 이후 7년 동안 같은 당명을 유지해 오고 있는 더불어민주당은 9번의 비대위 체제를 겪었다.[7] 다시 말해 전당대회를 통해 선출된 지도부의 임기 도중에, 중앙선관위에 대표자 변경을 2004년 이후 지금까지 총 17회나 신청해야 했다는 뜻이다.

정당의 '비대위 체제'는 흥미로운 사례다. 과거 비대위는 주로 집권당의 탄압에 대응하기 위한 야당 내부의 투쟁 기구 이름이었다. 당연히 지도부는 그대로 있었다. 2004년 이후 정당 비대위는 달랐다. 선관위에 '대표자 변경 신고'를 해야 하는, 사실상 붕괴된 당 지도부의 대체물이었기 때문이다.

국민의힘 계열 정당도 사정은 다르지 않았다. 1997년 11월부터 2012년 2월 12일까지 같은 당명을 유지했던 한나라당은 2010년 10월 정몽준 당 대표와 지도부가 총사퇴한 이후 비대위 체제를 반복했다. 그때 이후 12년이 채 안 되는 기간 동안 비대위 체제를 총 10회나 경험했다. 새누리당으로 당명을 바꾼 2012년 이후부터 최근인 2022년까지 10년 동안 총 4회나 당명을 바꿔야 할 만큼 분열의 위기도 겪었다. 요컨대 중앙선관위에 비정상적 대표자 변경을 12년 동안 총 14회나 신청해야 했다는 뜻이다.

---

7   정당의 대표자 변경 신청 없이 이루어지는 이름뿐인 비대위나 당내 혁신위는 제외한 숫자다.

표 3.5. 한국 정당의 분열과 지도부 붕괴: 민주당 계열

집권 여부	시기	유형	
		창당, 합당, 당명 개정	비대위 체제
집권당	2003년		
	2004년	열린우리당(대표자: 김원기)	
	2005년		임채정 비대위 정세균 비대위
	2006년		유재건 비대위
	2007년	대통합민주신당 (대표자: 오충일)	
반대당	2008년	통합민주당 (대표자: 손학규, 박상천) 민주당(대표자: 손학규)	
	2009년		
	2010년		
	2011년	민주통합당(대표자: 한명숙)	
	2012년		
반대당	2013년	민주당(대표자: 김한길)	
	2014년	새정치민주연합 (대표자: 김한길, 안철수)	문희상 비대위
	2015년	더불어민주당(대표자: 문재인)	
	2016년		김종인 비대위
집권당	2017년		
	2018년		
	2019년		
	2020년		
	2021년		도종환 비대위 윤호중 비대위
반대당	2022년		윤호중·박지현 비대위 우상호 비대위
합계	17회	8회	9회

전체적으로 보면 여야를 대표하는 두 정당이 2004년 이후 총 31회나 정당 분열 및 지도부 붕괴를 경험했는데, 이는 번갈 아 집권해 온 거대 정당조차 평균 1년 안팎을 주기로 지도부 붕괴 및 비대위 체제의 형태로 정당 재편이 이루어졌다는 것을

표 3.6. 한국 정당의 분열과 지도부 붕괴: 국민의힘 계열

| 집권 여부 | 시기 | 유형 | |
		창당, 합당, 당명 개정	비대위 체제
반대당	2003년		
	2004년		
	2005년		
	2006년		
	2007년		
집권당	2008년		
	2009년		
	2010년		김무성 비대위
	2011년		정의화 비대위
	2012년	새누리당(대표자: 박근혜)	박근혜 비대위
집권당	2013년		
	2014년		이완구 비대위
	2015년		
	2016년		김희옥 비대위 인명진 비대위
반대당	2017년	자유한국당(대표자: 홍준표)	
	2018년		김병준 비대위
	2019년		
	2020년	미래통합당(대표자: 황교안) 국민의힘(대표자: 이준석)	김종인 비대위
집권당	2021년		
	2022년		주호영 비대위 정진석 비대위
합계	14회	4회	10회

의미한다.

전통적으로 한국의 정당들은 '단단한 조직력을 갖는 여당', '안정된 보스를 갖는 야당'의 특징을 유지해 왔다(윤왕희 2022). 한나라당이 15년을 유지한 것이나, '양김'으로 대표된 야당들이 안정된 지도부를 유지한 것이 대표적인 예다. 2004년 이후는 달라졌다. 짧은 주기로 지도부는 붕괴했고, 재창당과 당명

변경이 이어졌다. 정당의 대표라는 자리는 그야말로 누구나 오를 수 있지만 오래는 앉을 수 없는, 일종의 단기 용도에 가까워졌다. 가장 분열적인 정당들이 세계 최고의 당원 수를 가진 사실은 분명 놀라운 일이다.

과도한 외부 영입과 인적 교체

정당을 대표하는 선출직 공직자인 국회의원들은 어떨까. 그들 대부분은 정당이 육성해 낸 인물이기보다 당 밖에서 영입된 경우가 많다. 국회의원으로 정치 경력을 시작하는 비례대표 의원들도 수두룩하다. 교체는 빈번하지만 평균 연령에서 국회가 젊어진 것도 아니다.

20~30대 의원의 비율은 매우 낮다. 전체적으로 보면, 매 선거마다 50% 안팎의 의원이 교체되고, 초·재선 의원이 전체의 4분의 3을 차지하는 국회가 되었지만, 평균 연령은 50대 후반으로 세계에서 가장 늙은 유형에 속한다. 그 이유는 새로 들어온 초선 의원의 평균 연령이 50대 초중반으로 사실상 연령 저하 효과가 없기 때문이다(박상훈 2022a).

흥미로운 것은 늙은 국회인데 다선 의원이 많은 것도 아니라는 사실이다. 독일의 앙겔라 메르켈과 미국의 낸시 펠로시가

표 3.7. 연령별 21대 국회의 초선 의원 분포

(2020년 6월 1일 기준, 만 나이)

20대	2명		
30대	11명	50세 미만	42명
40대	30명		
50대	88명	50세 이상	113명
60대~	25명		

자료: 김승미(2023).

20여 년간 의회 안에서 정당 대표로서 당을 이끌거나, 영국의 윈스턴 처칠이 62년이나 하원의원을 지내는 등의 일은 불가능한 것이 우리 국회다. 10선 이상의 상임위원장이 수두룩한 미국은 말할 것도 없거니와, 독일이나 스웨덴처럼 5선 이상이 상임위원장을 하고 15선 안팎의 의원이 개회를 주도하는 보통의 의회와도 거리가 멀다.

정당정치가 잘 자리 잡은 나라의 경우 선수選數에 따라 의원의 비율이 안정적으로 분포되어 있고, 그 사이에서 신구의 조화와 신진대사가 자연스러운, 유기체의 모습을 띤다. 초선의 평균 연령은 40세 안팎이며, 10선 이상의 의원들이 정치의 중심을 잡아 준다. 2022년 현재 독일 의회는 13선이 최다선 의원이고, 전체 의원의 36.3%를 차지하는 초선 의원의 평균 연령은 42세다(정순영 2023). 반면 우리는 압도적 다수가 나이든 초·재선이다. 2020년 총선 당시 기준으로 볼 때, 초선 가운데 20~40대는 50명이 안 되는 반면, 50대 이상은 100명이 훨씬 넘었다.

표 3.8. 한국 21대 국회의 초선 의원 상황

	전체 (156명)	지역구 (112명)	비례대표 (44명)
평균 나이	52.5세	53.2세	50.8세
성별	남: 116명(74%) 여: 40명(26%)	남: 98명(87%) 여: 14명(13%)	남: 18명(40%) 여: 26명(60%)
선출직 경험 보유	36명(23%)	32명(28%)	4명(9%)
당적 보유 기간 중간값	2년	4년	1년 미만

자료: 김승미(2023).

당적 보유 기간은 짧고 선출직 경험이 없는 초선 의원이 많은 것도 특징이다. 21대 초선 의원 가운데 절반은 당적 보유 기간이 2년 미만이고, 선출직 경험이 있는 초선 의원은 23%로, 국회의원으로 선출직 경력을 시작하는 의원이 77%인 것으로 나타났다.

반면 2021년 선출된 독일 연방의회 초선 의원은 전체 735석 가운데 39.8%인 268명이다. 초선 의원의 당적 보유 기간은 평균 15.3년이고, 지방의원 등 선출직 경험자는 88.3%였다.

선수 교체는 많은데, 내부 신진대사는 없는 우리 정당들에서 경륜이나 정치적 지혜가 존중될 리는 없다. 현직 의원의 절반은 다음 선거에서 바뀔 것이며, 초선의 75%는 다음 국회에서 볼 수 없을 것이다. 그간의 국회가 그랬다. 다른 나라는 어떨까? 우리와 유사한 혼합형 선거제도를 채택하고 있는 독일과 일본, 뉴질랜드의 경우 지난 10여 년 사이의 선거에서 초선 비례의원이 재선되는 비율은 각각 70%, 62.8%, 62.4%였다. 재선이 안 되더라도 정당 주변에서 정치 경력을 지속하는 경우를 포함하면 그 비율은 훨씬 더 높아진다(유성진·김은경·김진주 2022).

국회의원으로 정치 경력을 시작해서 초선으로 마치고, '전 국회의원'이라는 이름으로 방송가 등에서 고소득 전문직 경력을 이어 가고 있는 의원들을 기준으로 보면, 우리 국회는 경력을 쌓고 전직하는 일회용 일자리에 가깝다. 교체 압박에 시달리는 다선 의원의 상황도 크게 다르지 않다. 어떻게 해서든 공천을 받는 일에 목을 매야 하는 것이 현실이기 때문이다.

이런 상황에서 소신과 책임을 중시하는 의원들이 성장할 수는 없다. 가치나 이념, 정책 등에서의 합리적인 차이를 바탕으로 당내 다원주의를 발전시킬 여유 같은 것이 있을 리는 더더욱 없다. 오로지 '친윤'인지 '비윤'인지, '친명'인지 '비명'인지로 의원들을 분류하는 정당 현실은 이런 구조에서 발원한다. 불안정한 정당 정체성, 분열하는 지도부, 단기적 교체를 반복하는 의원을 가진 한국의 두 거대 정당은 어떻게 세계 최고의 당원을 보유할 수 있게 되었을까? 이제 당 안의 세계로 들어가 보자.

3. 만들어진 당원의 세 유형

당원 아닌 당원

당원 폭증은 정당들의 꾸준한 조직화 사업의 성과일까? 당원 폭증이 지역에 기초를 둔 풀뿌리 정당 조직의 발전적 성장의 산물이었다면, 당원 가입은 나날이 꾸준히 증가했어야 했다. 현실은 다르다. 입당 원서는 경선과 선거 주기에 따른 특정 시점에 쇄도하듯 한꺼번에 들어온다. 개인들의 자율적 결정이 아니라 집단적으로 만들어지는 현상이라는 뜻이다.

정당이 표방하는 정견에 동의하는 사람들의 입당이라고 보기도 어렵다. 그랬다면 적극적으로 당 활동에 참여하는 지역 당원들이 늘어야 했다. 선거 시기에는 지역 당원들의 자원봉사도 많아져야 했다. 하지만 그런 일은 없었다. 유급 선거 운동원을 구매하지 않으면 전화 선거운동은 물론 길거리 인사조차 어려운 것이 우리의 선거 현실이다. 당원 규모는 세계 최고인데, 정당의 선거는 '당원의 힘'이 아니라 여전히 '돈의 힘'으로 치른다. 그렇다면 1천만 당원은 과연 누구일까?

역순으로 생각해 보자. 우선 현재 당원으로 등록된 사람 가운데 자신이 당원인지도 모르는 당원의 규모는 얼마나 될까?

2019년 조사된 자료에 따르면, 자신이 당원임을 인지하고 있는 조사 대상은 5.8%였다(허석제 2019). 이것이 현실을 잘 반영하는 수치라면, 같은 기간 선관위에 신고된 당원 수 가운데 71.4%는 자신이 당원인지를 모르는 상태에서 당원으로 선관위에 보고된 숫자라는 계산이 나온다.

최근의 한 조사가 보여 주는 현실은 더 적나라하다. 더불어민주당 광주시당은 2023년 2월에 당원 정비를 위해 전체 당원의 15%인 6만 명을 선별해 조사했는데, 지역구별로 많게는 '유령 당원'이 95%에 달했다고 발표한 바 있다. 당비를 내겠다고 약정한 당원 가운데도 40%가 당비를 내지 않거나 계좌번호가 존재하지 않는 것으로 나타났다(kbc광주방송 2023/02/23). 비공식 인터뷰에 나선 현직 의원 가운데 자신의 지역구 당원의 70%는 자신도 모르는 사람이고 그 70%의 당원 역시 자신이 당원이 되어 있는지 모를 것이라고 말하는 이도 있었다. 어떤 측면에서 보든 선관위에 등록된 당원 수 가운데 최소 3분의 2 이상이 허수라는 사실에는 변함이 없어 보인다.

정당들의 당규를 기준으로 당원은 크게, 당비를 내지 않는 당원과 당비를 내는 당원으로 나뉜다. 이 가운데 '일반 당원'으로 불리는 전자의 당원 대부분이 허수 당원이라는 사실에 대해서는 의원들과 당직자들 모두 의견을 같이 했다. '당원 아닌 당원'이라고 부를 수 있는 이들은 크게 다음과 같은 유형으로 구성되어 있다.

첫째는 오래된 당원 명부에 있는 명단 가운데 당적 유지 의사를 확인하지 않은 채 누적시켜 온, 이름뿐인 당원들이다. 둘째는 새로 명단에 들어왔지만, 자기도 모르는 사이에 당원으로 가입된 사람들이다. 2019년 이전 대부분의 신규 당원들은 종이로 된 입당 원서 묶음에 포함되어 한꺼번에 가입되었는데 이들 가운데 상당수가 여기에 해당한다. 셋째는 아주 오래전 지인의 부탁으로 당원 가입을 허락하기는 했으나, 사실상 당원으로서의 그 어떤 활동도 하지 않아 온 사람들이다. 그들 역시 자신의 이름이 당원 명부에 남아 있다는 사실을 알지 못한다.

물론 이름뿐인 당원들이 명단에 남아 있다는 것만으로는 거대한 당원을 가진 정당의 비밀이 모두 설명되지 않는다. 정당들은 입당 시 반드시 연락처를 기재하게 하고, 입당과 동시에 문자를 보내는 등의 절차를 발전시켜 왔기 때문이다. 따라서 명부에 이름만 남아 있는 일반 당원들과는 달리 신규 입당하는 당원의 경우, 자신도 모르는 사이에 입당하게 되는 일은 점차 어려워지고 있는데, 이제 당원의 문제는 실제로 당비를 내겠다고 약속하고 입당하는, 혹은 그렇게 입당을 시키는 사람들에게 초점이 맞춰질 수밖에 없다. 이들은 누구이고 그 규모는 얼마나 될까.

매집된 당원

계속되는 당원 폭발의 비밀은 자발적 당원 가입보다 누군가에 의한 당원 매집에 있다. 당원 매집은 누가 하는가? 공직 선거 입후보자들이다. 지역구에서 당선된 국회의원 가운데 자신이 매집한 당원의 수를 묻는 질문에 2000명에서 5000명 사이로 답한 사람이 가장 많았다. 지방의원 가운데는 500명에서 1500 명 사이로 답하는 사람이 가장 많았다. 물론 그 이상을 매집한 의원들도 있었다.

매집된 당원들 대부분은 후보자의 친지이거나 지연·학연에 따른 향리적parochial 관계로 이루어진다. 정상적인 의미의 시민 참여와는 거리가 멀다는 이야기다. 이들의 정보를 모아 한꺼번에 입당 원서에 적어 내는 것이 그간의 관행이었다. 지인들의 당원 가입으로도 부족하면 매집책을 두고 직능단체, 종교단체, 노동조합, 체육계, 동창회 등에서 모은 명단을 제출했다고 증언한 사람도 있었다. 온라인을 통해 당원으로 가입하는 경우가 점점 더 많아지고 있지만, 온라인으로든 종이로 된 입당 원서를 통해서든 여전히 당내 경선을 주기로 한꺼번에 접수되는 양상은 달라지지 않았다.

상황이 이러하다 보니 이중 당적도 불사하는 사례가 많다.

이중 당적은 철저히 음성적으로 이루어지는 일이라 잘 드러나지 않는데, 가끔 묘한 형태로 문제가 되곤 한다. 대표적으로 지방선거 때 출마자의 이중 당적 문제가 경쟁 후보자에 의해 제기되는 경우다. 영남 지역에서는 민주당 계열 정당의 출마자 가운데 국민의힘 계열 정당에 당원으로 등록되어 있는 경우가 많았다. 호남 지역에서는 국민의힘 계열 정당의 출마자 가운데 민주당 계열 정당에 당원으로 등록되어 있는 경우가 많았다. 그런데 그런 사실이 드러날 때마다 선관위는 당사자가 인지하지 못한 상태에서 누군가에 의해 입당된 것이므로 자진 탈당하는 것으로 사태를 마무리 짓고는 했다. 불법이 발생했지만, 지금 우리 관행이 그러므로 그러려니 하고 넘어가는 것이다. 당직자들 누구도 그 규모를 추정하지는 못하지만, 상당수의 당원이 이중 당적일 거라는 데는 모두가 동의한다. 특히 정의당 당원 가운데 상당수가 민주당의 이중 당적을 유지하고 있을 것으로 추정하는 이도 있었다.

당원 매집과 이중 당적도 불사하는 이 무모한 일을 벌이는 것이, 정당 간 경쟁에서 자당 후보의 지지표를 늘리기 위해서일까? 아니다. 핵심은 당내 경선에 있다. 당원 비율이 높은 곳은 어딜까? 정당 간 경쟁이 심한 곳일 것 같지만, 그렇지 않다. 그보다는 정당 간 경쟁이 거의 없어서 당내 경선에 모든 것을 쏟아야 하는 곳이다. 정당 간 경쟁성은 낮고 반대로 당내 경선에서의 갈등은 높은 지역일수록 당원 비율이 높다. 선거인 수 대비 당원 비율이 가장 높은 곳은 전북, 전남, 광주로 각각 54.3%, 48.8%, 45.0%다(중앙선관위 2022, 20-32). 거의 유권자 두 명 가운데 한 명이 당원이라는 뜻이다. 선거 경쟁이 치열한 도시 지역보다 비도시 지역의 당원 비율이 높은 것도 잘 알려진 사실이다. 직업 분포에서 가장 높은 비율을 보여 준 직업군도 11.2%를 차지한 농림 어업 종사자였다(허석제 2019).

이들 매집된 당원도 대부분 허수에 가깝다. 당원임을 인지하고 있다 하더라도, 도와 달라는 후보자에게 표만 줄 뿐 그 이상은 관심이 없다. 당원 수는 세계 최고지만 정당 활동에 참여하는 당원은 거의 없는 현실이 이를 말해 준다. 그러므로 문제의 핵심은 매집의 대상이 되어 급조된 당원보다, 그런 매집을 주도한 사람들에게 있다. 이들로 인해 음성적 동원, 보이지 않는 부패 가능성이 커진다. 다단계 동원 체계는 물론, 매집책에 대한 은밀한 보상 체계가 작동하고 있다고 증언하는 사람도 있었다. 정치 참여와 동원이 돈이 되고 사업이 되는 현실이라는 것이다. 지방자치 단체의 인사와 예산, 사업 인·허가권은 그 재물이다. 그 때문에 군수, 시장, 구청장 등 단체장들이 비리로 계속 사법 처리 대상이 되어 왔는데, 이런 일이 잘 개선되지 않는 것은 당원을 만드는 일이 일종의 '비즈니스'가 되었기 때문이다.

당비를 내지 않는 일반 당원이 아니라 당비를 내는 당원, 즉 민주당은 '권리 당원', 국민의힘은 '책임 당원'이라고 부르는 사람들에게 좀 더 초점을 맞춰 보자. 우선 당비 1000원을 내면 언제든 권리 당원, 책임 당원이 된다. 앞서 인용한 "2021년도 정당의 활동 개황 및 회계보고"에 따르면, 2021년 당비를 납부한 당원 수는 213만 명 정도다. 전체 신고된 당원 가운데 20.5%가 당비를 낸 것으로 보고되었다. 민주당이 130만 명 정도였고, 국민의힘이 61만 명 정도로, 거대 양당을 기준으로 보면 당비를 내는 당원은 191만 명 안팎임을 알 수 있다. 당비를 내는 당원이 기준인 서구적 의미에서 한국의 당원은 등록된 당원의 5분의 1에 불과하다.

물론 이 숫자만으로도 세계 최고 수준의 당원 규모임에는 틀림없지만, 이들 모두가 꾸준하고 성실하게 당비를 납부하는 당원인 것도 아니다. 우선 당비를 냈다고 해서 당직 및 공직 후보자에 대한 선출권을 갖는 것은 아니라는 사실에 주목해야 한다. 민주당의 경우 당비 1000원을 6개월을 납부해야 '자격 있는' 권리 당원이 되고 국민의힘은 3개월을 내야 '자격 있는' 책임 당원이 된다. 허수로 가득 찬 당원을 가진 정당들의 공직 후보 및 당직 후보 경선을 지배하는 것은 이들이다. 이들의 규모는 얼마나 될까?

2022년 3월 9일 대통령 선거에서 민주당과 국민의힘의 '자격 있는' 권리 당원과 책임 당원의 수는 각각 72만여 명과 57만여 명이었다. 민주당의 경우 6개월 이상 당비를 납부한 사람은 권리 당원의 절반에 불과한 반면, 국민의힘은 한 번 이상 당비를 납부한 책임 당원 가운데 대부분이 3개월 이상 당비를 납부했다. 자격을 갖춘 권리·책임 당원을 기준으로 보면 한국의 당원은 130만 명 정도임을 알 수 있다. 이것이 끝이 아니다.

일반적으로 권리·책임 당원의 입당은 크게 두 경로로 이루어진다. 한 경로는 국회의원 선거와 지방선거 경선 시기에 당내 후보자들을 위해 입당하는 경우로 대부분 17개 시도당을 통해 이루어진다. 이들 신규 당원은 시도당이 입당 원서를 받고 자격 심사를 한다는 점에서, 그나마 전통적인 의미의 '지역 당원'에 가깝다. 물론 그들 가운데 실제 정당 활동에 참여하는 사람은 많지 않다. 다만 적어도 시도당 입장에서는 누가 입당을 권유했는지 정도는 아는 당원들이다. 입당을 주선하고 입당 원서에 추천인으로 이름을 올린 경선 후보자의 입장에서 이들은 향후 자신의 조직 대상이나 지역민이기도 하다.

다른 경로는 지역의 총선이나 지방선거 경선 후보자가 아니라 대선 후보자 내지 당 대표 후보자를 위해 입당하는 당원들이다. 크게 보아 그들은 정당이나 지역 후보자를 위해서가 아니라 자신들이 바라는 대통령이나 당 대표를 만들고 지키기 위해 당비를 내고 당원이 되는 사람들이다. 오늘날 당원 문제의 초점은 점차 이들이 되고 있다. 이들은 허수 당원이나 매집된 당원처럼 수동적인 존재가 아니다. 그들은 자신의 당을 지배하고자 하는 적극적인 당원이라는 점에서 새로운 당원들이다. 한국의 정당사에서 이들의 출현은 특별하다.

지배하려는 당원

이 새로운 당원 가운데 상당수는 시도당이 아니라 중앙당을 통해 입당하는 온라인 당원이다. 이들은 (지구당이나 지부가 당원 자격 심사를 하고 입당 여부를 결정하는 다른 나라들과는 달리) 중앙당이 자격 심사를 하고 입당을 시키는 매우 특별한 존재들이다. 당원 명부 비치 의무가 있는 시도당에는 각자의 주소지에 따라 단지 명부로만 있을 뿐이다. 이들은 전형적인 지역 당원과는 개념이 다른, 일종의 중앙 당원들이다. 시도당에 명부가 있고, 경선 때가 되면 지역위원회에 명단과 연락처가 잠깐 제공된다 해도, 실제 이들의 관심은 중앙의 당 대표와 대선 후보에게 맞춰져 있다.

시도당이나 지역위원회 입장에서는 이들이 누구인지 알 수도 없고, 관리하지도 못하는 당원들이다. 이들 역시 지역에는 관심이 없다. 그럼에도 그들이 당의 결정 과정에서 발휘하는 지배력은 비교할 수 없을 만큼 막강하다. 대선 후보 경선, 당 대표 선거는 물론 지도부 선거 전반과 의원들의 일상 활동에도 직접 관여하고 통제하려는 열정은 매우 강하다. 이들 가운데 대다수가 바로 팬덤 당원들이다.

팬덤 당원은 팬덤 리더와 직접 연결되고 싶어 한다. 팬덤 리더가 중심이 되어 당을 위로부터 수직적으로 통제하는 것을 보조하는 일에 사명감을 갖는다. 당에서 오래 활동해 온 핵심 당원, 대의원, 당직자들을 특권 집단이나 부패 집단으로 몰아붙여 팬덤 리더를 지키려는 열정이 이들을 움직이는 동력이라는 점에서, 정당보다는 리더 개인에게 더 큰 충성심을 집중시키는 당원이다. 그런 의미에서 이들은 '자발적으로 동원된' 모순적 특성을 가진 당원들이다. 입당은 물론 탈당 역시 자신들의 요구를 표출하는 행동으로 선택한다는 점에서 가장 적극적인 행동 당원들이다.

그들은 당적 보유 기간이 가장 짧은 신규 당원들이다. 일반적으로 정당은 풀뿌리 지역 당원과 지역 지부를 중심으로 중앙으로 올라갈수록 피라미드형 동심원 체계가 더 조밀하게 짜이는 조직 구조를 특징으로 한다. 당 활동을 오래 할수록 역할과 책임이 커지는 구조를 가져야 정당은 안정된다. 정치에 대한 다양한 경험을 통해 균형적이고 성숙한 정치관을 갖는 것도 이들 오래된 당원들이다.

하지만 새로운 팬덤 당원의 등장과 함께 정당의 상향식 피라미드형 구조는 깨졌다. 이들의 출현으로 전통적인 의미의 지역 당원 및 지역 대의원과는 별도로, 팬덤 리더가 중심이 된 하향식 수직 구조가 중앙을 중심으로 단기적으로 만들어지기 시작했다. 팬덤 리더들만 통제할 수 있는 이 팬덤 당원들은 한국의 정당 구조에 새로운 변화를 몰고 오고 있다.

이 신규 팬덤 당원들은 정당의 오래된 지역 기반이나 하부 기반을 허물고 싶어 한다. 대의원이 중심이 된 당의 대의 체계를 없애고 당 대표와 당원의 직접 소통, 직접 결정을 원하고 그에 따라 당이 하향식으로 일사 분란하게 움직이길 바란다. 경쟁하는 정당들에 대해 최대로 적대적이고 공격적인 입장을 견지한다. 의견이 다르면 당직자나 의원, 동료 당원 누구라도 관용하지 못한다. 다른 정당보다 당내 이견 집단을 더 싫어하고 혐오하는 것으로 보일 정도다. 그런데도 자신들의 무례한 행동을 개혁적이고 민주적인 것으로 당연시한다. 이들로 인해 정치 양극화는 빠르게 심화되었다.

이를 정당화하는 논리가 '당원 중심주의'다. 이들은 지역도 대의원도 필요 없는 새로운 정당 모델을 추구한다. 기존의 지역, 직능, 대의원 기반의 정당 구조를 대신해 최근 입당한 권리·책임 당원과 당 대표를 직접 연결시키는 새로운 정당 구조를 만들고 싶어 한다. 정당 직접 민주주의, 당원 직접 정치는 그들의 이상이고 신조다. 그들은 자신과 뜻을 같이 하는 사람과만 정치하길 원한다.

팬덤 당원이 처음 주목을 받은 것은 온라인 입당이 권장된 2016년 이후다. 이른바 '문빠'가 중심이 되어 10만 명 가까이 온라인 당원을 가입시킨 것이 계기가 되었다. 몇 년 전까지 민주당은 이들이 주도했다고 해도 과언이 아니다. 2022년 대선과 이후 당 대표 선거를 기점으로 이번에는 이재명 팬덤이 같은 방식을 이어 갔다. 대선 패배에도 불구하고 신규 당원이 짧은 시간에 14만 명이 증가했다. 팬덤 리더를 위해 정당을 어떻게 지배할 수 있는지를 팬덤 지지자들이 빠르게 익혀 가고 있는 새로운 사례라 할 수 있다.

국민의힘의 경우는 이준석 대표가 등장한 이후 같은 경향이 발전해 오고 있다.[8] 특히 책임 당원은 이준석 대표 체제에서 급증했다. 국민의힘 발표에 따르면, 2021년 6월에서 9월 사이 당비를 납부하는 당원이 26만 명 늘었는데, '2040' 당원이 절반에 가까웠다. 2022년 대선 때는 그 규모가 세 배 정도로 늘었다. 온라인 당원도 10만 명을 넘어섰고, 당이 운영하는 소셜 미디어 팔로워는 40만 명이 되었다. 이 정도면 국민의힘도 옛날의 당이 아니다.

2016~17년 대통령이 탄핵되고 이후 탈당과 분당을 거듭하면서 국민의힘의 오랜 지역 조직은 무너졌고, 오래된 당원들의 충성심도 크게 약화되었다. 중앙 당직자나 당 활동가들 역시 정신적으로 깊은 상처를 입었으며 안정된 당 생활을 할 수 없게 되었다. 인터뷰에 응해 준 당직자는 자당 대통령 탄핵과 이로 인한 분당의 경험은 당에 파멸적인 영향을 미쳤고, 오래된 당원들이 지역에서도 잘 나서 주지 않아 선거에 어려움이 많다고 표현했다. 5년 만에 대선에서 승리한 것은 "문재인 정권 덕분"이었지 당이 잘해서 이긴 것은 아니라고도 말했다. 대선 승리 직후에도 두 번의 비대위 체제를 겪어야 했던 것에서 알 수 있듯이, 남아 있는 상처와 새로운 변화 속에서 당내 분열과 위기 요인이 지속될 수밖에 없는 정당이 되었다는 것이다.

정당 내부보다 정당 밖 여론을 주도하는 아웃사이더가 지배

---

8 국민의힘 관련 책임 당원 관련 통계는 윤왕희(2022)를 참조했다.

하는 정치, 구성원들로부터의 신망보다 사나운 팬덤에 휘둘리는 정치는 과거에는 없던 새로운 현상이다. 정당정치의 아웃사이더나 팬덤의 눈으로 볼 때, 이제 정당은 쉬운 공략 대상이고 값싼 매물이다.

그간 국민의힘에서 대통령 후보가 되려면, 여론조사 50%와 책임 당원 50%로 이루어지는 경선에서 승리하면 되었다. 당 대표가 되려면 여론조사 30%와 책임 당원 70%의 경선에서 승리하면 되었다. 지금은 당원 100% 경선이라고 하지만, 본질적으로는 달라질 것이 없다. 여론은 최대한 자극적인 이슈를 통해 움직일 수 있다. 책임 당원 가입은 큰 비용이 들지 않는다. 대형 교회 하나 정도가 움직여도 당은 휘청거린다.

2022년 3월 대선 후보 경선에서 자격을 갖춘 책임 당원 57만 명 가운데 64%인 36만 명이 투표에 참여했으니, 이들의 3개월 당비라고 해봐야 다 합해 10억 원 정도다. 민주당도 다를 바 없다. 2022년 대선 경선에서 자격을 갖춘 권리 당원 72만 명 가운데 70%가 참여했다고 하더라도, 그들이 낸 당비 역시 크게 잡아 30억 원이면 된다.

혹자는 양당 합해서 당비가 40억 원 정도밖에 안 된다면 선관위에 신고된 정당들의 당비 수입이 2020년 680억, 2021년 620억 원이었다는 앞서의 진술과 왜 그렇게 큰 차이가 나는지

의아해 할지 모른다. 월 1000원의 당비를 내는 권리·책임 당원과는 달리 우리 정당들은 일정한 역할을 맡은 구성원들에게 직책 당비를 받는다. 민주당을 기준으로 보면 전국대의원대회 대의원은 월 1만 원, 중앙위원 월 5만 원, 각급 위원회 위원장은 월 10만 원, 상설위원회 위원장과 전국위 위원장은 월 20만 원, 당무위원은 월 50만 원, 사무총장, 원내 대표, 정책위 위원장, 최고위원은 월 150만 원, 당 대표는 200만 원을 직책 당비로 낸다.

시도당은 각급 위원회 위원장과 상무위원이 월 5만 원, 시도당 운영위원이 월 20만 원, 시도당 위원장이 월 100만 원의 당비를 낸다. 당 소속 공직자들의 경우 기초 의회 의원은 월 10만 원, 광역 의회 의원은 월 20만 원, 기초단체장은 월 50만 원, 국회의원은 월 100만 원, 국회 상임위원장, 시도 지사, 장관은 월 150만 원, 국회 부의장과 대통령은 월 200만 원을 낸다. 지역위는 대의원의 경우 월 2000원, 운영 위원은 월 5000원, 각급 위원회 위원은 월 1만 원, 원외 지역 위원장은 월 10만 원을 낸다(더불어민주당 2022, 122).

이처럼 선관위에 신고된 당비 수입의 대부분은 당직이 없는 보통의 권리·책임 당원이 아니라 직책 당비를 내는 당원의 기여분에 절대적으로 의존한다. 당원의 규모와 상관없이 한국의 정당은 변형된 간부 정당의 특성이 여전히 강하다는 사실을 알 수 있는 대목이다. 당직과 공직을 분배하고 그 직책에 대한 보상을 당내로 환원하는 '관직 판매' 구조다.

　물론 이 돈으로 정당이 운영되는 것도 아니다. 국회의원 총선이 있던 2020년 정당들에 지급된 국고보조금은 907억 원 정도였다. 이를 바탕으로 정당들은 총 2480억 원 정도를 그해 지출했다. 선거가 없었던 2021년에는 정당들의 당비 수입과 국고보조금을 기초로 총 1379억 원 정도를 정당들이 지출했다. 대선과 지방선거가 있던 2022년에는 1420억 원의 국고보조금을 정당들이 받았다. 당비 수입과 전체 지출 통계가 아직 나오지 않았지만, 아마도 2022년의 정당 지출은 역대 최고 수준이었을 것이다. 권리·책임 당원을 대선 경선에 참여하게 하는 데 드는 당비가 모두 합쳐 40억 원 정도인 것을 감안하면, 누구든 이 거대한 판을 지배해 보려는 것은 매력적인 기획이 아닐 수 없다.

　정당 소속 의원들이 운영하는 국회와 지방의회 예산은 1조 원이 넘고, 대통령이 된다면 600조 원 이상의 정부 예산을 주도할 수 있다. 이 대단한 기회를 정당 밖 아웃사이더들이 지나칠 수 없을 것이다. 권력에 야심이 있고, 혐오로든 아첨으로든 여론을 자극하고, 정당보다 자신을 추종하는 팬덤을 동원할 수만 있다면, 정당은 매입할 만한 투자 대상이 되었다. 그러는 동안 정당은 당원 수만 증가했지, 조직력이나 정책 능력은 늘지 않았다. 대통령 선거는 사실상 후보 캠프가 주도하며 정당이 주도하지 못한다. 집권을 해도 정당은 정부를 운영하지 못한다. 어떻게 보든 정당은 정치에 소명 의식을 가진 정치인들의 세계가 아니게 된 것이다.

팬덤은 정당들이 싸구려가 된 것의 결과이다. 누구나 여론을 움직일 힘을 가지면 정당을 장악할 수 있다. 단순 산술로만 말하면, 10만에서 30만 명 정도가 10억에서 30억 원 정도의 당비를 내고 당의 결정을 좌우한다면 대통령도 되고, 당 대표도 되고, 정부도 장악할 수 있는 '가성비 좋은 사업'처럼 되어 버린 것이다. 정당이 (엄청난 규모의 국가 예산을 운용할 수 있는 잠재력에 비해 장악하는 데 드는 구입 비용은 너무 적은) 쉽게 구매 가능한 매물이 된 것에서 한국 정치의 많은 문제들이 잉태되고 있다.

4. 새로운 정당의 출현

저발전된 대의원제

정당의 주권 기관은 전당대회다. 즉, 전국대의원대회가 정당

의 주권체라고 할 수 있다. 그런 의미에서 정당의 꽃은 대의원
이다. 대개 대의원은 지역을 기초로 아래로부터 위를 향할수록
대표를 누적해 가는 방식으로 구성된다. 그 위에 정당의 상임
대의기관 및 집행 기구가 놓인다. 그런 의미에서 정당 조직은
'지역대표 체계'를 특징으로 한다. 이는 이익집단이 '직능 대표
체계'를 특징으로 하는 것과 대비된다. 물론 정당도 직능이라
는 이름으로 기능 대표 체계를 강화할 수는 있다. 하지만 정당
이 정당인 한 지역을 풀뿌리 기반으로 하는 대표 체계가 중심
이라는 사실은 달라질 수 없다. 지역 대의원이 아닌 직능 대의
원이나 정책 대의원이 당의 대표 체계를 운영하는 정당은 존재
하기 어렵다.

한국의 정당 조직에서 가장 저발전된 영역이 지역 대의원 제
도다. 17개 시도당에 평균 5명 안팎의 유급 당직자를 둘 수 있
는 큰 정당을 기준으로 볼 때, 정당들의 지역 기반은 지극히 취
약하다. 사실상 경선 관리 기능 이상을 할 여력이 없다고 해도
과언이 아니다. 그 아래 지구당은 2004년 법적으로 불법이 되었
다. 물론 지금은 폐지된, 과거 지구당에 해당하는 단위마다 지
역위원회 내지 당원협의회가 있다. 대개의 당원협의회는 당원
이나 대의원이 아니라 현직 국회의원이 주도한다. 지역 대의원
을 선출하는 데 있어 국회의원의 영향력은 절대적이다. 이처럼

인사권을 가진다는 점에서 지구당은 법적 존재로서는 없는 것처럼 보이나, 사실상 편법으로 존재한다고 해도 과언이 아니다.

정당의 대의원은 최대 2만5000명 정도다. 이들의 다수는 당비 월 2000원을 내는 지역 대의원과 월 1만 원을 내야 하는 전국 대의원이다. 하지만 이들 대의원의 존재는 권리·책임 당원들과 사실상 관계가 없다. 당원 활동을 열심히 해서 대의원이 되는 게 아니기 때문이다. 어느 정당이든 지역위와 시도당은 선출직 혹은 선출직을 지망하는 위원장들에 의해 주도된다. 이들을 지방의원 및 단체장들과 유급 당직자들이 보좌한다.

이들이 사실상 각급 위원회, 상무위원, 운영위원은 물론 지역 대의원과 전국 대의원을 만들어 낸다. 이들을 모두 아울러 정당의 시도당과 지역위원회에서는 '핵심 당원'이라고 부르는데, 이런 당원 분류가 당규에 있는 것은 아니지만 관행적으로 사용된다. 이들을 한국의 양당 정치를 이끄는 기간 당원으로 본다면, 기껏 5만 명 정도다. 하지만 지금의 지역위, 시도당을 움직이는 위원들과 대의원들이 위원장의 '확장된 팔'에 가까운 역할을 한다는 현실을 고려하면, 사실상 자율적으로 참여하고 활동하는 당원은 그마저도 거의 없다고 해도 과언이 아니다.

숫자로서의 당원은 많은데 실제 대의원으로 나서는 당원은 거의 없는 현실이 지금의 우리 정당이다. 지역의 풀뿌리 기반에서부터 당원이 만들어지고 참여하고 성장하고 그 결과로 대의원이 되어야 하는데, 그럴 수 없는 정당이 된 것이 문제를 악화시키고 있다. 당원의 매집, 참여, 동원의 매개는 지역의 생활세계에서 활동하는 정당이 아니다. 정당의 정견이나 가치에 이끌려 당의 활동에 참여하는 당원이 존재할 수 없는 구조에서 작동하는 것은 선출직 내지 선출직을 지망하는 엘리트들의 개인화된 영향력이다. 풀뿌리 정치는 없고 권력 정치만 있는 정당에서 당의 토대가 자율적 당원 참여나 대의원 참여로 채워진다고 말할 수는 없다. 새로운 종류의 팬덤 당원들이 정당을 빠르게 지배하게 된 것은 바로 이런 허약한 정당 구조의 산물이다.

풀뿌리 기반 없는 정당 조직

지구당 없이 풀뿌리 대의원 구조가 발전할 수는 없겠지만, 지구당이 법적으로 허용된다 해도 달라지리라 기대하기는 어려울 것이다. 정당이 누구를 위해 존재하는지를 설명하지 못한 채, 공직 획득의 통로로만 기능하는 한, 앞으로도 정당 참여의 이유는 누가 대선 후보가 되고 누가 당 대표가 되는지에 따른 권력이나 영향력이 될 수밖에 없다. 경선과 선거가 모든 것이 되는 정당에서 남는 것은 당직과 공직이라는 관직 획득을 위한 열정밖에 없을 것이다.

그렇다면 가망 없는 대의원 제도를 없애고 당원 직접 결정 체제로 대체하면 어떨까? 이는 팬덤 당원들이 바라는 변화다. 대의원이 없는 정당, 당원과 당 대표가 직접 연결되어 당 활동을 위로부터 일사분란하게 통제하고 운영하는 정당의 비전은 민주주의의 미래와 관련해 어떤 의미를 갖는가? 당 상근 기구와 의원들에게 자율적 역할이 부여되지 않고 당원과 당 대표가 결정한 방향에 헌신하는 것만 가능한 정당을 당원 중심의 민주주의라고 한다면 그런 민주주의는 과연 어떤 민주주의일까?

"국가의 주인이 국민이듯 정당의 주인은 당원이다."라고 말할 때는 몇 가지 전제나 제한이 필요하다. 국가나 정부와는 달리 정당은 자율적 결사체이고 임의 조직이다. 강제 조직이 아니므로 원하면 소속될 수도 있고, 원하지 않으면 소속감을 버릴 수도 있는 것이 정당이다. 무국가나 무정부, 무국적은 감수할 수 있는 선택이 아니다. 하지만 당적이 없는 무당파는 얼마든지 선택할 수 있다. 자기 나라를 버리고 마음대로 다른 국가나 정부의 구성원이 되는 것을 선택할 수는 없겠으나, 지지했던 정당을 버리고 다른 당에 가입하는 것에는 제한이 없다.

국가나 정부와 달리 자율적 결사체는 특정의 가치 지향을 매개로 사람들에게 참여를 권유한다. 그에 대한 기대와 공급이

상호 만족될 때만 정당과 당원의 관계는 유지된다. 마음대로 선택할 수도 마음대로 버릴 수도 없는 강제 조직이기에 국가와 정부는 시민 전체의 의사를 물어 적법하게 주권을 위임해야 하나, 정당은 그럴 수 없다. 정당은 자신들이 발전시켜 온 정견이 생명이다. 그러한 정견을 당의 조직과 문화, 전통으로 발전시켜 가는 것이 중요하다. 그 속에서 성장해 온 정당 활동가와 당직자, 대의원의 역할이 안정되어야 한다. '민주적'이기 이전에 '유기적'이어야 하는 게 정당이다(박상훈 2017a).

당의 오래된 구성원이 자부심을 갖지 못하면 정당은 누가 운영해도 상관없이 이익만 챙기면 되는 사기업에 가까워진다. 아래로는 당의 풀뿌리 기반으로서 지역위원회와 각급 위원회가 활력 있는 역할을 해야 하고, 위로는 그들의 대의 기구인 전당대회, 즉 전국대의원대회가 최종적 주권 기관이 되어야 한다. 그렇지 않고 갓 들어온 신규 당원들, 매집된 당원들, 동원된 당원들이 모든 것을 당원에게 넘기라고 하고, 누구는 쫓아내고 누구는 일하게 하고, 자신들과 자신들이 지지하는 대표가 마음대로 정당을 이끌게 하면 민주적 정당이 아니라 전체주의적 정당에 가까워진다. 그런 정당에서는 필연적으로 다중의 정념을 권력 장악에 악용하는 야심가가 승자가 된다.

참여만으로 작동하는 민주주의는 없다. 민주주의는 참여가 아니라 평등한 참여에 기초를 둔 체제이고, 평등한 참여는 대표의 포괄성, 즉 사회의 다양한 요구들이 더 넓게 대표될 가능성의 함수다. 대표의 질이 좋아야 참여의 질도 좋다. 그렇지 않고 좁은 대표의 문제를 그대로 둔 채 국민 참여만 강조하면 민주주의는 목소리 큰 소수의 지배로 전락한다. 이것이야말로 대중 정치의 보편적 진실이다. 그렇게 되면 한 사회의 정치적 열정은 권력 투쟁에서 승자가 될 상위 두 정당 간의 극단적 다툼에 몰리게 되고, 여기에 대중이 동원되는 일도 순식간에 이루어진다.[9] 상대를 동료 시민이나 동료 정치인으로 여기기보다 공격해야 할 대상으로 몰아붙이며, 그런 것이 관행이 될 때쯤이면 정당정치는 강한 성격의 팬덤 리더들 사이의 권력 게임으로 퇴락하고 만다.

정당 내부도 마찬가지다. 대표의 체계를 대신해 당원의 직접 참여로 정당을 운영하게 되면 정당은 더 민주적이 되는 것이 아니라 여론의 주목을 받는 인물 중심으로 더 개인화된다.

---

[9] 캐나다와 이스라엘, 타이완과 아르헨티나 등에서 공천 과정에 참여할 수 있는 권리를 신규 당원으로 확대했을 때 나타났던 부작용으로 인스턴트 당원, 기회주의적 당원, 매수된 당원의 양산과 무더기 입당, 당비 대납 등이 있었다는 사실에 대해서는 하잔·라핫(2019)의 6장을 참고할 것.

국민주권을 강조할수록 포퓰리즘의 한 유형인 국민투표 민주주의plebiscitarian democracy가 되고, 셀럽 엘리트들의 개인적 영향력이 더 강해지듯, 정당도 다르지 않다. 일이 그렇게 되면 정치가 아니라 전쟁의 논리가 지배한다. 그 속에서는 정치를 하는 정치인은 주목받을 수 없고, 전투적인 성향을 가진 포퓰리스트가 주목받고 또 승자가 된다. 이를 지지하는 열성 시민, 열성 당원들이 무례해지고, 언론은 이들의 싸움을 부추기고, 결국에 가서는 정당의 가장 중요한 역할이자 축제여야 할 공직 후보자 결정 과정이 적대와 증오, 분열의 상처를 남기는 일이 되고 마는 것이다.

대통령 권력에 휘둘리는 정당

정당의 문제를 정당 내부의 관점에서만 설명할 수는 없을 것이다. 정당party은 '전체의 부분part'이고, 결국 정치의 전체적인 변화에 민감하게 반응할 수밖에 없는 특징을 갖기 때문이다. 그렇다면 왜 우리의 정당은 외부자에 취약한 조직이 되었을까?

정치학자들은 한국의 민주화가 보여 준 특징을 '협약에 의한 이행'으로 정의하곤 한다. 권위주의 세력의 온건파와 민주화 세력의 협상파가 협력을 약속하고 실천해서 점진적으로 민주화를 진척시켰다는 뜻이다. 덕분에 군부는 큰 저항 없이 평화적으로 병영으로 돌아갔고, 정치는 권위주의 시절 야당을 이끌었던 '3김'(김영삼·김대중·김종필)이 주도했다. '3김'에게도 겉으로 보기엔 오늘의 팬덤 정치가들처럼 열정적 지지자들이 있었다. 하지만 기본적으로 그들은 의회정치를 존중했다. 정당을 통해 정치의 기반을 다진 사람들이다. 권력 독점보다는 세력 연합이 그들의 정치 방식이었다. 문제는 그 이후였다.

노무현 대통령 이후 4명의 대통령은 모두 민주화 이후 정치 경력을 시작한 사람들이다. 합리적 기대로만 보면 '반독재 민주화'의 열정에 매달리기보다 '민주화 이후의 민주주의'를 다원주의의 방향으로 이끌어야 했지만, 3김 이후의 정치는 대통령 권력을 둘러싸고 더 독점적이고 더 양극화된 방향으로 치달았다. 과거 3김 정치에서의 파벌은 '동교동계'나 '상도동계'처럼 오랫동안 정치를 함께한 인연이 중심이 되거나, 호남이나 영남 같은 지역 기반에 따라 분류되곤 했다. 하지만 3김 이후 이른바 대통령 파벌은 그런 역사성도 공통의 기반도 없다는 점에서 새로웠다. 오로지 현직 대통령이 가진 권력 그 자체가 파벌을 정의하는 모든 것이었다.

대통령 권력이 당내 세력화의 노골적 원천이 되자, 정치는 곧 대통령 게임으로 협소화되었다. 대통령이 되기 위한 싸움이 정치를 지배하고, 대선 승패에 과도한 몫이 걸린 양극화 정치는 심화되었다. 대통령이라는 최고 권력을 둘러싼 정치 양극화는 몇 번의 단계 변화를 거쳐 이루어졌다.

첫째는 전직 대통령(노무현)과 현직 대통령(이명박)의 싸움이었고 그 결과는 불행했다. 둘째는 대통령 권력과 의회 권력의 싸움이었다. 이명박 정권 시절이던 2009년 이른바 대통령 공약 사안을 실현해야 한다는 명목으로 이루어진 '입법 100일 작전'이 대표적인 예이다. 당시 국회는 유사 전쟁터처럼 변했다. 셋째는 대통령과 집권당 사이의 당정 분리 원칙이 폐지되고 '당정 통합'으로 대체된 변화였다. 박근혜 대통령의 '친박 공천'에서 시작된 이 변화의 끝은 '내부 총질', '배신 정치' 등의 신조어를 만들 정도로 집권당 안에서 대통령에 대한 비판을 허용하지 않는 양상으로 이어졌다.

혹자는 대통령 권력이 정당정치의 중심으로 자리 잡은 것이 다원주의적 민주주의의 발전에는 부정적이겠지만, 정당의 안정과 통합에는 기여하지 않았을까 생각할지도 모르겠다. 현실은 그 반대였다. 대통령이 정치에서 차지하는 영향력이 커질수록 정당은 분열, 지도부 붕괴, 비상대책위원회를 겪어야 했다. 이것이 (앞서 살펴본 세 단계의 변화에 이은) 네 번째 단계의 변화로, 3김 이후 정치의 가장 큰 특징이 바로 여기에 있다. 이때부터 우리 정당들은 지도부 총사퇴, 비대위, 조기 전당대회를 무한 반복했다.

노무현 정권 동안에는 여당인 민주당 계열에서 2004년 열린 우리당 출범 이후 수시로 지도 체제가 바뀌었다. 2005년에 임채정 비대위, 정세균 비대위가 있었고 이듬해엔 유재건 비대위 체제였다. 그리고 2007년 대통합민주신당 체제로 대선을 치른 뒤에도 당명 교체, 지도부 교체, 비대위 체제가 이어졌다. 이명박 정권 역시 임기 후반인 2010~2012년 동안 여당인 한나라당과 새누리당에서 연 1회 꼴로 비대위가 등장했다.

여야의 비대위 정치는 이후로도 이어져, 이제는 비대위가 일반적인 당 지도 체제처럼 여겨질 정도가 되었다. 당장 윤석열 정권 출범 이후 국민의힘은 짧은 주호영 비대위 체제를 거쳐 정진석 비대위 체제로 운영되었다. 야당 역시 윤호중·박지현 비대위, 우상호 비대위를 거쳐 이재명 대표 체제가 들어서기 전까지 비대위 체제 안에서 갈등을 반복했다. 여야 양당만 계산해도 2020년 이후 3년이 채 안 된 기간 동안 지도부 붕괴는 9차례나 발생했다.

민주주의에서 정당은 사회의 다양한 이해관계와 갈등적 요구를 정부와 국가로 연결하는 기능을 할 때 그 가치가 빛난다. 그렇지 않고 국가 권력, 대통령 권력과 같은 사이클로 움직이는 정당은 국가와 융합되고 만다. 아마 체제가 전체주의라면 이런 정당은 작동할 수 있을 것이나, 체제는 민주주의인데 정당의 역할이 권력을 옹호하고 보호하는 것으로 좁아지면, 정당은 유지될 수 없다.

이 단계에서 나타난 다섯 번째 변화가 팬덤 정치다. 팬덤 정치는 대통령을 위한, 대통령이 되기 위한, 전직·현직·차기 대통령들의 게임이다. 당의 내부는 대통령을 둘러싼 권력 투쟁의 쟁투장이 되는 정치가 지배한다. 당내 경선은 물론 당권 장악에 과도한 열정이 동원되면서 정당은 사회의 다양한 이해와 요구를 대표하고 매개하고 집약하는 정당 본래의 기능을 상실한다. 대신 당은 대통령 게임의 보조적 수단으로 전락한다. 이것이 팬덤 정치다. 대통령이 되기 위해서도, 대통령 권력의 안정화를 위해서도, 당을 자기 것으로 만들어야 한다는 조바심만 있는 정치다. 당내 이견과 반발을 팬덤을 통해 통제하고 지배하고 싶은 욕구를 감추지 못하는 정치가 팬덤 정치다.

지배의 욕구만 남은 정당

팬덤 정치는 계속될 것이나 그 때문에 정당은 위기에 취약해질 수밖에 없다. 정당이 자생적 기반을 갖지 못한 채, 대통령이 되려는 사람, 대통령이 된 사람에 휘둘리는 정치가 불가피하기 때문이다. 대통령의 자리는 그 끝이 명확하다. 최고의 공직이기 때문이다. 권력의 부침은 필연적이고, 그 생명은 길어야 5년이다. 그래서 정당의 기능과 역할이 전직이든 현직이든 차기든 대통령을 보호하는 역할로 좁아지면 정당은 대통령과 그 후보감을 두고 투기자들이 몰려들고 흩어지는 것을 반복하는 '떴다방'처럼 변한다. 정치인들은 공직이든 당직이든 권력의 몫을 선점하는 데만 관심을 가질 수밖에 없다. 하지만 결국 부질없는 일이다.

큰 선거가 있을 때 승리한 정당은 살아남고 패배한 정당은 존폐 위기를 겪는다. 최소한 지도부 몰락은 피할 수 없다. 과거에는 대선 패배 정도가 되어야 정당의 위기가 발생했다. 그 뒤에는 총선은 물론 지방선거 패배로도 정당의 지도부가 붕괴했다. 이제는 보궐선거 패배나 여론조사 결과만 나빠도 위기를 겪는다. 대선을 치른 2022년, 패자가 된 민주당만이 아니라 승자가 된 국민의힘도 지도부 붕괴를 겪었다. 한 해 동안 양당 모두 두 번씩, 비대위만 네 번 있었다. 전례가 없는 일이다.

이것으로 끝일까. 그렇지 않다. 팬덤 정치는 정당을 끊임없이 괴롭힌다. 의원도, 당직자도, 대의원도, 오래된 당원도 안정된 당 생활을 하기 어렵다. 팬덤 리더도 편안한 것은 아니다. 언제 지지율이 떨어질지, 언제 사람들로부터 버림받을지 그들도 늘 지옥문 앞을 서성여야 한다. 팬덤 리더의 명멸에 따라 팬덤 지지자 현상도 명멸을 반복한다. 그런 의미에서 팬덤 정치란 권력 투쟁만 있고 사회나 공동체를 위한 정치는 찾아보기 어려워진 정당들, 바로 그들이 낳은 어두운 그림자가 아닐 수 없다. 팬덤 정치는 정치를 적敵과 아我, 우리와 그들로 단순화시키지만 그 누구도 행복할 수도, 안심할 수도 없는 민주주의를 낳고 있다.

사르토리가 지적했듯이, 정당은 민주주의라는 "체제의 역량"을 향상시키는 기능을 할 때만 긍정된다(Sartori 2005, 22). 정당이 그런 기능을 못하게 되면 언제든 파당faction으로 공격받을 각오를 해야 한다. 파당과 달리 정당은 공동체적 책임 의식을 존재 이유로 삼는다. 다른 누구도 아닌 자신들이 공동체의 미래를 좀 더 낫게 변화시킬 수 있음을 증명해야 한다. 이를 위해 정당은 "국가의 모든 권력과 권위를 가지고 자신들의 공동 계획을 실행에 옮기기 위한 적절한 수단"임을 나타내기 위해 "구성원 모두가 동의하는 특정의 원리"를 형성해야 한다. 정당이 내세우는 정견이나 이념, 가치가 대표적이지만, 정당이 배출해 낸 공직 후보자들에게서 볼 수 있는 신념의 체계belief system 등은 모두 이를 가리킨다.

정당이 민주주의 정치체제의 역량을 강화하고 사회를 통합하는 기능을 하는 것을 정당 본래의 속성으로만 설명할 수는 없다. 정당이 그런 노력을 하게 되는 것은 정당 구성원들이 공통으로 견지하는 신념뿐 아니라, 다른 정당의 존재로 인해 그렇게 하도록 압박을 받을 때 가능하다. 그런 압박이나 제약이 없을 때 정견이나 이념은 공허한 약속이 되고 신념의 후퇴는 제어될 수 없다. 정당정치는 복수의 정당들이 만들어 내는 '상호작용의 체계'를 필요로 한다. 일당제는 민주주의와 양립할 수 없다. 다른 정당들과의 상호작용의 '체계'가 만들어 내는 민주적 효과가 없기 때문이다. 정당정치는 개별 정당의 차원과는 별도로 정당'들'이 만들어 내는 다원적 체계의 차원에서 이해되고 설명되어야 한다. 하지만 팬덤 정치, 팬덤 정당은 상대 당의 존재, 상대 당 지지자의 존재를 용인할 수 없는 일당주의의 심리를 키운다.

정당이 파당으로 퇴행하듯, 정당 체계도 나빠질 수 있다. 공익을 위한 경쟁이 아니라 공적 자산을 경쟁적으로 약탈하는 정치 계급들political classes의 쟁투장으로 전락할 수 있다. 시민과 대중, 지지자의 역할도 나빠질 수 있다. 정당들이 경쟁적으로 만들어 낸 공익적 대안들을 두고 최종 결정권the last say을 행사하는 주권자로서가 아니라, 파당 지도자들의 권력 투쟁에 도구나 흥기로 동원될 수 있다. 자신과 의견이 다른 모두를 (그들이 정당이든, 정치인이든, 언론이든, 시민단체든, 가족이든, 동료 시민이든 상관없이) 적대시하고 공격할 수 있다. 자신과 같은 의견을 가진 시민만 참여하게 하고 그들과만 협력하게 되면서, 정치도 양극화시키고 사회도 분열시키며 인간들 사이의 모든 관계를 위태롭게 만들 수 있다.

지금 우리 정당은 공익의 증진과 공동체의 통합을 위해 경쟁하는 존재들일까? 아니면 자신을 위한 정치를 하는 파당에 불과할까? 정당을 이끄는 사람들의 공익적 신념은 왜 점점 느껴지지 않는 것일까? 그 전에 정당 구성원 모두가 공유하는 정견이나 이념은 존재한다고 볼 수 있을까? 그보다는 선거 승리나 권력 획득, 상대 파당의 몰락과 붕괴, 이를 통한 공직과 공적 자산에 대한 독점적 약탈을 노리는 정치 전쟁의 수행자들이 정당을 지배하고 있는 것은 아닐까?

좀 더 평등하고 자유롭고 건강하고 안전하며 평화로운 공동체를 위해 경쟁하는 정당들의 기능과 역할, 효능을 느낄 수 없게 된 것은 정당정치의 실종과 파당 정치의 지배가 정치 양극화와 팬덤 정치의 형태로 한국 민주주의를 위협하고 있기 때문이 아닐까? 가난한 시민이 더 가난해지고, 노동시장의 취약 집단들이 더 취약해지고, 나이든 시민들이 고독사와 자살로 내몰

리는 동안 우리의 정당들은 책임 있는 사회적 역할 대신 자신들을 위한 권력 투쟁에 매달려 온 것은 아닐까?

결론적으로 말해, 세계 유례없는 한국의 당원 폭증은 정당 발전보다는 정당 퇴행, 정당정치의 몰락과 병행하는 현상이 아닐 수 없다. 책임 있는 참여의 결과도 아니다. 매집된 참여이고 지배의 욕구를 실현하고자 하는 참여가 압도한다. 그런 점에서 지금과 같은 당원의 폭증은 민주적인 정당정치를 발양시키기보다, 정치를 권력 쟁취를 위한 도구에 불과한 것이자, 사회를 분열과 해체로 이끄는 가속 페달이 되도록 만들 수 있다.

5. 발전적 변화를 위한 과제들

실태 조사가 먼저

구조적으로 개선하고 달라져야 할 것은 많다. 무엇보다도 대통령과 대통령이 되고자 하는 사람이 중심이 된 '사인화된 정치' 대신 정당들의 '책임 정치'가 발전해야 한다. 정당들의 정견부터 이념이나 가치의 측면에서 다양해지고 풍요로워져야 하며,

정책적으로는 더 성숙해져야 한다. 여론 동원을 단기적으로 최대화해서 성과를 얻고자 하는, 극단적 개방 중심의 정당 운영을 지속해 온 것에도 변화가 있어야 할 것이다.

정당정치는 시간 싸움이다. 오래 걸리더라도 오래가는 변화를 도모하는 정당이 정치를 책임질 수 있어야 한다. 그렇지 않고 자주 당명을 바꾸고 비대위, 혁신위 체제를 반복하는 일은 정당을 늘 분열과 적대로 고통 받게 만든다. 오래된 당원이 자부심을 갖는 정당, 백년 가는 전통을 가진 정당은 거저 주어지지 않는다.

어디서부터 시작할 것인가. 조사가 출발점이다. 정당의 현실에 대한 조사와 분석 없이 좋은 대안이나 좋은 변화는 만들어지기 어렵다. 외부 연구자나 학자의 조사도 도움이 되겠지만, 정당은 기본적으로 애정과 일체감, 충성심이 작동하는 인간 조직이다. 동시에 정당은 문화적 현상이다. 당풍이나 당 문화 같은 주관적 요소들을 중시해야 한다. 따라서 자체 조사를 통해, 당내에서 상호 이해를 진작시키는 계기가 조성되어야 하며, 이를 바탕으로 변화에 대한 합의의 기반을 강화해야 한다.

많은 이들이 정당을 낡은 유물로 취급하고, 당 밖의 유동하는 여론과 자신만의 팬덤 지지자를 찾아 헤매지만, 아직 — 적어도 아직까지는 — 정당보다 나은 대중조직 모델은 존재하지 않는다. 정당 없이 공직 후보자를 배출하고 관리할 수 있는 더 정당성 있는 방법도 아직은 없다. 정당은 한국 민주주의의 가지 않은 미래다. 누구든 정당을 이해하고 정당 안에서 신망을 얻는 자가 정치의 미래를 책임질 수 있어야 한다. 정당, 무엇이 문제이고 어떻게 발전시킬 수 있는가에 대한 구체적 청사진을 준비하는 정치가가 우리에겐 필요하다. 이를 전제로 몇 가지 검토할 만한 제안을 한다면 다음과 같다.

허수 당원 정리

지금의 당원 숫자는 우리 정당의 인력이나 조직력으로는 관리조차 불가능한 규모다. 아무리 큰 정당이라도 당직자의 수는 중앙 100명, 지방 100명을 넘지 못한다(정당법 제30조 1항). 당원 명부 비치 의무를 지는 정당의 지역 지부는 17개 시도당이 전부다. 이 17개 시도당이 당원 관련 업무만 본다 해도 당직자 최대 100명으로는 감당할 수 있는 규모가 아니다.

2021년 중앙선관위에 보고된 시도당의 유급 당직자는 민주당이 97명, 국민의힘이 80명이었다. 400만~500만의 당원을 이들 100명이 안 되는 당직자가 책임진다. 당원 가운데 10%가 정당 활동에 참여한다고 해보자. 당 조직은 터져 나갈 것이고 당직자들은 과로사할 것이다. 당원의 대다수가 허수 당원, 유령 당원임을 다행으로 여겨야 하는 것이 지금 정당의 현실이다.

당원의 폭발은 허상이고 마땅히 개선해야 할 일이다. 현행 정당법은 당원을 엄격히 관리할 것을 요구하고 있다, 입당 원서는 자신이 직접 서명 혹은 날인해서 제출해야 하고(정당법 제23조), 1인 2정당의 입당은 불법이며(정당법 제42조), 반드시 당비 납부 제도를 설치, 운영하는 것을 정당의 의무로 부과하고 있다(정당법 제31조). 정당들의 당규에는 1년에 한 번 당원 전수조사를 통해 당원 유지 의사가 없는 사람들을 정리하게 되어 있다.

당원 데이터가 좀 더 세밀하게 만들어져야 한다. 당원의 기본 정보는 물론이고 정당 가입 동기, 당적 평균 기간, 그간 참여해 온 당 활동, 다른 사람들에게 당적 공개를 얼마나 떳떳하게 하는지 등의 자료가 축적되어야 한다. 강령, 당헌-당규에 대한 당원 교육에서 시작해 주요 정책과 이슈에 대한 계몽된 이해의 진작이 이루어져야 진짜 참여가 가능해진다. 그렇지 않고 당원만 등록시키고 이후 책임 있는 프로그램을 마련하지 않으면, 그것을 참여라고 부를 수 없다.

책임 있는 당원 관리

하루아침에 모든 것을 바꿀 수는 없을 것이다. 당비를 내지 않는 당원, 지역에서 활동하지 않는 당원을 일괄 정리하는 것은 어려운 일이다. 하지만 관리의 방향은 세워야 한다. 민주당은 2019년부터 당원 가입 및 당비 납부 때마다 문자 발송을 해오고 있다. 이를 통해 자신의 의사에 반해 당원이 되거나 당비가 지출되는 경우 항의할 수 있게 되었다. 다른 정당도 여기서부터 출발해야 한다.

자신이 당원인지를 모르는 유령 당원, 당적 유지의 의사가 없는 허수 당원은 정당이 정리해 주어야 한다. 당규에 따라 당적 유지 의사를 묻고 당비 납부 실적을 알려야 하며, 향후 납부 의사도 확인해야 한다. 장기적으로는 영국이나 독일 등 대부분의 나라에서처럼 6개월 이상 당비를 납부하지 않는 당원은 당적을 정리하는 것을 기본 방향으로 삼아야 한다(중앙선관위선거연수원 2021).

입당 원서를 받을 때 '추천인'을 쓰는 관행도 꼭 필요한지 검토해야 한다. 당원 매집을 양산시키기 때문이다. 입당 시 자신이 직접 서명하거나 날인을 해서 제출했는지를 확인해야 하고 "1인 2정당의 입당은 불법"이라는 사실도 고지해야 한다.

186

원칙적으로 중앙당이 심사해서 당원을 가입시키는 한국식 관행은 반드시 폐지해야 한다. 독일 등 대부분의 나라에서 볼 수 있듯이, 중앙당이 운영하는 온라인 시스템에 접속한 당원 가입 희망자가 있다 하더라도 이를 주소지의 지부와 지구당으로 연결해 줌으로써, 입당 심사 및 가입은 해당 지역에서 이루어질 수 있게 해야 한다. 그래야 누가 당원인지를 지역에서 알 수 있고, 이를 바탕으로 지역의 정당 활동에 당원이 참여할 수 있는 현실적 방법을 모색할 수 있다.

이중 당적은 정당법 제42조 2항과 제55조에 따라 "1년 이하 징역, 100만 원 미만 벌금형" 처벌을 받는다. 선관위는 "당원에 관한 사항을 확인"할 권한이 있다(정당법 제24조 2항). 하지만 선관위가 확인 및 조사에 나선 적은 없다. 문제는 발생했는데, 아무도 책임지지 않는다는 뜻이다. 당원 폭증 현상 속에 숨어 있는 이중 당적 문제는 정당과 선관위의 직무 유기가 만들어 냈다. 선관위와 각 당 조직 담당자들이 협의해, 이중 당적자에 대한 조사 및 정리 방안을 공동으로 모색해야 한다.

당직자 증원과 지구당 부활

지역의 풀뿌리 당원 참여는 지구당 없이 이루어지기 어렵다.

2004년 폐지된 지구당은 법적으로 부활되어야 한다. 지구당이 정당의 풀뿌리 기반으로 작동할 수 있도록 활성화 방안도 구체적으로 강구해야 한다. 이를 위해 필요한 것은 두 가지다.

첫째는 정당법의 유급 사무원 수 제한을 폐지하는 것이다. 지금의 100명 미만의 유급 당직자로는 당원 참여를 관리할 방도가 없다. 원칙적으로도 자율적 결사체인 정당의 유급 사무원 수를 법률이 제한하는 것은 있을 수 없는 일이다.

둘째는 당비를 증액해야 한다. 현재의 당 재정으로는 지구당을 부활해도 운영에 필요한 인건비 및 사업비를 마련할 수 없다. 1000원 당비는 당원 매집을 쉽게 하고 매집을 비즈니스로 삼는 사람들을 양산하는 문제를 낳는다. 최소 5달러, 5유로, 5파운드에서 시작하는 대부분의 나라처럼, 소득 기반이 약한 경우 월 5000원을 기본으로 하고 그 이상은 당원 각자의 지불 능력을 고려해 당비를 스스로 책정해 낼 수 있도록 월 7000원, 월 1만 원처럼 3개 안팎의 선택지가 있어야 한다.

당비만 내고 정당 활동의 의무를 지지 않으려는 사람들은 일본처럼 '당우'黨友와 같은 제도를 활용할 수도 있고, 미국처럼 정기적 후원자로 제도화하는 것도 고려해야 한다.

합리적 당내 경력 프로그램

정당의 당직자, 의원실 보좌진, 정책위 전문위원, 정책 연구원 연구직 등등 당의 기간요원들이 일에 대한 보람을 지속할 수 있도록 승진과 소득의 문제를 포함해 경력 관리 체계를 발전시켜야 한다. 일에 대한 헌신이 가져다줄 예측 가능한 보상의 체계가 없으면 유능한 인재가 당에 남아 책임 있게 정당을 이끌어 갈 수 없다. 이 역시 실제 현실에 대한 광범한 조사와 검토를 통해 설계되어야 한다. 그 연장에서 선출직과 비선출직 사이의 경로 역시 합리적으로 관리되어야 한다. 당적 경험도 없는 당 밖 엘리트들을 무분별하게 영입하는 일도 절제되어야 한다.

지역 대의원이 되는 것에서 정치가로의 성장이 시작되는 환경을 만들어 가야 한다. 정당에게 지역은 두 가지 이유에서 '민주주의의 요람'이다. 하나는 정당에서 당원들과 공통의 경험을 쌓아 감으로써 정당의 풀뿌리 문화를 만들어 갈 수 있는 곳이 지역이라는 사실이다. 다른 하나는 이곳이 선출직 정치인으로서의 경력을 시작하는 곳이어야 하기 때문이다. 공통의 경험과 동료 당원들의 신망을 공유하는 일은 플랫폼이나 디지털로 대신할 수 없다.

그러나 다른 무엇보다도 가장 중요한 것은 무분별한 당내 경선 관련 제도와 관행을 개선하는 것이다. 정당은 자신의 공직 후보를 자신의 힘으로 길러낼 수 있어야 한다. 외부 인재 영입으로 선거를 치르는 관행은 절제되어야 한다. 개방형 국민 경선은 물론이고 여론 조사에 의존하는 관행 역시 제어되지 않으면 안 된다. 같은 영어를 사용한다고 해서 미국 선거에 영국 시민이 참여할 수 없고, 복지국가를 원한다고 해서 스웨덴 시민을 불러와 참정권을 갖게 할 수 없듯이, 정당 내부의 의사 결정은 '당원이 된 국민'의 몫이지, '정당 밖 국민'을 불러들여 해결하려는 것은 불합리한 일이다.

"공천권을 국민에게 돌려 드린다."라는 것은 앞뒤가 맞지 않는 주장이다. 국민은 각 당이 공천한 공직 후보자를 놓고 평가해 최종적 주권을 행사하는 권리자이다. 결사체에 가입하지 않은 사람에게 그 결사체의 일에 결정권을 주지 않듯, 정당이라는 자율적 결사체에 소속되는 과정을 거치지 않은 비당원 국민들을 정당들이 임의로 당내로 불러들이는 일은 국민의 관점에서 보면 일종의 '주권 분열'이고 당원의 입장에서는 '주권 탈취'가 아닐 수 없다. (주권의 분열은 곧 내전이요, 주권의 양도는 곧 노예의 길임을 강조했던 토머스 홉스나 장 자크 루소의 이론을 원용해 말한다면) 주권의 분열이나 주권의 탈취는, 한편으로 당원들 사이는 물론이고 국민들 사이를 내전을 방불케 하는 적대와 증오로 갈라지게 만들고, 다른 한편 정당으로 하여금 자신의 길이 아닌 변덕스러운 여론에 굴종함으로써 주체성과 정체성을 잃게 만든다.

지금과 같은 당내 경선은 공직 후보자들을 당원 매집에 골몰하게 만들고, 야심가들에게 팬덤을 대동해 정당에 쳐들어가고 또 정당을 장악하려는 욕구를 부추긴다. 이보다 더 정당정치를 망가뜨리는 일도 없다. 민주주의는 정당 간 경쟁이 좋아야 하는 정치체제다. 정당 내부는 공통의 정견과 가치, 규범을 공유하는 구성원들의 협력체여야 하고, 상호 신뢰를 제도화하는 방법으로 당풍과 문화, 전통을 세워 가야 하는 곳이다. 그래야 오래가는 정당이 나올 수 있고, 정당들이 책임 정치를 실현하는 민주주의를 발전시켜 갈 수 있다.

당원 폭증을 가져오는 당내의 잘못된 경선 제도와 관행은 정당을 끝없는 내부 갈등에 시달리게 하고, 시민을 분열시키며, 한국판 포퓰리즘이라 할 팬덤 정치를 심화시키는 결과를 낳는다. 지금의 당원 폭증은 정당이 좋아지고 있는 증표가 아니라, 반대로 정당이 좋아져야 할 절박한 이유를 보여 주는 확실한 사례가 아닐 수 없다.

4장

팬덤 정치의
다른 얼굴
: 입법 공장이 된 국회

1. '법안 폭증'과 '정치 실종'이
병존하는 국회

한국의 의회정치가 안고 있는 가장 큰 문제 가운데 하나는, '입법 폭증'이라고 표현해야 할 만큼 법안의 발의와 통과 건수가 과도할 정도로 많다는 점이다. 정당 간 적대와 갈등의 상황에서 언뜻 이해하기 어려운 현상이 아닐 수 없다. 어떤 방식으로든 여야의 협력 없이 많은 법안을 처리한다는 것은 상상하기 어려운 일이기 때문이다.

한국식 법안 폭증의 패턴은 여야 격전이 벌어졌던 18대 국회(2008~2012년)에서 만들어졌다. (앞서 2장에서 살펴보았듯이) 18대 국회는 한국의 정치 양극화가 본격적으로 시작된 때다. 흥미롭게도 정치가 양극화되고 여야 사이의 적대적 대립이 심화되어 정상적인 국회 기능이 실종되자마자 그 자리를 경쟁적 법안 제출이 채웠다는 뜻이다.

17대 국회 4년 동안 전체 법안 발의 건수는 6387건이었다. 그런데 문제의 18대 국회 8개월여 만에 그 절반이 넘는 3312건이 발의되었다. '법안 폭증'과 '정치 실종'이 병존하는 한국적 의회정치의 새로운 패턴이 들어선 것이다.

이런 상황이 계속되다 보니 이제는 입법이 권위 있는 국회 활동으로 이해되기보다는, 일 년에 몇 건 발의해서 몇 건 처리했는지를 따지는 '법안 공장'이나 '입법 산업'처럼 취급받는 지경에 이르렀다. 사람들은 국회가 일을 안 한다고 생각하지만, 입법의 양적 결과만으로 보면 국회는 일을 너무 많이 한다. 정치의 기능과 역할은 나빠졌는데 입법 실적은 놀랄 만큼 좋은 이 현상을 어떻게 이해해야 할까? 1천만 당원을 가진 정당처럼 입법 폭증 역시 상당 정도는 허구적 현상일까?

민주화 이후 국회의 입법 활동이 활발해진 것은 자연스러운 일이 아닐 수 없는데, 어째서 입법 기능의 활성화가 아니라, 입법의 과다나 폭증으로 문제시하게 되었을까? 여야가 이념적으로나 정책적으로 정말 달라서 서로 갈등했다면, 과연 입법 폭증 현상은 가능이나 했을까? 혹시 이념적으로나 정책적으로는 크게 다르지 않은데, 정당 간 양적 경쟁은 물론 의원 개인 간의 실적 경쟁이 과하다 할 정도로 치열해진 것이 법안 폭증 현상의 원인은 아닐까? 이제 이 문제로 넘어가 보자.

2. 시기별 국회의 입법 현황

먼저 입법의 전반적인 현황부터 살펴보자. 1948년 제헌의회가 소집된 이래 1987년 민주화가 이루어지기 전까지 39년 동안 법안은 4563건이 접수되었고, 그 가운데 2981건이 입법에 반영되었다. 법안의 접수 건수는 의원의 법안 발의와 행정부의 법안 제출을 합산한 것을 가리키며, 법안 반영 건수는 국회에서 법안을 심의한 결과 최종적으로 법률에 반영된 법안의 수를 뜻한다. 달리 말하면 처리된 법안 가운데 부결, 폐기, 철회되어 입법에 반영되지 않은 법안을 제외한 건수를 법안 반영 건수라고 하는데(박선민 2020), 그렇게 보면 발의 혹은 제출된 법안 건수 가운데 65.3%가 법률에 반영되었다고 할 수 있다.

민주화 이후인 13대에서 20대 국회까지는 어땠을까? 우선 법안 접수는 6만9663건으로, 그 전 39년 동안에 비해 15배 이상 늘었다. 법안 반영은 3만617건으로, 민주화 이전과 비교해 10배 이상이 되었다. 국회 입법 활동의 증가는 민주화 이후 입법부의 역할이 커졌음을 반영한다. 이는 법안 접수와 법안 반영에서 민주화 이전에는 행정부 비중이 의원보다 더 컸던 데 반해, 민주화 이후에는 의원 비중이 압도적으로 커진 것으로 나타났다.

표 4-1. 민주화 이전 법안의 접수와 반영 현황

국회 대수	합계		행정부 안		의원 안	
	접수	반영	제출	반영	발의	반영
1대	246	168	143	109	103	59
2대	416	252	215	149	201	103
3대	409	171	239	91	170	80
4대	324	92	201	53	123	39
5대	297	78	159	43	138	35
6대	657	435	242	200	415	235
7대	534	405	291	255	243	150
8대	49	42	35	34	14	8
9대	633	572	479	470	154	102
10대	129	100	124	97	5	3
11대	491	383	287	279	204	104
12대	378	283	168	164	210	119
합계	4,563	2,981	2,583	1,944	1,980	1,037

자료: 국회 <의안정보시스템>.

표 4-2. 민주화 이후 법안의 접수와 반영 현황

국회 대수	합계		행정부 안		의원 안	
	접수	반영	제출	반영	발의	반영
13대	938	707	368	355	570	352
14대	902	728	581	561	321	167
15대	1,951	1,424	807	737	1,144	687
16대	2,507	1,579	595	551	1,912	1,028
17대	7,489	3,773	1,102	880	6,387	2,893
18대	13,913	6,178	1,693	1,288	12,220	4,890
19대	17,822	7,429	1,093	803	16,729	6,626
20대	24,141	8,799	1,094	738	23,047	8,061
합계	69,663	30,617	7,333	5,913	62,330	24,704

자료: 국회 <의안정보시스템>.

전체 법안 가운데 의원 발의 건수만 따로 민주화 전후를 비
교하면, 접수는 1980건에서 6만2330건으로 30배 이상 늘었
다. 반영은 1037건에서 2만4707건으로 20배 이상 증가했다.

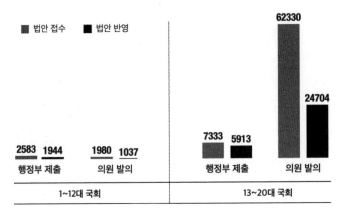

그림 4-1. 민주화 전후: 행정부 법안과 의원 법안 현황

20대 국회를 기준으로, 전체 법안에서 의원 법안의 발의와 반영 비중은 각각 96%와 92%이다. 이로써 우리 국회의 입법 주도성은 매우 크게 신장되었음을 알 수 있는데, <그림 4-1>은 이런 상황을 잘 보여 준다. 민주화를 전후해 법안의 접수와 반영 두 측면 모두에서 엄청난 변화가 뚜렷하다.

민주화 이후만 따로 떼어 보면 어떨까? 민주화 이후 우리 국회가 접수한 법안은 13대 938건에서 20대 2만4141건으로 25배 이상 급증했다. 같은 기간에 행정부가 제출한 법안은 3배 정도 증가한 반면, 국회의원의 법안 발의는 570건(13대 국회)에서 2만3047건(20대 국회)으로 40배 넘게 증가했다.

접수된 법안 가운데, 통과에 반영된 법안은 707건(13대 국

그림 4-2. 역대 국회의 법안 접수와 반영 현황

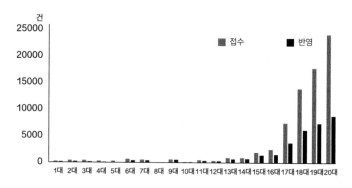

회)에서 8799건(20대 국회)으로 증가했다, 그 가운데 의원 발의 법안이 차지하는 건수는 352건에서 8061건으로 23배 급증했다. 이런 수치가 말해 주는 것은, 민주화 이전과 이후 40년 안팎의 변화 폭보다 민주화 이후 33년 동안의 변화가 더 크고 심대하다는 사실이다. <표 4-2>와 <그림 4-2>는 이를 잘 보여 준다.

특히 18대 국회에서 접수된 법안은 1만3900여 건인데, 이는 13대에서 17대까지 5개 대수의 국회에서 접수된 법안 1만 3700여 건에 맞먹는 규모다. 2008년 회기가 시작된 18대 국회 때부터 양극화 정치가 심화되는 것에 비례해 법안 폭증이 이어졌다.

그렇다면 이런 변화의 추세는 향후 어떻게 될까? 20대에서

표 4-3. 20대와 21대 3년 동안의 국회 입법 현황 비교

	접수		반영	
	행정부 제출	의원 발의	행정부	의원
20대 국회	921	18,996	548	5,449
21대 국회	662 (▽219)	21,031 (△2,035)	362 (△186)	6,187 (△688)

자료: 국회 <의안정보시스템>.

정점을 이룬 뒤 이후에는 줄어들게 될까? 아니면 21대에서도 급증의 추세가 이어질까? 20대 국회와 21대 국회 첫 3년을 비교해 보면 그 양상을 알 수 있는데, <표 4-3>은 이를 보여 준다. 표에서도 알 수 있듯이, 의원 발의 법안을 중심으로 법안이 적지 않게 증가했음을 알 수 있다. 이 추세대로라면 21대 국회의 법안 발의는 20대 국회의 2만4000여 건보다 많은 3만 건 안 팎으로 늘 것으로 보인다.

우리 국회의 이 같은 입법 활동은 다른 나라, 특히 의회 민주주의 선진국들과 비교해 볼 때 어느 정도일까? (임기를 마친 가장 최근 국회인) 20대 국회(2016년 5월 30일부터 2020년 5월 29일까지)를 기준으로 비슷한 시기 다른 나라의 입법 활동을 비교해 보자.

3. 국가 간 비교의 관점에서 본
우리 국회의 입법 현황

우리와 달리 다른 나라들은 법안 반영이 아닌 통과Enacted나 가결Passed, 성립成立 등의 개념을 사용한다. 법안에 대한 정당의 조정 기능이 잘 제도화되어 있는 의회 중심제 국가의 경우 우리 국회처럼 의원들이 유사 법안을 내거나 이를 병합하는 통계는 별도로 제공하고 있지 않으므로 굳이 법안 반영과 법안 통과/가결/성립을 구분하지 않는다. 미국은 발의된 법안에 비해 통과된 법안의 건수가 매우 작고, 그 가운데 다른 의원의 입법안을 병합하는 사례가 적지 않음에도 별도의 법안 반영 통계를 제공하지는 않는다. 따라서 이하에서는 각 나라에서 사용하는 법안의 반영/통과/가결/성립 수치를 그대로 따라서 입법 성과를 비교하기로 한다.

대통령제를 대표하는 미국의 의회

우선 대통령제를 대표하는 미국 의회의 입법 현황부터 살펴보자. <표 4-4>는 2015년 이후 최근까지 법안 발의와 통과 건수를 보여 준다. 표에서 볼 수 있듯이 114대에서 115대 의회 4년

표 4-4. 미국 의회의 입법 현황

기간	법안 발의[*]		통과
	법률안	공동 결의안	
114대 의회 (2015.01~2017.01)	10,174	149	329(통과율 3.2%)
115대 의회 (2017.01~2019.01)	11,199	215	443(통과율 3.9%)
합계	21,373	364	772(통과율 3.6%)

주: [*] 행정부의 법안 제출권이 없는 미국의 경우 법안 발의 건수에는 하원과 상원에서 발의된 법률안(Bills)과 상하원 공동 결의안(Joint Resolutions)까지만 법안에 포함했다. 공동 결의안은 법률안과 동일한 과정을 거치고 판례에 준하는 법적 효력을 갖는 것으로 알려져 있다.
자료: https://www.govtrack.us/congress/bills/statistics.

동안 미국 의원들은 2만1737건의 법안을 발의했다. 그 가운데 772건의 법안을 통과시키고 나머지 96.4%의 법안을 기한 만료로 폐기했다. 민주화 이후 13대 국회에서 20대 국회 전체를 통틀어 56.1%의 법안이 기한 만료로 폐기된 우리 국회와 비교하면 미국 의회의 입법 성적은 매우 저조함을 알 수 있다. 지난 20대 국회 4년만 따로 보더라도 우리 국회에서 기한 만료로 폐기된 법안은 전체 63.5%로 이 수치 또한 미국 의회와 비교할 수 없을 만큼 낮다.

국가 간 비교를 단순화하기 위해 연도별 평균을 계산하면, 미국 의회는 연평균 5434건을 발의해 193건을 입법한다. 535명의 선출직 상·하 의원 한 명당 평균 40.6건을 발의해 1.4건을 통과시키고 있는 셈이다. 이 수치가 어느 정도의 성과인지에 대해서는 다른 나라 의회를 모두 살펴본 뒤 우리 국회와 일괄

표 4-5. 프랑스 의회의 입법 현황

기간	법안 발의/제출		통과	
	의원	정부	의원 안	정부 안
13~15대 의회 (2010.10~2018.09)	3,258	827	165 (통과율 5.1%)	541 (통과율 65.4%)
합계	4,085		706 (통과율 17.2%)	

자료: www2.assemblee-nationale.fr/15/statistiques-de-l-activite-parlementaire.

비교하기로 하겠다.

준準대통령제 국가인 프랑스

프랑스는 어떨까? <표 4-5>에서 볼 수 있듯이, 13대에서 15대 의회 8년 동안 총 4085건의 법안이 발의/제출되고 그 가운데 706건의 법안이 통과되었다.

정부 제출 법안의 통과율은 65%이다. 이에 비해 의원 발의 법안의 통과율은 5%에 불과하다. 민주화 이후 13대 국회에서 20대 국회 전체를 통틀어 의원 발의 법안의 반영률이 39.6%인 우리 국회에 비하면 프랑스 의원들의 입법 성적은 매우 저조하다는 사실을 알 수 있다. 지난 20대 국회 4년만 따로 보더라도 우리 국회에서 의원 발의 법안의 반영률은 34.97%로 이 수치 또한 프랑스 의회와 비교할 수 없을 만큼 높다.

국가 간 비교를 단순화하기 위해 연도별 평균을 계산하면,

표 4-6. 영국 의회의 입법 현황

기간	법안 발의/제출		통과	
	의원	정부	의원 안	정부 안
55대 의회 (2010.05~2015.03)	619	137	32(통과율 5.2%)	121(통과율 88.3%)
56~57대 의회 (2015.05~2019.11)	545	128	28(통과율 5.1%)	101(통과율 78.9%)
합계	1,429		282(통과율 19.7%)	

자료: www.parliament.uk/business/publications/commons/sessional-returns.

프랑스 의회에서는 연평균 511건이 발의/제출되고 88건이 통과된다. 577명의 하원의원 한 명당 4년간 평균 3.5건을 심사해 0.6건을 통과시키고 있다. 이 수치의 의미에 대해서도 뒤에서 일괄적으로 살펴보겠다.

대표적인 의회 중심제 국가인 영국

의회 중심제 국가를 대표하는 영국의 입법 현황은 <표 4-6>과 같다. 2009년에서 2017년 사이에 총 1429건의 법안이 발의/제출되고 그 가운데 282건의 법안이 통과되었음을 알 수 있다. 정부 제출 법안 통과율은 83.8%인 데 비해 의원 발의 법안의 통과율은 5.2%에 불과하다. 이 역시 우리 국회의원들의 입법 성적과 비교하면 매우 낮은 수치가 아닐 수 없다. 전체적으로 보면 연평균 143건이 발의/제출되고 28건이 통과된다. 650명

표 4-7. 독일 의회의 입법 현황

기간	발의/제출		통과	
	의원	정부	의원	정부
17대 (2009~2013)	414	492	101(통과율 24.4%)	428(통과율 86.9%)
18대 (2013~2017)	258	530	61(통과율 23.6%)	482(통과율 90.9%)
합계	1,694		1,091(통과율 64.4%)	

자료: www.bundestag.de/resource/blob/196202/ee30d500ea94ebf8146d0ed7b12a8972/
Kapitel_10_01_Statistik_zur_Gesetzgebung-data.pdf.

의 하원의원 한 명당 평균 0.88건을 발의해 0.17건을 통과시키고 있는 셈이다.

정당의 입법 조율 권한이 큰 독일

독일의 양상은 조금 다르다. 꼭 필요한 법안을 내각과 정당, 그리고 의회 위원회의 구성원인 의원 사이에서 사전 조율을 거쳐 발의함으로써 그 가운데 대부분을 통과시키는 특징을 갖기 때문이다. 그 결과 17대에서 18대 의회 8년 동안 1694건이 발의되고 1091건이 통과되었다. 통과율이 65%에 가까운 매우 특별한 입법 성과를 보여 주는 것이 독일이다. 상·하원 의원 발의 법안의 통과율도 24% 정도로 다른 나라에 비해 매우 높다.

전체적으로 독일 의회의 입법 현황을 정리하면, 한 해 평균 212건의 법안이 발의/제출되고 그 가운데 136건이 통과된다.

표 4-8. 일본 국회의 입법 현황

기간	발의/제출		법안 성립	
	의원	내각	의원 안	내각 안
174~185회 국회 (2010.01~2013.12)	364	419	107(통과율 29.4%)	296(통과율 70.6%)
186~197회 국회 (2014.01~2018.12)	696	113	415(통과율 16.2%)	378(통과율 91.1%)
합계	1,894		894(성립률 47.2%)	

자료: http://www.shugiin.go.jp/internet/itdb_gian.nsf/html/gian/menu.htm.

하원 의원 709명[1]을 기준으로 보면 의원 1인당 평균 1.2건을 발의해 0.8건을 통과시키고 있는 셈이다.

동아시아 의회 중심제를 대표하는 일본

일본은 어떨까? <표 4-8>에서 볼 수 있듯이, 2010년에서 2018년까지 8년 동안 의회에서 1894건이 발의되고 894건이 통과되었다. 발의된 법안의 절반이 법률이 된다고 할 수 있다. 독일이나 영국과 마찬가지로 내각이 입법을 주도한다. 또한 독일이나 영국처럼 내각이 제출한 법안이 법률로 성립되는 비율

---

1 연동형 비례대표제와 지역구 소선거구제를 결합한 독일 선거제도는 초과 의석과 보정 의석을 발생시키기 때문에 하원 의원의 수가 늘 변동된다. 따라서 최근 총선(2017년)에서 선출된 709석을 기준으로 계산했다.

표 4-9. 국가 간 입법 현황 비교

	선출 의원 수[#]	의원 전체(4년 평균)		의원 1인당(4년 평균)	
		접수 법안 수	통과(반영) 법안 수	접수 법안 수	통과(반영) 법안 수
영국	650	572	112	0.88	0.17
프랑스	577	2,043	353	3.5	0.6
독일	709	847	544	1.2	0.8
미국	535	21,737	772	40.6	1.4
일본	710	947	447	1.3	0.6
한국	300	24,141	8,799	80.5	29.3

주: [#] 양원제 의회의 경우 임명직이 아닌 선출직 상원의원의 수를 포함한 수를 뜻한다.

(성립률)은 높지만 의원 법안의 성립률은 영국보다 훨씬 높고 독일과는 비슷한 수준이다.

일본 의회의 상황을 정리하면, 한 해 평균 매년 236.8건의 법안이 발의/제출되고 그 가운데 112건이 통과된다. 선출직 중의원과 참의원 710명을 기준으로 보면 의원 1인당 1.3건을 심사해 0.63건을 통과시키고 있다.

국가별 입법 성과 전체 비교

국가 간 입법 현황을 단순 비교하기 위해 4년을 단위로 접수 법안과 통과(반영/성립) 법안을 계산해 보자. 그리고 이를 나라별 의원 수로 나누어 의원 1인당 접수 법안 수와 통과 법안 수를 계산해 보자. 그 결과는 <표 4-9>와 같다.

표 4-10. 본회의 회당 평균 법안 통과/반영 수

	연평균 개회 일수	연평균 통과(반영) 법안 수	회당 평균 통과(반영) 법안 수
영국	160	31	0.2
프랑스	132	88	0.7
독일	110	136	1.2
미국	138	193	1.4
일본	54	112	2.1
한국	46	2,200	47.8

자료: 본회의 평균 개회일 수에 대한 자료는 전진영(2019), 법안 관련 수치는 20대 국회 기준이다.

이를 기준으로 보면 의원 1인당 검토해야 할 법안 건수는 한국이 미국의 2배, 프랑스의 23배, 영국의 91배, 독일의 67배, 일본의 62배나 된다. 의원 1인당 통과/반영/성립시킨 법안 건수는 한국이 미국의 21배, 프랑스의 49배, 영국의 172배, 독일의 37배, 일본의 49배에 이른다.

본회의의 의결 효율성 역시 세계에서 가장 높은 수준이다. <표 4-10>은 연평균 본회의 개회일 수와 통과(반영/가결) 법안 수를 통해 본회의 회당 평균 법안 반영 수를 보여 준다. 의회 선진국의 경우 보통 한 회당 0.2건에서 많아야 2.1건이다. 이에 반해 우리 국회 본회의는 회당 평균 50건에 가까운 법안을 입법에 반영시킨다. 많을 때는 본회의 하루에 200건 안팎의 법안을 표결로 통과시키는 사례도 이제는 예외가 아니다.

이상 살펴보았듯이 입법의 양적 성과를 기준으로 본다면,

우리 국회와 의원들은 다른 나라와 비교할 수 없을 만큼 많은 입법 활동을 하고 있다. 이 수치들로만 본다면 우리나라 국회는 입법 교착이나 양극화가 없는 '협력 국회'이자 '신뢰받는 국회'여야 마땅할 것이다. 이렇게 뛰어난 입법 성과를 내는 상황과, 팬덤 정치 같은 적대나 혐오의 정치는 얼핏 양립하기 어려운 일로 보인다. 하지만 우리 국회에서는 양립한다. 여야가 대립할수록 입법은 폭증했다. 요컨대 입법 폭증은 정치 양극화의 다른 얼굴이었고, 팬덤 정치는 의회정치의 퇴행과 부실화를 동반했다는 것이다. 법안의 발의와 심사 그리고 가결 상황을 좀 더 자세히 들여다보자.

4. 입법의 과정과 내용은 충실한가

부실하고 조급한 법안 발의

국회 개원 첫 한 달 동안 접수된 법안은 17대 93건, 18대 82건, 19대 327건, 20대 522건이었다. 이에 반해, 21대 첫 한 달은 1175건에 이를 정도로 법안 발의 경쟁이 가속화되었다. 법안

표 4-11. 21대 국회 7개월 최다 법안 발의 12인 현황

순위	의원(소속 정당)	발의 법안 수	의원 선수
1	정○○(민주)	102	재선
2	송○○(민주)	97	재선
3	정○○(민주)	85	3선
4	민○○(민주)	81	초선
5	이○○(민주)	78	초선
6	박○○(민주)	62	재선
7	박○○(민주)	58	재선
8	서○○(민주)	56	3선
9	송○○(민주)	54	재선
10	임○○(민주)	51	초선
11	강○○(민주)	50	초선
12	김○○(국힘)	49	초선
		총 823건 개인 평균 68.6건	평균 국회 재직 기간 3.6년

자료: 서복경(2020, 31)의 <부록 1>을 바탕으로 작성

을 작성해 회람하고, 동의하는 의원실의 검토를 거쳐 공동 발의 참여를 결정하는 기간을 고려하면 21대 국회 한 달 만에 1000건 이상의 법안이 발의되고 1만 건 이상의 공동 발의 결정이 이루어졌다는 것은 놀라운 사실이 아닐 수 없다.

<표 4-11>은 21대 국회가 개원한 2020년 5월 30일에서 12월 20일 사이에 최다 법안 발의 의원 12인의 성적을 보여 준다. 이들의 국회 평균 재직 기간은 3.6년이고, 이 가운데 0.6년의 국회 경험을 통해 모두 309건을 발의한 초선 의원이 5명이나 포함되어 있다. 상위 12인 전체가 국회 개원 7개월도 안 된 시점까지 발의한 법안 수는 모두 823개다. 이는 앞서 <표 4-9>

에서 보았듯이, 독일 의회와 일본 국회 전체가 4년 동안 발의한 법안에 버금가는 발의 수이자, 영국 의회가 4년간 발의한 법안 수를 훨씬 상회하는 수준이다.

조급하게 발의된 대규모 법안은 국회의 전반적인 의정 지원 활동에도 감당하기 어려운 부담을 주기도 한다. 상임위 전문위원과 법제실 등 입법 지원 기관의 역량은 그대로인데 법안 발의만 급증함에 따라, 법안의 질뿐만 아니라 검토 의견의 수준에도 영향을 미치게 된다. 입법 폭증을 가져온 법안 가운데는 법제처에서 일괄 정비해도 될 문구 정돈이나 한글 표기 등을 내용으로 한 사례가 상당수 차지하는 문제도 있다. "국회에서 법안 하나를 개정하려면 나무 수백 그루를 베어야 만들 수 있는 분량의 복사 용지가 필요하다"(손낙구 2021)라는 지적이 말해 주듯이, 무책임한 법안 발의는 자원의 낭비는 물론이고 의원을 포함한 입법 지원자들의 진지한 입법 활동을 저해한다.

이와 관련해 20대 국회 막바지인 2019년 11월 29일, 필리버스터 대상이 되어 논란이 된 '199개 민생 법안' 가운데 12월 10일 통과된 198건을 분석한 홍지웅(2021)의 조사는 흥미롭다. 통과된 전체 법안의 71.7%인 142건은 소위에 단 1회 상정되어 심사가 완결된 법안이었다. 34.8%에 달하는 69건은 법문 가운데 "판명된"을 "밝혀진"으로, "경과된"을 "지난"으로, "공익상"

을 "공익을 위하여" 등으로, 특정 단어를 고치는 법안이거나, 그런 법안을 포함하고 있는 대안이었다. 뿐만 아니라 이날 통과된 법안은 198건이었지만 여기에 병합된 법안을 모두 포함하면 반영된 법안은 500건에 이른다. 하루 만에 500건의 법안이 제·개정된 법률에 반영된 것이다.

사전 검토의 실종

발의 건수가 급증하면, 법안의 사전 검토에 들이는 노력은 물론 공동 발의자 규모도 축소될 수밖에 없다. <표 4-12>에서 볼 수 있듯이, 13대 국회에서 평균 공동 발의 인원이 73.2명이었던 데 반해 20대 국회에서 그 숫자는 12.5명으로 줄었다. 전체 의원이 참여하는 당론 발의의 사례를 제외한다면 사실상 평균 10명에 가까운 수치가 되었을 정도로, 공동 발의 인원을 늘려 법안의 통과 가능성을 높이려는 노력은 사라졌다고 할 수 있다. 사실상 공동 발의 제도 자체가 유명무실해진 상황이 되었다.

최소 인원의 공동 발의자로 접수된 법안의 수 또한 13대 국회 11건에서 20대 국회 1만465건으로 급증했는데, 그만큼 형식적 최소 요건만 갖춘 법안 발의 경쟁이 심화되었음을 보여

표 4-12. 민주화 이후 우리 국회의 법안 공동발의 현황

국회 대수	법안 발의 건수 (의원 발의 기준)	공동발의 평균 인원	최소 인원 공동발의 건수
13대	462	73.2	11
14대	252	66.6	7
15대	806	59.4	26
16대	1,651	39.0	143*
17대	5,728	21.3	1,097
18대	11,191	19.9	3,557
19대	15,444	13.6	7,144
20대	21,594	12.5	10,465

주: * 16대 국회 후반인 2003년 2월부터 공동발의 요건이 20인에서 10인으로 줄었음.
자료: 국회 <의안정보시스템>, 이은주 의원실 보도자료(2020/10/04)를 재구성.

준다. 과도한 법안은 공동 발의 과정에서 사전 법안 검토 기능
이 발휘될 수 없는 상황을 만들고 있다. 이 연구를 위해 익명을
전제로 인터뷰를 한 보좌진(12년 경력의 집권당 소속 의원실의 보
좌관 D씨)은 이렇게 말한다.

사전에 법안을 검토하고 공동 발의를 하는 일이 이제는 정상이
아니라 예외가 되고 있다. 의원이 카톡이나 텔레그램으로 연락을
받고 대충 법안 이름 정도를 확인하고는 공동 발의 승낙을 한다.
그러면 그 방 비서가 와서 도장을 받아 간다. 법안을 읽고 검토한
뒤 공동 발의 여부를 결정하지 않아도 되니 일은 줄었지만 이래
도 되나 하는 걱정이 들기도 한다. 의원 자신이 공동 발의를 하고
도 그 사실을 잊고 상임위 표결에서 기권을 하거나 심지어 반대

표 4-13. 민주화 이후 의원 발의 법안의 철회 현황

국회 대수	합계	의원/위원회	행정부
13대	49	47	2
14대	18	13	5
15대	47	32	15
16대	41	41	0
17대	89	86	3
18대	508	503	5
19대	172	172	0
20대	215	215	0

자료: 국회 <의안정보시스템>.

하는, 웃지 못 할 사례도 종종 있다. 이대로 가다가는 입법이 민주
정치의 원리가 아닌 시장체제의 무한 경쟁의 원리에 지배될 수도
있는 상황이다.

철회 법안의 증가와 법안 반영률의 상대적 저하

부실한 법안 발의는 철회된 법안의 수를 늘리는 결과로도 나타
나는데, 철회 법안의 압도적 다수는 의원 발의 법안이다. <표
4-13>은 13대 국회 이후 철회 법안의 현황을 보여 준다.

정치 양극화와 법안 폭증이 같이 시작된 18대 국회가 부실
한 법안이 가장 많았고, 이후에도 적지 않은 수의 법률이 철회
되었다. 어떤 측면에서 보든 법안의 질적 수준을 높이는 노력
이 절실한 상황이며, 법안 발의 건수에 집착하기보다 철회 법

그림 4-3. 법안 반영률 및 가결률의 하락

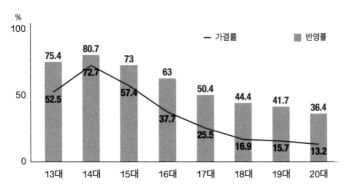

자료: 국회 <의안정보시스템>.

안을 내지 않는 것이 입법 활동의 평가 기준으로 더 중시되어
야 한다는 것을 시사한다.

　지나치게 많은 법안 발의는 법안의 질적 수준을 떨어뜨리는
것은 물론, 법안 반영률과 가결률을 낮추는 결과로 이어질 수
밖에 없다. <그림 4-3>은 법안의 가결과 반영 상황을 보여 준다.

　앞서 살펴본 국가들에 비해 우리 국회의 의원들이 발의한 법
안이 본회의를 통과해 법률에 반영되는 성과는 높다고 해도,
현재와 같이 법안이 과도하게 발의되는 상황에서는 반영률과
가결률이 전처럼 높아지기는 어려울 것이다.

표 4-14. 법안 심사 소위의 심사 현황

| 국회대수 | 전체 법안 소위 | | | 상임위별 법안 소위 | | | 상정 법안당 | 전체 법안당 | |
	개최 일수	회의 시간 (시간)	소위당 1회 평균 시간 (시간)	소위 개최 일수	연평균 개최일	소위 상정 법안 수	평균 심사 시간 (분)	접수 건수	평균 심사 시간 (분)
17대*	258	960	3.7	16.1	10.7	2,536	22.7	7,489	21.2
18대	729	2,687	3.7	48.6	12.2	8,376	19.3	13,913	11.6
19대	667	2,932	4.4	41.7	10.4	9,836	17.9	17,822	9.9
20대	674	2,668	4.0	33.7	8.4	12,224	13.1	24,141	6.6

주: * 2006년 이전 소위 관련 자료는 입력이 되어 있지 않기에, 17대 법안 소위 자료는 2007년 1월 1일부터 2008년 5월 29일까지 약 1년 반에 해당한다. 따라서 연평균 개최일 수 및 전체 법안당 평균 심사 시간은 4년으로 환산한 추정치임을 밝혀 둔다.
자료: 대수별/회기별 "국회 경과보고서."

법안 심사 시간의 절대 부족

법안 심사에 쏟는 시간을 살펴보자. 18대를 기점으로 법안 심사소위 개최일 수와 개최 시간이 증가하기는 했지만, 법안 숫자의 증가 속도를 따라갈 수는 없는 상황이다. <표 4-14>는 법안 심사 소위에 상정된 법안 수를 기준으로 그간 소위에서 법안 1건당 들인 평균 심사 시간을 보여 준다. 17대 국회 23분, 18대 국회 19분, 19대 국회 18분, 20대 국회 13분으로 줄어든 것을 볼 수 있다.

접수된 법안을 모두 심사한다고 가정하면 법안 한 건당 심사에 들일 수 있는 시간은 20대 국회 기준 6.6분에 불과하다. 법안 심사 소위의 수를 늘린다 해도 충분한 심사와 토론, 조정, 합의의 시간을 가질 수 없는 상황이다.

20대 국회를 기준으로 동료 의원이 낸 법안을 건당 15분 정도 검토할 의지를 가진 의원이 있다고 해보자. 그 의원이 법안을 검토하는 데 걸리는 시간은 6000시간에 이른다. 이는 휴일을 뺀 1년 300일을 매일 4시간씩 다른 일은 하지 않고 법안만 검토한다고 해도 5년이 걸린다는 뜻이다.

법안의 수를 줄이고 질을 높이는 노력이 전제되지 않는 한, 현재는 동료 의원들이 낸 법안에 관심과 열의를 가지고 싶어도 가질 수 없는 상황이다. 자신 혹은 자신과 가까운 의원들이 낸 법안에 관심을 보이는 정도가 현재 의원들이 할 수 있는 '현실적 최선'인 셈이다.

입법자들 스스로의 문제 인식

우리 국회의 입법 활동이 어떤 문제를 안고 있는지에 대해서는 다른 누구보다 국회의 입법 활동을 주관하는 의원들 스스로가 잘 알고 있다. 이 연구를 위해 익명을 전제로 인터뷰를 한 의원과 보좌진의 생각은 다음 몇 개의 답변에서 잘 드러난다.

20대 국회에서 법사위원을 지낸 집권당 소속의 A의원은 법사위를 거쳐 간 법안 가운데 몇 개 정도를 기억하는지 묻는 질문에 이렇게 답했다.

솔직히 내가 낸 법안이나, 쟁점이 크게 된 법안 몇 개를 빼고는 기억하지 못한다. 기억할 수가 없는 게 현실이다. 사전에 법안을 읽고 상임위 전체 회의나 소위에 참석하기에는 법안이 너무 많다. 의원실 구성원들이 나눠서 검토한 의견을 겨우 취합해 가는 정도다.

20대 국회 상임위원장을 지낸 야당 소속의 B의원은 과잉 입법의 부작용을 묻는 질문에 대해 이렇게 답했다.

부실한 법안이 한두 개가 아니다. 법안 발의 실적 그 자체에 연연하는 의원들이 많다. 국회의원이라면 자기 이름의 제정법 하나쯤은 만들어야지 하는 의원들도 많다. 사회가 필요로 하는 법이 아니라 의원들을 위한 법 만들기가 우리 국회를 지배하고 있다. 그러면 세상은 법 만능주의가 지배하게 된다. 20대 국회를 거치며 법률의 수가 1500개를 넘었는데 이렇게 많은 법률은 시민 생활을 고소와 고발, 소송으로 넘쳐 나게 만든다. 법률이 많아지면 그걸 집행할 관료제의 규모가 늘고 행정부의 영향력만 키우게 되는 부작용도 있다.

의원의 입법 활동을 뒷받침하는 보좌관들 역시 지금과 같은 입법 활동에 문제가 있다는 것을 잘 인식하고 있다. 16년 경력의 의원실 보좌관 경험을 가진 야당 소속 보좌관 C씨는 과거와 달라진 입법 상황을 묻는 질문에 이렇게 답한다.

입법은 너무 중요하다. 시민들의 권익을 증진하고 사회 갈등을 완화하는 데 있어 입법보다 중요한 게 없다. 그런데 많은 법안이 그런 기능을 하지 못한다. 좋은 법안도 있고 중요한 법안이 없는 게 아니지만, 모든 법안을 책임 있게 살펴보고 대응하기에는 일단 법안이 너무 많다. 발의 건수 자체가 대폭 줄지 않으면 국회 기능의 왜곡이 불가피하다. 전에는 의원과 함께 의회정치를 함께 이끈다는 자부심이 있었으나 점점 입법 기술자가 되는 느낌이다. 의원들도 다른 사람이 낸 법안은 거의 안 본다. 지금 국회에서 입법은 솔직히 국회 차원에서 이루어지는 일로 보기 어려워졌다. 여야로 나뉘어 심각하게 대립하다가도, 때가 되면 한 번에 몰아서 수백 건씩 통과시킨다. 국회가 만든 법률을 국회도 의원도 책임질 수 없는 상황이다.

5. 입법 폭증과 팬덤 정치
: 같은 원인의 두 결과

입법의 권위 약화

국회의 입법 활동은 크게 4가지 기능을 가진다. 첫째는 정책 기능이다. 둘째는 사회 통합 기능이다. 셋째는 갈등 관리 기능이다. 마지막으로 넷째는 체제의 정통성 제공 기능이다(박찬표 2002). 하지만 과도한 법안 발의와 빈번한 법안 제·개정은 법안 심사와 토론, 조정 등 국회의 입법 기능 자체에도 심각한 과부하를 낳고 있음은 물론이고, 사회 대표와 사회 통합 기능, 예결산과 행정부 견제 기능 등 국회가 해야 할 다른 역할도 어렵게 만드는 문제가 있다.

또한 잦은 법 개정과 제정은 법의 권위를 약화시킨다. 아리스토텔레스는 자신의 책, 『정치학』에서 이렇게 말한 바 있다.

법을 쉽게 바꾸는 습관은 좋지 않으며, 법을 바꿔서 실익이 크게 없다면 … 내버려두는 게 분명 더 바람직하다. … 법은 습관 외에는 사람을 복종시킬 다른 힘이 없다. 그런데 습관은 오랜 시간이 지나야 형성된다. 그래서 기존의 법을 새 법으로 쉽게 바꾸면 법의 힘은 약해지기 마련이다(아리스토텔레스 2009, 102).

새 법률에 상응하는 행정 기능의 확대로 인해 예산 증대와 관료제 확대로 이어지는 부작용도 있다. '행정부 청부 입법'을 통해 입법 성과를 늘리려는 유혹에 의원들의 취약성도 커진다.

정치 양극화와 고소·고발·소송 만능 대한민국

법안의 폭증과 입법의 과잉은 지나치게 법에 의존하는 사회, 고소와 고발을 양산하는 사회를 낳는다. 양극화된 여야 정당 사이에서도 갈등을 정치적으로 다루기보다는 법으로 해결하려는 경향을 키운다. 이는 국회에 대한 신뢰도에도 당연히 부정적인 영향을 미친다.

우선 국회의원이 범죄 사건의 대상자로 고소·고발된 현황을 보면, 2017년에 133명이던 것이 2018년에는 1344명으로 대폭 늘었다. 2019년은 3분기에 이미 1500명을 넘어섰다. 단순 계산하면 의원 1명당 평균 5.26건의 사건에 연루되었음을 보여 준다(<그림 4-4>).

국회만이 아니라 사회 역시 법의 처벌에 호소하는 경향이 만연해 있는 상황이다. 2018년 고소·고발 사건 통계를 보면 48

그림 4-4. 국회의원 범죄사건 접수 현황

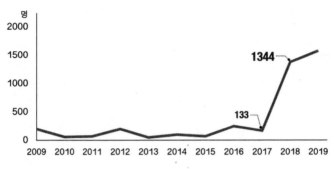

자료: 『시사저널』(2019).

만8954건에 71만4111명이, 2019년에는 51만3533건에 77만
2040명이 형사사건에 연루되었음을 알 수 있다. 이는 연평균 1
만5000건 안팎의 고소·고발이 이루어지는 일본의 50~60배에
해당하는 건수로서 국회의원 간 신뢰만이 아니라 시민 개개인 사
이의 신뢰 역시 매우 낮은 상황임을 말해 준다(대검찰청 2020).
소송 건수로 보면 상황은 더 심각하다. 2019년도 전체 소송 건
수는 658만 건으로, 이를 즉시 해결한다고 해도 365일 동안 매일
1만8000건 가량을 처리해야 할 정도의 규모다(대법원 2020).

　의원들 사이의 정치 양극화는 의원 연구 단체의 현황으로도
쉽게 확인할 수 있다. 의원 연구 단체 제도의 취지는 정당을 달
리하는 의원 간 공동 연구와 입법 협력의 활성화를 지원하는
데 있다.

그림 4-5. 배타적 의원 연구회

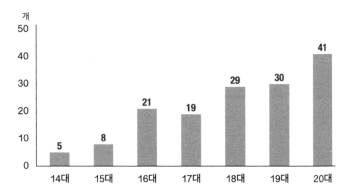

자료: 국회 "연구 단체 등록 현황"

하지만 <그림 4-5>에서 볼 수 있듯이, 국회 운영을 이끄는 두 주축 정당(집권당과 제1야당) 사이에서 상대 정당 의원을 한 명도 참여시키지 않거나 최소 인원인 1명만 참여시키는 '배타적 의원 연구회'의 수가 증대되어 왔다.

정치 양극화와 입법 성과의 역설적 조합

본회의 표결 양상으로 보면, ① 같은 정당 내에서 의원들의 이탈투표가 거의 없을 만큼 '투표 응집도'가 높을 뿐 아니라, ② 정당 간에도 입법 대립이 거의 없을 만큼 압도적 찬성투표로 법안이 통과된다는 것을 알 수 있다. 정당 응집도가 높은데도 입법 대립이 없는 우리 국회 본회의의 표결 양상은 다른 나라에서 유사 사례를 찾기 어렵다(문우진 2011).

2020년 9월 24일 본회의에서 가결된 72개 법안의 본회의 표결 현황을 보면, 평균 찬성률은 94.5%, 평균 반대율은 1.3%, 평균 기권율은 4.2%로 나타난다(국회 의안정보시스템 2020). 수치로 나타난 표결 정보로만 보면 정당 내 이탈표나 정당 간 표결 대립이 거의 없는, 사실상 만장일치에 가까운 양상이다.

하지만 중요 갈등 쟁점이나 정치 현안을 둘러싸고는 극단적으로 대립하는 정치 양극화의 격화된 양상은 우리 국회의 또 다른 모습이다. 한마디로 말해, 여야 정당이 극단적으로 대립하다가도 엄청난 분량의 '비쟁점 법안'을 일괄 합의 처리하는 일이 관행화되어 온 것이 우리 국회의 특징이다.

이는 ① 법안의 건수와 수치를 통해 의원의 입법 활동을 순위 매겨 온 언론과 시민단체들의 평가 방식, ② 마찬가지로 법안의 건수와 수치를 통해 의정 활동의 성과를 과시하고자 하는 의원 개개인의 욕구, ③ 나아가 '일하는 국회'의 모습을 양적 입법 성과의 수치로 보여 주고자 하는 여야 공조 체제가 서로 결합해 만들어 낸 결과라고 할 수 있다.

이렇게 해서 만들어진 법안 폭증 국회에서 법안의 합의 통과 여부에 영향력을 발휘하는 것은 행정부의 거부권과 상임위 전

표 4-15. 주요 국가의 의회 신뢰도

단위 : %

	미국	일본	한국	뉴질랜드	독일	스웨덴
6차 조사 (2010~2014)	20.2	19.8	25.5	35.7	43.5	59.3
7차 조사 (2017~2020)	14.8	31.1	20.1	38.9	42.3	n/a

주: 응답률 가운데 '매우 신뢰한다'와 '어느 정도 신뢰한다'를 합한 수치다.
자료: World Value Survey.

문위원의 검토 보고가 될 수밖에 없다. 우리 국회가 과도한 법안 발의와 반영 건수 늘리기 경쟁으로 치닫게 되면 선출직 의원보다 비선출직 관료제의 영향력을 키우는 결과로 이어진다는 점을 알 수 있다.

이상에서 살펴본 상황은 결국 저신뢰 국회로의 퇴락을 가져왔다. 1990년대 초 조사에서는 세 명 가운데 두 명의 응답자가 국회에 대해 긍정적 평가를 보인 반면, 1990년대 중반 이후 지금까지 국회에 대한 긍정 대 부정 평가는 평균 3 대 7 정도로 역전되어 나타났다(박경산·이현우 2009). <표 4-15>가 보여 주듯, '세계가치관 조사'World Value Survey 결과를 기준으로 보면, 최근 우리 국회는 일본·미국과 함께 대표적인 의회 저低신뢰 국가 유형으로 분류되고 있다.

변화가 필요한 우리 국회

대통령이 없어도 민주주의는 가능하지만, 의회 없는 민주주의 국가는 없다. 영국, 네덜란드, 노르웨이, 덴마크, 스웨덴, 룩셈부르크, 벨기에 모두 정식 국가 명칭은 왕국이나 대공국이지만 민주주의의 선진국들이다. 이들 모두 의회가 민주정치의 중심인 국가들로서, 대통령제든 왕국이든 의회가 제1의 주권 기관으로 기능할 때에만 민주주의가 발전한다는 점을 말해 준다. 이와 관련해 영국의 명예혁명을 이론적으로 뒷받침했던 존 로크는 이렇게 말한다.

국가의 구성원들이 단결하고 서로 결합하고 하나의 일관된 살아 있는 일체로 되는 것은 바로 입법부를 통해서다. 따라서 입법부는 국가의 형태, 생명 및 통일성을 부여하는 영혼이다. 이것을 통해서 구성원들은 상호 영향력을 행사하고, 공감을 느끼며 또 결속된다. 따라서 입법부가 파괴되거나 해체될 때에는 사회의 해체와 죽음이 뒤따른다(로크 1996, 202).

국회가 없다면, 법과 정책이 가져야 할 정당성의 기반을 갖출 수 없다. 여야 시민 모두에게 구속력을 갖는 법률의 공적 효력도 만들어질 수 없다. 사회 통합과 갈등 관리 역시 불가능하다. 거리에서든 여론 시장에서든 경쟁적 세勢 동원을 통해 배타적인 목표를 추구하려는 갈등만 격화될 수밖에 없게 된다. 그 결과는 장 자크 루소가 경고했듯, 정치체의 사망이다.

정치체의 생명 원리는 주권이다. 입법권은 국가의 심장이다. 행정권은 모든 부분의 운동을 일으키는 두뇌다. 두뇌가 정지되어도 개인은 계속 살 수 있다. 사람은 지능이 떨어져도 산다. 하지만 심장이 기능을 멈추면 그 즉시 죽는다. 국가는 법이 아니라 입법권에 의해 존속된다(루소 2018, 110-111).

우리 국회의 입법권은 어떻게 실천되고 있을까? 얼마나 많은 법률이, 어떤 방식으로 만들어지고 있는가? 입법자들 사이에서 법안의 심사와 토론, 조정의 역할은 얼마나 협력적으로 이루어지고 있는가? 다른 나라 의회의 입법 활동과 비교해 우리 국회의 입법 활동은 어떤 특징을 갖는가? 입법권이 낭비되거나 권위를 잃고 있지는 않은가?

앞서 충분히 살펴보았듯이, 양적인 측면에서 우리 국회의 입법 활동은 세계 최고다. 하지만 양적인 측면과는 달리 질적인 측면에서 볼 때 수준 높은 입법 활동이 이루어지고 있는가에 대해서는 긍정적으로 답하기 어렵다. 오히려 법안 통과를 손쉽게 달성하려는 근시안적 접근이나 입법 기술만 발전하고 있는 것은 아닌지 돌아봐야 할 상황이다. 20대 국회 기준으로 5563건의 법안이 병합 심의되었는데, 이를 '대안 반영'의 성과로 국회 <의안정보시스템>에 기록되는 일을 좋게 평가하기도 어렵다.

언론과 SNS 등 여론의 주목을 끄는 도덕적 법안이나 여론 영합적 법안의 발의와 통과가 많아지는 것도 문제다. 이로 인한 법률의 급격한 증대는 법체계의 안정성을 위협하며, 국회에 대한 신뢰를 낮추고, 의회정치의 전망을 어둡게 한다. 13대 국회에서 20대 국회까지 1314건의 법률이 새롭게 제정되었고 그 가운데 특별법이 10% 이상을 차지하고 있는 것도 법의 안정성을 위협하는 일이다.

과도한 법안 발의는 ① 멀리는 민주화로 인해 국회의 위상이 강화된 것에서 연유하고, ② 2000년 2월 국회법 개정으로 법제명 아래 대표 발의자 이름을 명기한 것(법안 실명제)의 효과도 있고, ③ 2003년 발의 요건이 20인 이상에서 10인 이상으로 축소한 것도 영향을 미쳤으나, 다른 무엇보다도 ④ 언론과 시민단체가 의원의 의정 활동을 평가할 때 법안 발의 건수와 같은 양적 지표를 과용한 것과 ⑤ 정당의 공천 심사에서 입법의 양적 성과를 반영한 것의 영향이 컸다고 볼 수 있다(서복경 2020).

더 근원적인 원인은 정당의 정책 조정 기능이 약화된 것에서 찾을 수 있다. 극히 일부의 당론 법안을 제외하면, 의원들 사이의 분담과 협업 노력이 정당 차원에서 조율되는 입법의 사례는 많지 않다. 그 결과 입법은 정당 내에서 조정을 거친 후 정당 사이에서 경쟁과 타협의 과정을 통해 이루어지기보다는 "300명 의원들 개개인의 무한 경쟁 체제"로 전개되고 있는 것이 우리 국회의 입법 현실이 되었다(박선민 2020).

우리 정당들은 정책적으로나 이념적으로 다르지 않다. 달랐다면 앞에서 본 것과 같이 세계 최고의 입법 실적은 불가능하다. 다르지 않은데 서로 적대하고 혐오해야 한다. 즉 정당들이나 당내 정파들이 겉으로는 서로 적대하고 혐오하지만, 이는 실제로 그럴 만큼 큰 차이가 있어서가 아니다. 우연히 다른 정당, 다른 정파에 속하게 되었을 뿐, 실제 입법을 할 때는 개인별 실적 경쟁이 지배한다.

자기 지역구에 선심 예산이나 개발 혜택을 가져올 법안은 여야 구분 없이 모두가 열심이다. 여야로 나뉘어 싸우는 일은 대통령 관심 의제나 팬덤 동원에 필요한 의제들이다. 그런 의제들은 검찰 개혁이나 인사청문회 등 몇 가지뿐이다. 그런 식으로 겉으로는 다투지만 막상 대부분의 입법안은 제대로 된 심의 없이 서로의 편의를 봐주는 차원에서 소리 없이 이루어진다.

요컨대 팬덤 정치가, 신념도 이념도 큰 차이가 없는 정당 경쟁의 환경에서 모두가 여론의 주목을 받고 대통령이나 당권에 가까이 가려는 이른바 권력 경쟁의 산물이라면, 법안 폭증 역시 같은 원인에서 발원하는 또 다른 현상이 아닐 수 없다. 팬덤 강경파로 알려진 의원들이 법안 발의 수에서도 매우 높은 순위를 차지한다는 사실은 이를 잘 보여 준다.

'여의도 렉카'라는 국회 조롱

끝으로 웃지 못 할 이야기로 이 장을 마무리할까 한다. 국회 보좌진들과의 세미나 자리에서 '여의도 렉카'라는 말을 들은 적이 있다. 정치권을 상징하는 '여의도'와 견인차를 뜻하는 '렉카'의 합성어로, 국회 관련 비공식 커뮤니티에서는 이미 익숙한 용어라고 한다. 온라인에서 이슈가 생길 때마다 짜깁기 영상을 올려 조회 수를 늘리고, 그러다가 아니면 말고 식의 행태를 가리키는 '사이버 렉카'라는 말의 '국회판'이다.

세미나 토론자였던 J비서관은 "여의도 렉카 현상으로 본 우리 의회정치"라는 발표문에서 여의도 렉카를 이렇게 정의했다. "(사고 현장에 먼저 도착하기 위해 분주히 움직이는 렉카처럼)

단시간에 쟁점이 된 사안에 먼저 개입해 정치적 이득을 획득하고자 하는 행태 혹은 그런 행태를 보이는 정치인들을 낮잡아 이르는 신조어"라고 말이다.

J비서관이 지적한 문제를 국회 보좌진이라면 누구나 잘 알고 있다. 이런 식이다. 우선, 이슈가 제기되면 빠르게 어느 한 진영의 편에 선다. 그러고는 이슈의 당사자를 향해 정치적 메시지를 던진다. 그러면서 관련 국가기관의 개입을 촉구한다. 뒤이어 사안과 관련한 법안을 발의한다. 그렇게 해서 여론의 관심을 얻고 입법 실적도 쌓았으니 그 뒤에는 사실상 '나 몰라라' 한다. 이게 끝이다.

남들보다 빨리 이슈에 개입해 주목을 받고, 추후 발생하는 갈등과 책임은 국가기관에 떠넘기고, 또 다른 이슈에 빠르게 출동하는 것으로 정치 활동을 하는 것, 이것이 렉카 정치의 본질이다. 렉카 정치는 심화되고 있는데, 그 원인을 어디에서 찾을 수 있을까?

J비서관은 두 가지를 꼽았다. 첫째는 '계량화 만능의 실적주의'다. 당 지도부는 의원들의 언론 활동과 입법 활동 등을 모두 건수로 제출하게 하는 방식으로 구성원들을 통제한다. 그 결과 국회의 본래 기능인 갈등 조정과 사회 통합 기능을 의원들이 중시할 여유는 없어졌다. 의원들 사이의 우애나 동료애도 찾아

볼 수 없다. 법안 발의와 언론 노출로 겨우 명맥을 유지하고 있는 게 국회다. 의원들은 자신들의 정치적 무능을 입법 실적으로 면피한다. 언론에 자주 노출되면 무능함을 유능함으로 분식할 수 있다. 법안의 수나 언론 기사의 빈도로 의정 활동이 평가되는 상황에서 렉카 정치는 효과적이다.

둘째는 정치 영역이 협소해졌다. 여야 사이의 적대와 대립이 극심해지면서 의원들이 정치력을 발휘할 공간은 좁아진다. 여야 대결 상황이 풀린다 해도 원내 대표 간 일정이 합의될 때까지, 의원들은 지켜볼 수밖에 없다. 가까스로 국회 일정이 시작된다고 해도, 처리 안건은 원내 지도부와 간사 간 합의에 따른다. 개별 의원이 할 수 있는 일은 상임위 전체 회의에서 행정부에 질의하는 정도다.

의원들은 '스스로 빛나고 싶어 하는' 특별한 존재다. 단시간에 이목을 끌 수 있는 어떤 이슈라도 찾으려고 한다. 그렇게 해서라도 빛나야 한다. 양극화된 진영 정치는 의원들의 이런 마음 상태를 더 조급하게 만들고 이것이 결국 여의도 렉카를 부른다.

렉카라고 조롱받는 정치는 정치가 아니다. 상황이 나빠졌어도 의원은 시민의 대표이자 입법자로서 책임 있고 권위 있는 역할을 해야 한다. 여론에 아첨할 의제가 아니라 진정으로 중요한 의제를 챙겨야 한다. 법안을 남발하는 의원은 비난받아야 한다. 꼭 필요한 법안을 충분히 준비하고 검토해 발의하는 의원이 더 좋게 평가받아야 한다.

절박함을 호소하는 이해 당사자를 만나고 갈등을 조율하고 현실적인 최선을 찾아내야 한다. SNS에 올린 글로 기사에 나는 렉카 의원도, 그런 기사를 쓰는 렉카 언론도 민주정치를 위협하는 존재로 비판되어야 한다.

5장

무엇이
팬덤 민주주의를
불러오는가

1. 민주주의에 대한 오해

앞서 팬덤 현상의 특징을 다룬 1장과, 팬덤 행위자의 여러 유형을 살펴본 2장, 팬덤 당원과 팬덤 정당의 문제들 다룬 3장, 그리고 팬덤 정치와 입법 폭증이 병행되는 국회의 문제를 다룬 4장에 이어 5장에서는 민주주의의 차원에서 팬덤 정치의 문제를 조명해 본다.

순수한 직접 민주주의인가, 균형 있는 혼합 민주주의인가

우선 1장에서 자세히 살펴보았듯이, 팬덤 정치를 적극적으로 지지하고 이런저런 활동에 열심히 참여하는 사람들은 자신들을 새로운 민주주의자로 생각한다. 이들 팬덤 대중이 원하는 것은, 팬덤 리더를 통해 정치를 직접 통제할 수 있는 직접 민주주의다. 그래서 이를 실현하지 못하게 만드는 기성의 언론과 정당, 나아가 국회를 (전화, 문자, 댓글, 팩스, 후원금, 뉴미디어, 온라인 당원 참여 등 할 수 있는 모든 것을 활용해) 직접 제재하려 한다.

의제의 제안과 숙려, 심의, 조정, 타협, 합의, 수용의 긴 민주적 절차와 과정을 견딜 수 없어 한다는 점에서 이들이 생각하는 민주주의는 '조급한 민주주의' 내지 '화내는 민주주의'에 가깝다. 국회의원을 적법하게 선출된 시민 대표로 보는 것이 아니라, 없어도 되는 대리 집단, 자신들의 잇속만 챙기는 특권 집단, 팬덤 리더를 배신하는 '수박' 집단으로 보고, 그들을 심판하고 처벌하고 배제하려 한다는 점에서, 일종의 '응징하는 민주주의'라고 할 수도 있다.

'수박 정치인'들은 함부로 해도 된다는 민주주의, 그들에게 기회를 주면 안 되고 그렇기에 당장 행동에 나서야 한다는 성급한 민주주의, 그리고 이 모든 것이 정치인들로 하여금 정치를 똑바로 하게 하려는 팬덤 시민들의 진정성에서 비롯된 것이라는 주장은 지나치기도 하고 따라서 비판하기도 어렵지 않다.

하지만 문제는 그 뒤에, 국민이든 유권자든 시민이든 당원이든 직접 나서야 한다는 직접 민주주의의 이상이 있다는 것이다. 생각보다 이 문제를 비판적으로 다루는 것은 어렵다. 진보를 포함해 우리 사회의 많은 이들이 대의 민주주의는 문제가 있거나 나쁜 민주주의이고, 직접 민주주의는 진짜 민주주의 혹은 좋은 민주주의라고 생각하기 때문이다. 그러므로 할 수만 있다면 직접 민주주의로 바꾸는 것이 '진보적'이고 '개혁적'인 것처럼 주장하곤 한다. 흥미롭게도 바로 그렇기 때문에 정당을 당원 직접 결정제로 바꿔야 한다는 팬덤 민주주의자들의 주장 앞에서 정당들은 쩔쩔매고 있다. 정당에서 당원들이 품을 수 있는 야심은 어디까지일까?

국가나 정당의 주요 의제를 국민과 당원이 직접 투표해서 결정하는 것이 민주적이라는 주장은 절반은 맞고 절반은 틀리다. 맞다는 것은 그렇게 단순한 민주주의론도 있다는 것이고, 틀리다는 것은 오늘날의 민주주의는 그런 단순한 민주주의가 낳은 문제를 개선하면서 그와 다르게 발전해 왔다는 것이다.

현대 민주주의를 개척한 사람들은 그 단순한 민주주의를 순수 민주주의pure democracy라고 불렀고, 선동에 취약하다는 단점 때문에 괴로워했다. 그래서 순수한 금속보다 합금이 더 강하고 견고하듯이 순수 민주주의를 다양한 요소로 보강하려고 했다. 순수 민주주의에서는 중시하지 않는 것들, 예컨대 안정된 정부 조직, 경쟁하는 복수의 정당, 다양한 이익 결사체와 사회운동, 책임 있는 정치가의 역할 등을 통해 좀 더 평화롭고 오래 가는 민주주의를 만들고자 한 것이다.

현대 민주주의는 민주주의와 민주주의가 아닌 것들의 혼합 체제이다. 이를 구성하는 여러 부분 체제들(예컨대 다원적 정당 체계, 독립된 사법부, 자율적 노사관계, 법의 지배와 의회주권 등)이 서로를 견제하는 동시에 균형을 이뤄 사회 전체를 잘 질서 잡한well-ordered 공동체로 발전시킬 때 현대 민주주의는 가치를 갖는다. 순수한 민주주의론은 단순해서 사람들을 현혹하는 데는 효과적이나 우리가 실천하고 있는 실제의 민주주의를 오해하게 만든다.

생각해 보자. 독자가 주인이라며 신문사 사장과 편집국장 인선은 물론 기자 선발을 독자들의 직접 투표로 결정하면 어떻게 될까. 새로운 시민 정치의 길을 열겠다며 시민단체들이 회원들의 투표로 대표를 뽑고 사무국장을 선출하면 어떻게 될까. 어떤 신문사나 단체도 오래 버티지 못할 것이다. 혼란도 피할 수 없을 것이다. 독자나 회원, 후원자에서 활동가, 운영진에 이르기까지 각자의 역할을 나누고 책임을 분담할 수 있는 체제를 만들지 못하면 좋은 언론, 좋은 단체는 유지하기 어렵다. 자칫 외부자의 손에 조직의 운명을 맡겨야 할 수도 있다.

국회의원에 대해 국민소환을 실시한다고 가정해 보자. 누가 소환 대상이 될까. 소수자를 대표하는 의원들이다. 차별금지법을 지지하는 의원들부터 줄줄이 대상자가 될 것이다. 누가 소환 운동을 주도할까. 대형 교회나 극단적 지지자 단체들이 나서겠지만 그건 시작에 불과하다. 그들에 반대하는 또 다른 집단, 또 다른 극단적 지지자들의 소환 운동이 맞붙을 것이기 때문이다. 경제적 이익과 관련된 사안이 등장하면 국민소환을

비즈니스로 삼는 정치 기획사들도 출현하게 될 것이다.[1]

더 큰 문제는, 소환이 실현되는 사례는 거의 없는 반면, 그 과정에서 겪어야 할 갈등과 적대가 심각할 것이라는 점이다. 그간 지방자치 수준에서 주민 소환이 100여 건 가까이 시도되었으나, 실제 소환에 성공한 사례는 거의 없는 반면 소환을 추진하는 과정에서 지역사회 내부에 해소되기 어려운 분열과 소송의 상처를 남겼다. 주민 소환이 이 정도인데, 국민소환까지 허용된다면 그 파장은 훨씬 더 클 수밖에 없다.

국민의 직접 참여를 통해 예산을 결정하면 어떻게 될까. 사회적 약자를 위한 사업이나 재분배 예산이 늘어날까. 그렇지 않다. 그간의 주민 참여 예산제가 보여 준 것은 지역의 부동산 가치를 높이는 개발이나 공원 조성, 폐쇄 회로 텔레비전CCTV 설치 등에 예산이 집중된다는 사실이다. 누가 참여하고, 누가 결정을 주도하기에 이렇게 될까. 변호사, 교수, 지역 언론 대표, 시민운동가 등 지역 내 명사들이 참여하고 공무원들이 주도한다. 장애인과 가난한 주민을 위한 예산은, 회의록도 제대로 남

1 　미국의 대표적인 주민 투표 기획사 '위너 앤 맨더바크'(Winner & Mandabach)의 사례에 대해서는 Luce(2012)를 참조할 것. 기업 이익을 대표했던 이 기획사의 주민 투표 승소율은 90%였다.

기지 않는 주민 참여 예산 위원회보다 지방의회에서 더 많이 결정된다(유병욱 2022).

국민 청원으로 정부를 운영하는 것은 어떨까. 지난 정부의 '청와대 국민 청원'처럼 20만 명 이상의 국민이 동의한 청원대로 정책을 결정하면 새로운 민주주의가 이루어지지 않을까. 정당을 해산시키라는 청원, 대통령을 파면하라는 청원, 장관을 쫓아내라는 청원, 형기를 마친 죄수를 나오지 못하게 하라는 청원이 그대로 집행되면 어떻게 될까. 그렇게 하지도 못할 것이고, 그렇게 해서도 안 되겠지만, 만의 하나 그렇게 한다면 민주주의는 붕괴될 것이다(백은미 2022).

정당의 국민 경선도 생각해 보자. 민주주의에서 유권자·시민은 각 정당이 내세운 공직 후보자들 가운데 누구에게 주권을 위임할지를 결정하는 최종 심판자다. 이를 위해 정당은 공직 후보자를 양성하고 공천해 시민·유권자에게 그 명단을 제출하는 역할을 한다. 그런데 특정 정당의 공직 후보 경선에 해당 정당 소속이 아닌 사람이 국민이라는 이름으로 참여해도 좋을까. 심판이 선수로 뛰는 것이 이상하듯, 국민 참여 경선 역시 불합리한 일이며, 결국 정당정치를 혼란에 빠뜨리는 결과를 낳았다.

같은 이야기를 주권과 기본권의 개념을 통해 다시 살펴보자. 주권자란 누구인가. 그 집단의 공적 결정에 구속받는 자이다.

영국 의회가 내린 결정에 구속받지 않겠다는 것이 미국의 독립 혁명이었다. 같은 영어권 국가라고 해서 영국 시민이 미국 의회가 만든 법률을 준수할 이유는 없다. 마찬가지로 영국 선거에 미국인이 투표권을 행사할 수는 없으며, 캐나다 선거에 미국 시민이 투표권을 요구할 수 없다. 각자의 정부가 내린 결정에 영향을 받는 사람들이 정부를 운영할 대표를 뽑는 주권자다. 마찬가지로 정당의 후보를 뽑는 일은 그 정당의 일이지 국가의 일도 국민의 일도 아니다. 심판도 경기에 뛰려면 팀에 소속된 선수여야 하고, 일단 경기를 뛰면 심판을 볼 수 없듯이 국민이라고 해서 이 정당, 저 정당에 무분별하게 관여할 수는 없다.

주권은 기본권과 다른 원리로 작동한다. 기본권은 시민 개개인이 갖는 '침해할 수 없는 권리'를 뜻하며, 이는 자유주의의 핵심 원리다. 국가라고 해도 개개인의 기본권 앞에서는 공권력을 멈춰야 한다. 입법부도 개인이 가진 천부인권이라 할 기본권을 침해하는 법률은 만들 수 없다. 반면 통치권의 기초를 세우는 주권은 개인에게 주어질 수 없다. 주권은 오로지 시민 전체 총회(총선·대선·지방선거)에서만 발생하는 집합적 권리다. 주권은 일종의 민중 권력이다. 주권이 분열될수록 그 힘은 약해진다. 미국처럼 주권이 대통령과 의회라는 두 개의 선출된 권력과 50개의 독립된 주로 쪼개지고, 여기에 연방 사법부마저 종신직이어서 통제가 어려울 경우 큰 변화나 개혁은 어렵다. 그 때문에 미국이 복지국가가 된다거나 자본주의를 수정할 정도의 사민주의적 성취를 이룩할 수 있다고 보는 정치학자는 거의 없다. 요컨대 주권이 쪼개지고 분열되면 강해지는 것은 사회 속 강자 집단이요, 커지는 것은 돈의 힘이요, 심화되는 것은 경제적 불평등이다.

결정의 권한을 갖는 주권자를 함부로 쪼개서도 안 된다. 4400만 명의 시민·유권자가 주권을 행사하는 과정에서는 제아무리 강한 집단도 지배력을 쉽게 관철하지 못한다. 하지만 20만 명의 국민 청원이나 40만 명의 국민소환이라면 이야기가 달라진다. 이익, 정념, 혐오, 적대, 복수심 같은 인간의 나약한 측면을 부각하는 것만으로도 몇 십만 명을 동원할 수 있는 강자 집단은 많다. 이들이 주권적 결정 사항을 함부로 변경할 수 있게 하면 민주주의는 순식간에 열정적 소수에 의한 지배 체제로 전락하고 만다.

물론 시민 총회 이후에도 요구를 표출할 수 있고 항의할 수 있고 반대할 수 있다. 하지만 그것은 어디까지나 언론, 출판, 집회의 자유와 같은 기본권에 해당하는 사안이며, 그것으로 주권의 향방을 쉽게 바꾸게 해서는 안 된다. 민주주의는 '투입 지향적인' 체제다. 가난한 시민이든 부유한 시민이든, 좋은 대학을 나왔든 안 나왔든, 지방에 살든 서울에 살든 상관없이 모두의 목소리, 모두의 선호, 모두의 요구가 평등하게 투입되는 것을 존중해야 민주주의다. 그렇지 않고 그 결정을 사후에 소수가 뒤집을 수 있고, 그들에게 인간의 나약함을 악용할 수 있는 길을 열어 주면 세상은 목소리 큰 사나운 시민 집단들의 놀이터가 된다.

강제 기구로서 국가 vs 자율적 결사체로서 정당

신문마다 세상을 보는 관점이 있고, 그것이 구성원들 사이의 오랜 합의나 전통으로 자리 잡으면 사시社是라고 하듯, 정당도 정견政見이라고 하는 안정된 정체성과 오랜 전통을 필요로 한다. 한 사회에서 국가나 정부는 반드시 하나여야 하지만, 신문은 하나일 수 없고 정당도 하나만 있을 수는 없다. 우리는 서로 다르며 또 달라서 발전시키게 된 것이 오늘날과 같은 다원주의적 민주주의다. 우리는 달라서 싸울 수 있고 달라서 대립할 수 있다. 이와 반대로 다르기 때문에 더 풍부한 생각과 다양한 취향을 발전시킬 수도 있다. 다른 것이 문제가 아니라 다름을 어떻게 다루는가에 따라 인간 사회의 민주적 성취 여부가 갈린다.

신문의 사시가 자유 언론 운동의 결실이듯, 정당들마다의 서로 다른 정견은 수많은 갈등적 요구에 대해 인류가 오랜 시간 효과적으로 대응해 온 결과다. 그것이 안정적일수록 시민과 독자의 다양한 요구에 책임 있게 대응하는 질 높은 민주주의, 질 높은 시민사회가 될 가능성은 높아진다. 그렇지 않고 독자나 지지자들의 댓글과 문자에 따라 정견과 사시가 흔들리기 시작하면 독립 언론도 민주정치도 흔들리게 된다. 투입이 아니라 피드백이 신문과 정당의 의사 결정을 지배하면 시민 주권이 아니라 소비자 주권, 그것도 소수 악성 소비자들의 권리만 강해진다. 지금의 팬덤 정치가 그렇다.

게이트키핑도 지나치면 정당과 언론을 편협하게 만들지만, 게이트오프닝이나 피드백에 지나치게 의존하면 토대의 단단함을 상실한 조직이 된다. 사시나 정견에 맞는 역할을 잘하고 있는가가 아니라, 누가 더 많은 피드백을 얻는지가 평가의 기준이 되면 구성원들은 외부자의 열정적 반응에 굴종적이 된다.

우리는 다르게 가치 있는 존재여야 한다. 사회는 다원적이어야 하고 각자가 소중하게 여기는 것이 서로 다르게 존중될 때 더 평화로울 수 있다. 그렇지 않고 정당을 팬덤들의 변덕과 협박에 취약한 조직이 되게 하는 것만큼 민주정치의 미래를 어둡게 하는 것도 없다.

애초의 주제인 정당과 민주주의의 문제로 돌아가 보자. 정당은 자율적 결사체이지 국가가 아니다. 국민이나 시민의 지위는 마음대로 선택할 수도 마음대로 버릴 수도 없지만, 정당에는 당원으로 가입할 수도 있고, 원하지 않으면 소속감을 버릴 수도 있다.

국가와 정부에 대해서는 시민 전체의 의사를 물어 적법하게 주권을 위임해야 하지만 정당은 다르다. 정당은 자신이 발전시켜 온 정견에 맞게 자율적으로 당을 운영해야 한다. 정당마다 특별한 문화와 전통을 발전시켜 가는 것이 중요하다. 그런 정당을 만들고 또 그 속에서 성장해 온 당의 활동가와 당직자, 대의원의 역할이 안정돼야 정당은 발전한다.

이 사실을 무시하고 모든 것을 당원에게 넘기라고 하고, 누구는 쫓아내고 누구는 일하게 하고, 자신들과 자신들이 지지하는 대표가 마음대로 정당을 이끌게 하면, 정당은 팬덤과 그들이 지지하는 팬덤 리더의 소유물이 되고 만다. 그렇게 해서 당을 가질 수 있을지는 모르나, 그때의 당은 이미 조직으로서는 거의 쓸모가 없는 껍데기가 되어 있을 것이다. 지금 우리 정당들은 겉보기에만 덩치가 커졌을 뿐 정책적으로 유능하고, 사회적으로 책임 있고, 대중적으로 안정된 기반을 발전할 기회도 갖지 못한 채, 선거 관리만 겨우 할 수 있는 수준으로 빠르게 쇠퇴하고 있다.

직접 한다고 더 민주적이 되는 것도 아니다. 시민과 국민이 직접 마음대로 하는 민주주의를 선택할 수도 있을 것이다. 다만 각오해야 한다. 그러면 그들 가운데 무례한 소수가 세상을 지배한다. 하지만 민주주의는 의견이 다르다고 타인에게 폭군이 돼도 좋다는 시민이나 국민을 위한 체제가 아니다.

독자가 편집국장을 뽑고 회원이 사무국장을 선출할 수 있을지 모른다. 정당의 공직 후보 결정을 여론조사나 국민 선거인단에 맡길 수도 있고, 국민소환제나 국민 참여 예산제를 실시할 수도 있다. 단, 이를 민주주의에 맞는 일이라고 말한다면 그것은 민주주의를 오해한 것이다. 민주주의는 그렇게 작동하는 게 아니다. 공직 후보자를 책임 있게 양성하고 공천하는 것이 정당의 역할이듯 부적격한 후보자를 소환하고 제명하는 것 역시 정당이 당내 조직적 절차를 잘 밟아서 결정할 일이다. 서로 다른 집단의 이해를 공정하게 대변해 정책과 예산을 운영하라고 의회가 있고 행정부가 있는 것이지 국민이나 시민에게 직접 예산도 작성하고 공권력도 직접 집행하라고 할 수는 없다.

좋은 냉장고를 원한다고 냉장고 회사에 쳐들어가 설계와 공정을 우리 마음대로 바꾸자고 할 수 없듯 정당에 쳐들어가 국민 마음대로 당원 마음대로 하자고 할 수는 없다. 나쁜 냉장고의 구매를 거부하고 그렇지 않은 회사의 냉장고를 구매하고 추천하는 방법으로 우리가 원하는 것을 얻듯 시민도 현대 민주주의를 구성하는 다원적 주체들의 역할을 존중하고 자신의 역할을 제한적으로 수행해야 한다.

민주주의를 오해한 조급한 시민들이 흥분하고 화내는 방식으로 정치를 지배하도록 방치하면 남는 것은 지금같이 기이한 팬덤 정치뿐이다. 민주주의는 민주주의답게 해야 한다.

2. 속도전 민주주의

발전 지상주의의 명암

여러 면에서 그간 대한민국이 빠르게 발전해 왔다는 것은 틀림없는 사실이다. 세계 10위의 경제 규모, 세계 6위의 군사력, 세계 7위의 우주 강국이라는 평가도 과장만은 아니다. 문화나 예술 분야에서도 한국인의 활약은 놀랍다. 제2차 세계대전 이후 독립한 80여 개 나라 가운데, 개발도상국이나 신흥 개발국 단계에 머물지 않고 선진 민주주의 국가 대열에 들어선 나라는 한국이 유일하다고 해도 과언이 아니다. 무엇이 빠른 발전을 가능케 했을까. 그리고 빠른 발전을 위해 감수해야 했던 것은 무엇이고 희생해야 했던 가치들은 무엇이었을까.

발전 지상주의랄까, 아니면 성장의 목표 이외에 다른 것을 생각할 수 없게 만드는 과도한 집단적 압박은 빠른 발전의 다른 얼굴이다. 물론 성장과 발전이 필요한 일이고 또 가치 있는 변화라는 사실을 부정하지 않는다. 하지만 발전의 목표나 또 거기에 이르는 길이 하나일 수는 없다.

우리 사회는 다른 목표나 다른 길을 잘 허용하지 않는다. 경제는 물론이고 정치 영역에서도 세계 일류의 선진·선도 국가가 되어야 한다는 것이 사회적 합의처럼 주장될 때가 많다. 대통령이 되려는 사람들이 내세우는 이른바 국가 목표, 국정 과제가 대표적인 예다. 국민, 민생, 민의, 협치, 국민 통합 같은 용어가 과용될 때 같은 문제를 갖는다. 이런 말들은 한결같이 너무 웅대하고 당연하고 옳아서 반대할 수 없는 '절대명령'에 가깝기 때문이다

이견과 토론의 여지가 없는 목표나 과제, 가치는 맹목일 수 있다. 그것의 부작용은 다른 생각을 말하기 어렵게 만든다는 데 있다. 이견異見이 이적利敵이 아님에도 불구하고, 속도전은 다른 생각을 못하게 만든다. 다름과 차이를 조정하고 갈등과 합의의 비용을 분담하기 위해서 타협이 필요함에도, 속도전 민주주의는 그것을 못하게 만든다.

타협은 좋은 말이다. 다름과 차이를 전제하는 말이자, 그들 사이의 공존을 지향하기 때문이다. 다른 것을 반反개혁 세력, 기득권 세력, 특권 집단으로 규정하려는 욕구가 앞서면 정치를 적대와 혐오로 양극화시키고, 그런 양극화 정치는 팬덤 정치로 이어진다.

정치에서의 양극화는 유일 가치를 신봉하는 투쟁의 결과다. 생각이 다른 사람을 가리켜 빨갱이, 친일, 종북으로 몰고 그를 공론장 밖으로 내쫓는 열정을 절제할 수 없게 하는 힘이다. 한마디로 이견을 억압과 배제의 대상으로 삼는 것이 양극화다. 양극화된 갈등 구조에서 허용되는 것은 적대와 증오다. '상대의 의도를 의심해야 하며, 음모의 가능성을 늘 살펴야 한다. 상대는 악의적이므로 여지를 주면 안 된다. 패배는 죽음이다. 반드시 승리해야 한다.' 양극화는 이런 심리상태를 갖게 한다.

양극화는 마치 전쟁에 임하고 있는 것처럼 모든 것을 승패와 싸움의 문제로 보게 만들기 때문에, 양극화된 정치는 참여자들로 하여금 권력 투쟁에 매달리게 한다. 지금 우리 정치가 그런 길로 접어든 것은 아닌지 돌아봐야 할 때다. 산업화도 되고 민주화도 되고 IT 성장이나 정보화 속도도 빨랐지만, 혹여 그에 비례해 다원화는 점점 더 어려워지는 것은 아닌지 말이다. 부유한 국가가 아닌 균형 있는 사회가 되는 것이 중요하고, 그러려면 우리는 다른 것에 좀 더 관용적이어야 한다. 속도전보다 좀 더 느려지는 것을 존중해야 다른 것도 보인다.

세 유형의 체제와 시간성

지난 세기 인류는 세 유형의 정치체제를 경험했다. 민주주의 정치체제가 갖는 특징과 장점을 다른 체제와의 비교를 통해 생각해 보자.

첫째, 전체주의는 총력전 체제다. 국민 모두를 주체로 만들어 일치단결/일심단결Gleichschaltung의 지향을 갖게 하려 했다는 점에서 일원주의 체제였다. 국민의 일상을 정치화하려 했고, 이를 대중운동 방식으로 전개했다는 점도 특별하다. 그들은 국가가 인정한 단체, 조직, 정당만 인정한다. 이견과 갈등의 다원주의는 전체주의의 적이다. 한마디로 국민의 열정을 하나의 가치체계 안으로 동원해 최강 국가, 최우수 민족이 되는 목표를 가졌던 체제다. 그들이 볼 때 다원주의와 그에 기초를 둔 민주주의는 굼뜨고 유약한 체제일 뿐이다.

둘째, 권위주의는 추격전 체제다. 근대화/산업화를 목표로 한 발전 국가가 여기에 해당한다. 대개 그들은 수출에 목숨을 건다. 수출입국輸出立國은 권위주의 체제 이데올로기다. 권위주의가 전체주의와 다른 것은 대중의 정치화 대신 탈정치화를 조장하고, 모두를 경제-발전주의에 몰입하게 한다는 데 있다. 경제 우선주의는 권위주의의 존립 이유다. 경제가 나빠질 수 있다는 위기론의 일상적 동원 역시 권위주의의 중요한 특징이다. 경제 발전에서 뒤처지면 안 되고 수출이 줄면 큰일 난다는 협박과 두려움이 늘 동원되는 체제, 그것이 권위주의다.

셋째, 민주주의 정치체제가 기존 체제들과 다른 점은 이견과 갈등을 없애고 배제하는 것이 아니라 그에 시민권을 부여하는 데 있다. 갈등의 제도화, 갈등의 선용은 민주주의의 핵심 가치다. 복수 정당, 권력의 분립, 결사의 자유를 중심으로 한 다원주의는 민주주의의 존립을 결정하는, 일종의 생명 원리다. 숙려·심의·공청·조정·합의의 절차를 통해, 일방적 지시가 아니라 '숙고된 결정'을 이끌고 다름과 차이 속에서 '합의된 변화'를 도출하며, 이를 통해 '오래 걸리지만 오래가는 변화'를 지향하는 체제가 민주주의다.[2]

전체주의는 사회를 일치된 의견으로 만들어 총력전을 펼칠 수 있을 때 장점을 발휘한다. 권위주의는 경제 성장부터 빨리

---

[2] 느린 민주주의에 대한 옹호는 박상훈(2017b)을 참조할 것.

해 앞선 나라를 따라잡고, 자유나 민주주의 같은 가치는 그다음에 추구하자는 합의를 종용할 때 힘을 갖는다. 민주주의는 다르다. 합의는 사전에 주어질 수 없으며, 적법한 정치과정과 이해 당사자들과의 조정을 거쳐 형성되어야 한다고 믿는다. 그 과정에서 다양한 의견과 이해관계가 자유롭게 표출되어야 하고, 충분한 심의와 숙의는 물론, 조정과 타협의 긴 시간을 가져야 한다는 전제 위에 서 있는 체제가 민주주의다.

조급한 민주주의 vs 느린 민주주의

민주주의가 일종의 혼합정체mixed polity라는 점을 이해하는 것이 중요하다. 전체주의에는 민주적 요소가 있을 수 없다. 권위주의 역시 민주주의를 불온시한다. 하지만 민주주의에는 전체주의와 권위주의적 요소가 상존한다. '민주적 전체주의', '민주적 권위주의'는 성립할 수 없는 말이지만 '전체주의적 민주주의', '권위주의적 민주주의'는 민주주의가 나빠질 때마다 그 특징을 드러낸다.

독일의 바이마르공화국에서 전체주의가 발원했고 1960년의 4월 혁명과 2공화국 뒤에 군부 권위주의가 이어졌듯, 민주주의하에서도 권위주의와 전체주의는 경제 우선주의와 국가 발전주의를 외칠 때마다 스멀스멀 우리 사이로 들어온다. 그렇기에 민주주의가 더 민주적이려면, 더 느려져야 하고 다른 생각들의 가치에 관용적이어야 한다. 이를 인내하고 관용하는 차분한 시민성 없이 민주주의를 잘 운영하기는 어렵다. 맹목적인 시민 참여가 아니라 책임 있는 참여가 권장되어야 민주주의는 발전한다.

한국 민주주의가 안고 있는 문제 하나를 꼽으라면 필자는 '다르게 생각하고 느리게 일하기' 어려운 현실을 들겠다. 정치에서 이견을 말하는 것은 비난을 감수할 일이 되었다. 협의의 시간, 타협의 계기를 갖자는 것은 '원칙의 후퇴'로 공격받는다. 과거 권위주의 때 이견을 억압하며 속도전을 주도한 것은 행정부 쪽이었다. 지금은 국회 쪽이 더 심하다. '절대', '당장'과 같은 센 언어를 앞세우며 상대를 다그치는 방법으로 자신의 개혁성과 정당성을 과시한다. 입법도 급하게 함부로 이루어진다. 그런데도 더 빨리 하라는 압력을 받는다. 충분한 시간을 갖고 관련 당사자들과 충분한 협의를 거쳐 천천히 제대로 일하라는 목소리는 찾기 어렵다.

전체주의나 권위주의는 무슨 일이든 빨리하는 장점이 있다. 민주주의는 어떤 일이든 빨리하지 못하게 할 때 가치를 갖는다. 권위주의는 통치자의 명령으로 일하지만, 민주주의는 합의를 통해 일한다. 숙려 기간도 필요하고, 심의와 숙의의 과정도 거쳐야 하며, 이해 당사자들의 갈등적 요구도 들어야 하고, 여야 사이는 물론 행정 부처와의 입장 차도 조정해야 한다. 민주주의자의 실력은 조급함과 독주를 제어할 때 발휘된다.

느리게 살 수 없으면 협동의 가치는 구현될 수 없다. 느리게 살 수 없으면 행복할 수 없다. 자신과 주변을 돌아볼 여력 없이 매사에 조바심을 낼 수밖에 없기 때문이다. 오늘날은 모두가 자신의 성과 목표, 성과 관리, 성과 평가를 하는 사회가 되었다. 자신이 정한 성과 계획에 맞추지 못할까 봐 자신을 못살게 굴어야 한다. 속도전의 내면화라고 할까, 모두가 피곤하고 지쳐가는 사회다. 팬덤 정치는 이런 사회에서 기승을 부린다.

우리 사회는 뭐든 오래 준비하는 법이 없다. 시간을 들여 안전한 방법으로 일할 수 없는 사회가 되었다. 모두를 시간에 쫓겨 살게 만든 이상한 민주사회가 우리 앞에 있다. 속도전 경쟁으로 치면 한국은 세계 최강 국가다. 경쟁 부문이 있는 곳이라면 어김없이 '국가 K'가 모습을 드러낸다.

그러는 동안 자살, 산재 사망, 가계 부채, 남녀 임금격차, 이혼 증가, 낙태, 사교육비 지출 등 또한 세계 최고 수준의 국가가 되었다. 2001년 시작해 2021년 끝난 아프간 전쟁에서 민간인 포함 17만2000여 명이 사망했다. 같은 20년 동안 한국의 자살자

는 24만여 명이나 되었다. 느리더라도 제대로 하면 된다고 말
해 주지 않는 사회 속 약자들의 말 없는 절규치고는 참혹하다.

민주주의가 속도전을 동반하면, 전쟁 이상으로 불행한 결과
를 낳는다. 습관적으로 위기론을 동원하는 사회, 그래서 뭔가
긴급한 비상 대책이나 혁신 대책을 강구하라고 다그치는 사회
가 되면 정치는 물론이고 인간 삶과 생태 환경에도 돌이킬 수
없는 상처를 남긴다. 느려져야 다른 게 보인다.

멈춰서 찬찬히 돌아볼 수 있어야 자연의 시간을 닮아 갈 수
있다. 관련 사안을 끈기 있게 들여다보고 이견과 갈등에 성의
있게 응대하고, 오해로 볼 수 없는 차이에 직면하면 합리적으
로 조정하려는 긴 정치적 노력이, 팬덤 정치를 제어하는 최선
의 방법이다.

3. 대통령을 위한 민주주의로의 퇴행

대통령을 위한 민주주의의 등장

한국의 민주화는 대통령 권력을 통제하려는 긴 운동이었다고

할 수 있다. 이는 1987년 민주 헌법의 기본 정신이었는바, 그 결과는 대통령의 권한을 제한하고, 국회의 역할을 강화했으며, 선거와 방송을 행정부로부터 분리시키고, 사법부와 권력기관을 대통령의 통제권으로부터 독립시키는 것으로 나타났다. 그런데 어느 순간부터인가 한국 민주주의는 대통령에 의한, 대통령을 위한, 대통령의 민주주의로 퇴락했다. 한국 사회의 모든 에너지와 열정은 대통령을 향하게 되었다. 이것이야말로 한국 민주주의의 최대 역설이자, 오늘날 우리가 새롭게 안게 된 최대 문제가 아닐 수 없다.

생각해 보자. 이런 변화가 없었더라면 팬덤 정치가 나타날 수 있었을까? 팬덤 정치는 대통령과 대통령을 위한 것이고, 자신들이 원하는 정치가를 최고 권력자로 만들기 위한 열정의 분출을 그 특징으로 한다. 따라서 정당과 의회 및 사회의 다양한 결사체들이 중심이 되는 민주주의가 발전했다면 대통령 권력을 둘러싼 양극화된 갈등이 정치를 지배할 수는 없었을 것이다.

모든 민주주의는 이익정치, 정당정치, 의회정치로 작동한다. 민주사회라면, 사회 속의 다양한 집단 이익이 자유롭게 조직·표출·교섭될 수 있어야 한다. 다원화된 이익과 요구를 공공정책으로 집약해 내는 것은 정당의 역할이다. 이를 입법과 예산으로 숙의·조정해 내는 일은 의회에서 이루어진다.

이익정치-정당정치-의회정치의 긴 과정을 거쳐 적법한 공적 합의가 형성되고, 이 기초 위에서 대통령이 이끄는 행정부가 집행 및 산출의 기능을 발휘하는 것을 대통령제 민주주의라고 한다. 지금 우리는 그런 민주주의를 실천하고 있을까.

이익 표출의 자율적 기반이 대통령의 '법치 명령'에 위축된 것은 어제오늘의 일이 아니다. '정당의 대통령'은 사라지고 '대통령의 정당'이 남았다. 국회는 대통령과 대통령이 되려는 사람이 중심이 되어 극단적으로 다투는 공간으로 변질되었다.

대통령은 행정부의 수반이다. 대외적으로는 나라를 대표하는 국가수반이지만, 대내적으로는 그럴 수 없다. 대통령이 되었다고 입법부를 해산하거나 사법부를 자의적으로 재편할 수 없다. 대통령이 권력을 제한적으로 사용하지 않으면 민주주의가 아니라 권위주의에 가까워진다. 그런데 점점 그런 대통령제가 되어 왔다.

2017년 1월 9일, 문재인 당시 대통령 후보의 공약은 좋았다. "정당이 생산하는 중요한 정책을 정부가 받아서 집행하고 인사에 관해서도 당으로부터 추천받거나 당과 협의해 결정하는, 그렇게 해서 문재인 정부가 아니라 더불어민주당의 정부"가 되겠다고 약속했다. 2022년 3월 10일, 윤석열 대통령 당선인의 선언도 좋았다. "이제 정부를 인수하게 되면 윤석열의 행정

부만이 아니라 국민의힘이라는 여당의 정부가 된다."는 것이
었다.

안타깝게도 그런 공약이나 선언은 현실이 되지 못했다. 대
통령이 된 뒤에는 누구도 '민주당 정부'이자 '문재인 행정부',
'국민의힘 정부'이자 '윤석열 행정부'가 되려고 하지 않았다.
'민주당 대통령', '국민의힘 대통령'이 되려고 하지도 않았다.
그보다는 반대와 갈등을 무릅써서라도 '문재인의 정부', '문재
인의 정당', '윤석열의 정부', '윤석열의 정당'을 만들고자 했다.

기업 이익을 대표하는 집단이든 노동자의 권익을 대표하는
집단이든 모두 대통령(실)과 직접 연결되기를 원한다. 그렇게
해서 양산된 그간의 대통령 직속의 위원회들은 '대통령 권력에
대한 과도한 의존성'이라고 하는, 한국의 이익정치가 가진 특
징을 잘 보여 준다.

한국 시민운동의 특징을 잘 보여 주는 촛불 집회도 엄밀히
말하면 대통령을 향한 운동이었다. 실제로 집회의 장소나 진행
은 대통령 집무실에 더 가까이 다가가려는 싸움으로 전개될 때
가 많았다. 2016년부터는 현직 대통령의 책임을 추궁하는 집
회와 전직 대통령을 지키려는 집회가 교차하기 시작했고, 급기
야 2019년에는 대통령을 둘러싸고 지키겠다는 시민들과 반대
하는 시민들의 집회가 한강을 사이에 두고 동시에 벌어졌다.

정치권력으로부터의 자유가 시민운동과 언론, 지식사회를 특징짓는 시대는 옛날이야기가 되었다.

집권당 내 지배 분파도 대통령 분파들이다. 이들은 당내에서 대통령의 '확장된 팔'처럼 기능했다. 야당 역시 집권당이 아니라 대통령과 다투는 것을 최고 전략으로 삼는다. 대통령 집무실 앞에서 야당이 시위를 벌이는 일이 빈번해졌고 2019년에는 야당 대표가 청와대 앞에서 장기간 단식 농성을 벌이는 일까지 있었다. 그 뒤에는 전·현직 대통령의 사저 앞에서 편을 나눠 시위를 벌이는 일도 있었다.

정치는 정당들 사이에 존재하지 않는다. 그보다는 대통령을 둘러싼 환호와 적대가 정치를 지배한다. 당내 파벌 구조는 진보와 보수, 노동과 자본, 성장과 복지, 환경과 경제 발전 같은 가치를 매개로 만들어지지 않는다. 그보다는 대통령이나 당 대표와의 사적 거리감으로 나뉜 파벌이 짧은 주기로 명멸한다. 대통령과 대통령이 되려는 사람의 이름에 친親·비非·반反을 붙여 온 관행은 늘 새롭게 만들어진다.

대통령이 주도한 직접 민주주의

혹자는 '3김 정치'가 그런 정치가 아니었느냐며 이런 현상은 3

김 정치에서 비롯되었다고 항변할지 모르겠다. 3김 정치는 기본적으로 정당이 중심이 된 정치였다. 3김은 당내에서 경력을 쌓고 당내에서 세력을 형성한, 정당에서 성장한 정치인이었다. 정당의 역사만큼이나 그들이 운영해 온 당내 파벌의 역사도 길다. 지역이 중심이 된 지지 기반도 안정적이었다.

대통령이 된 다음 김영삼과 김대중은 집권당에 미치는 영향력을 절제했다. 대통령제 폐지와 의회 중심제로의 개헌을 내건 김영삼과 김종필의 합의도 있었다. 그들 모두 대통령 선거에서 승자가 되고자 했지만, 기본적으로 그들은 의회주의자였고 정당주의자였다. 그들이 정치를 할 때는 정당도 국회도 자율성을 상실하지 않았다. 정당과 정당 파벌이 대통령을 만들었지, 대통령이 되어 정당을 만들고 파벌을 만든 게 아니었다. 이제는 그런 정도의 정당정치도 존재하지 않는다.

우리 국회에서 열정을 불러일으키는 사안은 정당의 의제가 아니라 대통령의 의제다. 국회법의 '교섭단체(정당) 간 협의' 조항은 이 지점에서 기능을 멈춘다. 모두가 대통령 의제를 두고 필사적으로 싸운다. 이런 현상은 2007년 말 집권한 이명박 대통령과 그의 정당이 2008년 총선에서 압승해 18대 국회를 주도하면서 본격화되었다. '입법 100일 작전'이라는 말이 나올 정도로 대통령 관심 사안을 두고 여야 모두 힘으로 돌파하고 힘으로 막는 것이 일상이 되었다. 박근혜 대통령 때부터는 대통령이 국회나 정당을 통해 일하려는 것이 아니라, 국회나 정당을 압박하고 제압해 정부를 운영하고자 했다. 그러면서 동원된 담론이 '국민 직접 소통'과 '직접 민주주의'였다.

대통령들은 정당정치와 의회정치를 우회해 대중 여론을 직접 동원하고자 할 때마다 이를 국민의 뜻이고 직접 민주주의의 한 방식이라며 정당화했다. 2015년 10월 어버이연합, 자유총연맹, 재향경우회 등 190여 개의 보수 시민단체는 현직 대통령의 개혁 의지를 국회의 기득권 세력이 방해한다며 '국회개혁범국민연합'을 결성했다. 그러면서 이들은 '국회의원 국민소환', '국민에 의한 국회해산'과 같은 '직접 민주주의' 개혁을 요구했다. 이들이 주도한 2016년 1월 18일 '민생구하기입법촉구천만인서명운동'에는 박근혜 대통령도 참여했고, 민생을 저버린 국회를 민심을 모아 압박하자고 말했다.

국민을 앞세우는 청원과 청와대가 주도하는 직접 민주주의가 전면에 등장한 것은 문재인 대통령 때였다. 국회해산이 공공연히 주장될 정도로 정당·의회정치의 상황이 극단적으로 나빠진 것도 이때였다. 그때마다 국민주권, 민심, 국민 직접 소통이 강조되었다. 국회의원 국민소환제와 국민 참여 예산제 도입도 주창되었다. 민심을 반영한다며 국민 선거인단과 여론조사로 당의 중요 결정이 이루어졌고, 아예 정당을 직접 민주주의 기구로 개혁하고자 했다. 정당 스스로 정당이 필요 없는 민주주의의 길을 열었다.

정당과 의회, 노동조합과 기업가 단체, 언론과 지식인의 자율적 역할을 부정하고 만들 수 있는 국민의 직접 의지가 존재한다고 해도 그것이 민주주의의 건강한 기반은 될 수 없다. 이익정치, 정당정치, 의회정치에 의해 매개되지 않는 국민의 직접 의지는 필연적으로 대통령이라고 하는 최고 권력자 쪽에 몰릴 수밖에 없다. 흥분한 소수 지지자 집단들이 편을 나눠 적폐와 국민의 적을 찾아다니는 일도 피할 수 없다.

시민단체를, 대통령을 지지하고 반대하는 팬덤 정치의 대행자로 만들고, 의원들을 여론조사 수치가 높은 권력자 주위로 계통도 없이 분해시키는 일도 필연적이다. 정당 안에서 신망을 얻는 정치인이 대통령 후보가 될 수 없고, 국회에서 여야 협상과 조정을 통해 정치력을 발휘한 의원들이 대통령 후보가 되는 것도 불가능하다. 여론을 양분시켜 한쪽에서는 적대의 대상이 되고 다른 쪽에서는 복수 의식을 자극하는 사람이 대선 후보가 되고 대통령도 된다.

팬덤 정치 없이 대통령이 되기 어려운 문제

이제 대통령이 되려는 사람들은 정당과 의회에서 신뢰를 얻으려고 노력하지 않는다. 당 밖에서 자신만의 열혈 지지 집단을 만들어 당에 진입하는 것이 합리적인 전략이 되었다. 자신만을 위해 헌신하는 팬덤이 없으면 정당을 장악하기도, 대통령이 되기도, 대통령이 되어서도 국회와 여론을 지배할 수 없다. 4400만 유권자 모두를 위한 정치 같은 것은 없다. 그보다는 4400만 명의 1퍼센트에 집중하는 것으로 충분하다. 44만 명이면 모든 것을 할 수 있다. 아니, 그 10분의 1인 4만4000명만 있어도 다 할 수 있다. 이들만 있으면 정당의 후보 경선은 물론 당내 권력도 쉽게 통제할 수 있다.

모든 열정이 대통령직을 향해 분출하는 현상은 결코 좋은 일이 아니다. 이익정치의 자율성을 위협하는 것도 문제고, 정당과 국회가 마땅히 해야 할 대의 기능과 갈등 조정 및 사회 통합 기능을 발휘할 수 없게 하는 것도 문제다. 대통령 중심의 정치 양극화 현상이 대통령에게도 좋은 것은 아니다. 여당 안에서 자신에 대한 반대 목소리가 나오지 않게 해야 하며, 여론조사 결과가 나빠지는 것에 전전긍긍해야 한다. 정치와 사회로부터 소외되지 않을까 걱정해야 하고, 임기 말이 되면 퇴임 후의 안

전장치도 고심해야 한다.

그런데도 대통령을 위한, 대통령에 의한, 대통령의 정치라고 하는 불합리한 일이 계속되고 있다. 그러니 결과야 어찌되든 대통령 후보가 되고 당권을 장악해야 한다는 심리가 왜 커지지 않겠는가. 일단 대통령이 되고 봐야 한다는 열정이 과도하게 지배하는 상황에서 팬덤 정치는 회피할 수 없는 강력한 유혹이 아닐 수 없다.

4. 다원화 없는 양극화 정치

양립이 불가능한 양당의 정치

팬덤 정치는 양극화 정치가 극단적으로 심화된 결과라고 했는데, 양극화 정치의 가장 큰 특징은, 여야 사이에서 합의의 기반을 제도화할 수 없다는 것이다. 절대로 공존할 의사가 없는, 양극단의 상호 반대는 정당정치를 불가능하게 만든다.

정당론의 교과서를 쓴 정치학자 조반니 사르토리의 개념을 빌면, 양극단의 팬덤은 '쌍무적 반대파'bilateral oppositions, 즉 '좌우 양 끝에서 서로를 마주보는 두 대칭 세력'이다. 이들은 거울 이미지로 상대를 본다. 존재해서는 안 되는 집단으로 상대를 정의한다는 점에서 이들은 서로에 대해 '양립 불가능한 대항적 반대파'이다. 이들이 정치를 정당들 사이만이 아니라 정당 내부를 적대 상황으로 몰고 간다.

정당들이 다르다고 양극화되는 것이 아니다. 그보다는 의견이 형성되는 방법이 어떠하냐에 따라 민주주의에서 차이는 사회를 통합의 방향으로 이끌 수도 있고, 통합이 불가능할 정도로 분열시킬 수도 있다.

문제의 핵심은 차이를 '옳고 그름의 전선戰線'으로 치환해 상대를 배제하려는 양극화 정치인지, 좀 더 나은 것 내지 좀 더 바람직한 것을 두고 경쟁하는 다원적 정치인지의 문제일 뿐, 갈등과 차이 그 자체가 문제는 아니라는 것이다.

한국 정치는 이념적으로 동질화의 압박이 너무 세고 강하다. 그 때문에 한국의 정당정치는 그간 이념적 분화나 다원화의 성취에 있어 이룬 것이 거의 없다. 여당일 때는 여당스럽기만 하고 야당일 때는 야당스럽기만 해서 문제이지, 이념적 헌신성이나 가치에 대한 신념을 가진 정당이나 정치인들 때문에 정치가 나빴던 적은 없었다.

17대 국회부터 20대 국회 전반기(2018년 5월까지)까지 법안

표 5-1. 국회의원 표결로 본 정당별 이념 위치의 변화

국회 대수	정의당 계열	민주당 계열	한국당 계열	좌우 거리
17대	-0.93	0.08	0.63	-1.56
18대	-0.92	-0.05	0.74	-1.66
19대	-0.8	-0.28	0.61	-1.41
20대	-0.86	-0.52	0.37	-1.23

에 대한 의원들의 표결 행태를 분석해 정당 간 상대적 이념 성향의 차이를 분석한 '서울대 폴랩pollab'의 조사가 있는데 그 결과는 <표 5-1>과 같다.[3]

-1은 '가장 진보', +1은 '가장 보수'적 표결을 했음을 가리킨다. 이에 따르면 좌측 정의당 계열의 이념 위치는 17대에 비해 19대, 20대 들어와 중간으로 옮겨 왔다. 민주당 계열은 17대와 18대 중도 위치에서, 19대와 20대에 들어 정의당과 가까워졌다. 한국당 계열은 특히나 20대에 들어와 중간으로 이념 위치를 옮긴 것으로 나타났다. 전체적으로 보면 좌와 우 사이의 이념적 거리는 좁아졌다. 민주당과 한국당의 이념적 거리만 따로 계산해 보면 19대와 20대 국회에서 0.89로 똑같다.

유권자들도 다르지 않다. 정치 양극화가 심화되었다고 해서

---

3 "진보 색채 짙어진 민주당 '좌클릭'… 멀어지는 보·혁"(『세계일보』 2018/07/15). 다만 "멀어지는 보·혁"이라는 기사 제목은 조사 내용과 일치하지 않는다.

그림 5-1. 한국인의 이념 성향 추이

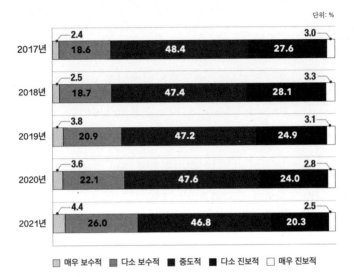

단위: %

2017년: 2.4 / 18.6 / 48.4 / 27.6 / 3.0
2018년: 2.5 / 18.7 / 47.4 / 28.1 / 3.3
2019년: 3.8 / 20.9 / 47.2 / 24.9 / 3.1
2020년: 3.6 / 22.1 / 47.6 / 24.0 / 2.8
2021년: 4.4 / 26.0 / 46.8 / 20.3 / 2.5

□ 매우 보수적　■ 다소 보수적　■ 중도적　■ 다소 진보적　□ 매우 진보적

자료: 한국행정연구원(2022, 54).

유권자들이 이념적으로 양극화되어 온 것은 아니다. <그림 5-1>에서 보듯이, 한국의 유권자들 가운데 압도적 다수는 자신을 중도적이라고 생각하며, 매우 보수적이라거나 진보적이라고 답하는 사람은 거의 없다.

　한국 사회만큼 중도, 혹은 중산층 지향적인 사례는 찾기 어렵다. 설명해야 할 것은 이념적 다원화가 지극히 약한데도 불구하고 어떻게 정치 양극화와 팬덤 정치가 심화될 수 있는가에 있지, 한국 정치에서 이념적 차이가 커져서 문제인 것은 아니다.

다원 민주주의의 문턱을 넘지 못한 한국 정치

한국 사회의 이념적 동질성은 물론 분단과 관련이 깊다. 분단은 이념의 왼쪽은 북한이, 오른쪽은 남한이 독점적으로 대표되도록 만들었다. 여기에 과거 권위주의 정부가 급격한 자본주의 산업화를 추진하는 과정에서 중산층 중심 사회를 만들어 낸 것의 효과가 덧붙여졌다. 1980년대 들어 대학 교육이 보편화됨에 따라 교육받은 고학력 시민이 다수가 되었다.

한국의 중산층 유권자는 매우 현상 유지적이다. 그들은 늘 발전하고 성장하는 경제를 원한다. 이념적으로는 스스로 중도라는 것을 당당하게 표방한다. 지나치게 이념 기피적인 중도 지향성이나, 경제 위기에 대한 두려움에 쉽게 압도되는 중산층의 허위의식은 한국 사회의 특징이다.

이 점에서 민주노동당의 실험이 실패로 끝나고, 남아 있던 진보 정당들도 점차 군소 정당으로 위축되면서 사람들의 신뢰를 잃고 있다는 것은 뼈아픈 사실이 아닐 수 없다. 민주노동당이나 그 이후 진보 정당들이 우리 정치 안에 안착했더라면 한국 정당정치는 양극화보다는 다원화의 압박에 더 많이 영향을 받았을 것이기 때문이다.

이념 문제와 관련해 우리 정치 현실은 오히려 반反이념적 양극화에 가깝다. 누군가를 '종북 좌파', '보수 꼴통', '반미', '친일'로 규정하는 것은 이념적 차이를 합리적으로 다루지 않겠다는 것을 의미한다. 그것은 상대를 '이념적으로 용인할 수 없는 존재'로 규정해서 부당한 권력 효과를 누리고자 하는, 극단적 여론 동원 정치에 가깝다.

사태를 이렇게 보면 팬덤 정치나 정치 양극화는 권력 자원의 독점화를 지향하는 것에서 비롯되고, 이는 가치나 이념의 다원화보다는 그 결핍에서 비롯된 현상이라 할 수 있다. 이념적 차이가 문제인 것이 아니라, 이념이 정당정치의 특징을 유형화하는 기능을 하지 못하는 것, 공론장에서의 논의를 풍요롭게 하는 가치와 신념이 다원적으로 표출되지 못하는 것이 문제다.

이념이란 어떤 사회를 만들고 어떤 삶을 살 것인가와 관련해 바람직한 가치판단을 이끄는 비전이자 세계관이다. 정당을 가치나 이념, 비전과 세계관으로 이해할 수 없다면, 남은 것은 선거 승리와 권력 쟁취를 위한 적나라한 도구로서의 파당뿐이다. 정당들이 사회 균열을 대표하고 표출함으로써 갈등을 완화하고 통합하지 못해, 최고 권력의 지위를 둘러싼 배타적 경쟁에만 매달리게 되면, 상대의 존재와 인식의 모든 것을 불온시하는 반反다원적이고 반이념적인 열정이 정치를 지배하게 된다. 그 결과가 오늘날 우리가 마주하게 된 팬덤 정치다.

민주주의의 위기가 아니라 정치의 위기

민주주의의 위기를 말하는 사람들이 많아졌다. 어느 정도는 유행이 된 것 같기도 하다. 민주주의 체제가 붕괴의 위험에 처했다거나 민주주의가 아닌 다른 정치체제에 대한 기대가 높아졌다는 의미에서 위기론을 말한다면, 동의할 수 없다. 정치 양극화나 포퓰리즘, 팬덤 정치 등으로 표현되는 여러 병리 현상을 예로 들며 민주주의가 위기에 처했다고 말한다면, 그 역시 동의할 수 없다. 이는 모두 민주주의가 경쟁자가 없을 정도로 거의 유일한 정치 이념이 되었기 때문에 나타나게 된 현상이다. 그 결과 민주주의의 단점이 드러나고 있는 것이지, 민주주의를 벗어난 현상이거나 비민주적 혹은 반민주적이어서 문제인 것은 아니다.

정당성의 차원에서 민주주의에 대적할 정치체제는, 최소한 현재로서는 존재하지 않는다. 역사상 처음 있는 일이다. 인류 역사에서 대부분의 기간은 군주정이나 귀족정처럼 소수가 지배하는 과두 체제였다. 민주주의의 시간은 짧았다. 중단 없이 민주주의를 50년 이상 한 나라의 사례는 기껏해야 10여 개 정도다. 짧은 시간 안에 지구상의 절반 이상의 나라가 민주주의 국가가 되었다는 것은 놀랄 만한 일이 아닐 수 없다. 지금은 민주주의의 전성기다.

반민주주의나 비민주주의적인 체제에 대한 기대가 커져서 오늘의 민주주의가 어려움에 처한 것이 아니다. 오히려 민주주의를 확신하는 자들에 의해 민주주의가 나빠지고 있다. 옳은 것도 하나만 있으면 위험해지듯이, 견제되지 않는 민주주의도 위험하다. 민주주의의 이름으로, 정치의 다원적 대표와 조정 기능을 제한하려 해서는 안 된다. 민주주의에 대한 잘못된 이해는 정치가 마땅히 해야 할 기능과 역할을 위축시킨다.

민주주의는 입헌주의와 자유주의, 다원주의 등 현대 민주주의를 풍부하게 만드는 데 기여한 다른 이념이나 원리들의 도움을 필요로 한다. 대표도 필요하고, 다른 목소리에 대한 관용도 필요하고, 조직도 활동가도 행정 관료도 필요하다. 사법부의 독립적인 역할은 물론 제도화된 적법한 절차와 과정을 통해 다수의 자의적 결정도 제어할 수 있어야 한다. 이런 것들을 무시하고 국민이 국가적 결정을 내리고 당원이 당의 결정을 내릴 수 있어야 민주주의라면서, 오로지 다수를 모아 모든 문제를 지배하려고 하면 그때의 민주주의는 맹목적이고 독단적인 민주주의가 된다.

그것만 문제가 아니다. '국민' 혹은 '당원'을 내세우게 되면 한편으로 자신이 누구인지를 숨길 수 있으며, 다른 한편 집단

안에서 움직일 때 윤리적 주저함을 갖지 않아도 된다. 필연적으로 그런 참여는 참여자 개개인의 자율성과 책임성을 높이기보다 정반대로 영향력을 가진 사람, 인기 있는 사람을 향하게 하고 또 그에게 의존하게 만든다. 그래야 참여의 비용은 적은 대신 효능감은 커지며, 그 느낌을 직접적으로 전달하고 전달받을 수 있고 그 과정에서 인정받는 것 같다는 희열을 경험할 수 있다. 아이돌 팬덤이 그렇듯이, 정치 팬덤들이 대통령이라고 하는 최고 권력을 향해 맹목적으로 쇄도하는 것은 그 때문이다.

국민 직접 참여나 당원 직접 참여는 절차나 제도에 따른 결정도 존중하지 않게 만든다. 민중의 뜻과 의지는 자신들의 마음속에 있다고 착각하게 만들며, 승자가 된 대통령과 그 지지자들로 하여금 반대나 이견을 인정하지 않게 만든다. 그 결과 정치적 견해가 다른 시민과의 평화적인 대화는 불가능해진다. 상대를 인정하면 모든 것이 물거품이 되는 것 같은 두려움만 키운다.

지금 우리 정치가 그렇게 되었다. 당원 직접 참여 정치를 제도화하고 있다는 우리 정당들은 책임 정치가 실천될 수 있는 상황이 아니다. 정치 지도자, 정당 지도자는 사라졌고, 대통령과 대통령이 되려는 사람, 그들에게 헌신하는 아첨과 중상의 정치꾼들이 정당을 지배하고 있다. 서로를 대화할 수 없는 상대로 여기는 이상한 정당정치, 책임과 신뢰를 나눌 수 없는 낯선 의회정치가 문제이지 민주주의의 붕괴를 걱정할 일은 아니라는 것이다. 팬덤 정치의 문제는 무례한 팬덤 시민들에 맞서 어떻게 민주주의를 지켜야 할까의 문제가 아니라, 정치를 정치답게 하는 것이 얼마나 중요한지를 생각하게 하는 문제다.

5. 누가 변화를 이끌 것인가

정치의 자율성

직접 정치가 아니라 책임 정치가 민주주의이며, 사회적 신뢰를 정치적으로 제도화하는 것이 민주주의다. 자신이 추종하는 사람만 쫓아다니는 민주주의는 민주주의가 아니다. 전체 시민 총회에서 적법하게 선출된 민중의 대표들 가운데 자기 뜻에 맞지 않는 정치인, 정당, 대통령을 제압해야 한다며 직접 정치를 하겠다고 한다면 그 결과는 좋을 수 없다.

책임 정치는 정치의 자율성을 전제한다. 적법하게 권위를 부여하고 그 결과에 책임을 묻는 민주주의와, 의도를 신뢰할 수 없다며 겉과 속이 같은지를 증명하라고 다그치는 민주주의는 같은 것이 아니다. 정치의 자율성을 믿을 수 없다며 민간과 시장에 넘기라는 신자유주의의 논리를, 국민이나 당원의 직접 정치에 넘기라는 주장이 정당화해 주고 있다는 것은 크나큰 역설이다. '주인-대리인의 문제'로 민주정치를 비난하는 행태를, 신자유주의와 직접 민주주의자들 그리고 팬덤 정치 지지자들이 공유하는 것은 아이러니하다 못해 흥미로운 일이다.

민주주의는 좋은 정치의 함수다. 정치가 좋아야 민주주의도 좋다. 그 일은 적법하게 선출된 정치가들이 권위를 갖고 책임 있게 일할 수 있게 하는 것에서 시작된다. 정당과 국회, 대통령의 기능과 역할이 좋은 정치인들에 의해 구현되지 않으면 좋은 시민도, 좋은 민주주의도 불가능하다. 정치나 정치인을 어떻게 믿느냐고 말하고 싶다면 먼저 자신을 돌아봐야 한다.

타인에 대한 믿음을 갖지 못한 삶이 결코 좋은 삶이 될 수 없듯이, 민주주의를 하자고 합의할 때의 전제를 부정하고 아무도 믿지 못하는 정치, 오로지 자신과 자신이 인정하는 사람만 믿는 민주주의를 할 수는 없다.

정치의 자율성을 존중하는 관점을 민주주의에 대한 엘리트주의적 시각이라고 비판하는 사람들이 있다. 하지만 민주주의는 엘리트주의도 아니고 그렇다고 반反엘리트주의도 아니다.

그보다는 엘리트와 시민이 협력하는 체제가 민주주의다. 민주주의 체제라고 해서 시민이 통치할 수 있는 것은 아니다. 정부를 운영하고 공공 정책을 결정하고 국가 예산을 다루는 것은 적법하게 선출된 시민 대표, 즉 정치 엘리트들에게 맡겨진 과업이다.

어떤 엘리트에게 정치가의 역할을 맡길지를 시민이 결정하고 사후에 책임을 물을 수 있을 때 우리는 그 체제를 민주주의라고 부른다. 복수의 정치 엘리트 집단이 정당으로 나뉘어 통치권을 두고 좋은 경쟁을 해야 하고, 그럴 때에만 시민의 선택은 의미를 갖는다. 또한 여야가 법을 만들고 집행하면서 권력의 자의성을 스스로 제어하고 상호 책임을 부과할 수 있어야 견제와 균형의 원리가 작동할 수 있다. 그런 점에서 다원주의와 입헌주의의 기초를 튼튼하게 만들어야 민주주의도 좋은 방향으로 발전할 수 있다. 이를 중시하지 않는 민주주의론으로는 팬덤 정치와 제대로 싸울 수 없다.

권력투쟁의 도덕적 기초

정치는 곧 권력 투쟁이고, 누구나 승자가 되려고 하며, 그러기 위해 강한 권력의지를 가져야 한다고 주장할 수 있다. 틀린 주장은 아니다. 다만 그런 주장이 반도덕적 권고가 되지 않으려면 권력의지의 윤리적 기초를 세워야 한다. 적극적 권력 투쟁이 정치의 방법론인 것은 맞지만, 권력 투쟁에서의 승리 그 자체가 정치의 목적이 될 수는 없기 때문이다.

좋은 신념 없이 권력 투쟁에서 승자가 되기만을 바라는 것은 정치를 파멸로 몰고 갈 수 있다. 정치에서 권력과 힘이라는 '악마의 무기'를 손에 쥐는 일을 회피할 수는 없지만,[4] 그렇다고 악마의 마음으로 악마의 수단을 손에 쥐면 정치가는 악마가 되고 만다. 제대로 된 정치가라면 내적으로나 외적으로 필요한 자질과 능력을 갖추고자 최선의 노력을 다해야 한다. 옳은 일을 하겠다는 신념과 소명 의식이 현실 속에서 쉽게 무너지지 않도록 '단단한 내면'을 가져야 한다. 외적으로는 선한 목표나 사회적 대의를 구체화해서 제시할 수 있도록 정당 책임 정치를 추구해야 한다.

그래야 권력을 선용할 수 있다. 그래야만 권력을 추구하는 일에서 늘 직면하게 마련인 사악한 유혹으로부터 자신을 지키고 또 동료 시민의 삶을 지키는 호민관護民官이 될 수 있다. 정치

---

4 "악마적 힘과 거래"하는 일일 수밖에 없다는 관점에서, 공적 폭력을 다루는 정치가의 책임감을 조명한 작업에 대해서는 베버(2021, 111)를 참조할 것.

하는 일이 늘 윤리적 딜레마와 긴장을 동반하더라도, 언제든 '그럼에도 불구하고'를 외치며 좀 더 인간다운 정치의 길을 낼 수 있는 자신감을 가져야 한다. 그런 정치가를 배출하지 못하는 사회는 불행하다.

지금 우리 정치인들의 문제는 권력을 추구해서가 아니다. 그보다는 권력을 가치 있게 쓰고자 하는 도덕적 열정을 찾아볼 수 없다는 데 있다. 권력 추구는 과잉이되, 신념의 힘이 느껴지지 않는 정치라는 데 문제가 있는 것이다. 가치 있는 변화를 추구하려는 정치가로서의 분투는 보기 힘든 반면, 상대를 조롱하고 야유하는 일에 앞장서면서 부끄러워하지 않는 정치가들만 눈에 띈다는 게 문제다.

실수와 잘못, 과오를 인정하는 것을 권력 투쟁에서 패배하는 일로 여기며 논란을 일으켜 자기방어를 하고, 그러면서 더 뻔뻔해지고 더 기만적인 행동을 서슴지 않는 이들이 정치를 주도한다는 게 문제다. 그런 것도 정치라고 해야 한다면, 엄밀한 의미로 '정치에 반하는 정치'라고 표현해야 맞다. 도덕적으로나 윤리적으로 저열한 정치꾼들이 정치를 망치고 사회를 분열시키고 시민들 사이를 적대와 증오로 대립시키는 일을 멈추게 하지 못하면, 정치의 미래는 없다.

정치는 좋을 때만 가치를 갖는다

누군가 나쁜 정치라도 있어야 한다고 주장한다면, 동의할 수 없다. '정치가 원래 그런 거지, 특별할 게 뭐 있나'라고 누군가 말한다면 이 또한 반대한다. 존재하는 정치 현실을 그대로 인정하면 사실 정치에 관심을 가질 일도 없고, 정치를 좋게 하려는 열정을 발휘할 이유는 더더욱 없다. 정치는 냉소의 대상이 되면 힘을 잃는다.

나쁜 국가라도 국가는 있어야 할까. 악법도 어쨌든 법이라고 인정해야 할까. 이런 오래된 논쟁은 정치의 역할을 이해하는 데도 도움이 된다. 나쁜 국가가 무無국가보다는 낫다거나, 무법보다는 악법이라도 있어야 한다는 주장을 정당화할 수 있는 윤리적 기준은 만들 수 없다. 무국가 못지않게 나쁜 국가 또한 받아들일 수 없다. 무법 못지않게 악법에도 항의해야 한다.

인간의 역사에서 사람을 가장 많이 살해한 것도, 자연환경을 가장 많이 훼손한 것도 국가였다. 그 모든 일을 국가는 법의 이름으로 행했다. 누구도 악법과 나쁜 국가의 통치를 받아들이라고 요구할 수 없다. 난민의 길을 나서는 사람에게 그래도 나쁜 국가라도 있는 게 낫지 않느냐는 말이 위로가 될 수 없으며, 나쁜 국가에 대한 반란을 꿈꾸는 사람들에게 저항을 멈추라고 요구할 수 없다. 악법에 항의해 시민 불복종에 나서는 사람들에게 그래도 법을 지켜야 한다고 말할 수 없다. 나쁜 국가와 악법의 지배는 정치가 실패한 결과다. 나쁜 정치가 나쁜 국가를 만들고 악법을 낳는다.

국가든 법이든 좋을 때만 가치를 갖는다. 정치 역시 정치답게 제대로 실천될 때만 옹호할 수 있다. 정치의 역할이 기대와 다를 때마다 항의하고 또 개선을 위한 노력에 나서야 하는 것은 그 때문이다. 비록 그것이 영원히 반복될 수밖에 없는 '시시포스의 신화'와 같다 하더라도, 결국 헛수고 아니냐는 냉소에 직면하게 되더라도 멈출 수 없다. 그러기보다는 시시포스와 함께 돌을 떠받치고 그의 등을 밀어주는 선택을 기꺼이 하는 것, 우리의 민주적 신념은 그 언저리 어딘가에 있어야 한다.

변화의 주체는 누구인가

정치의 실종과 퇴행을 걱정해야 할 때지만, 그래도 변화는 지금의 정치 안에서 이루어져야 할 것이다. 이런 정치를 싫다고 말하기는 쉬우나, 정치 밖에서 대안을 말하고 변화를 실현하는 일은 어렵다. 그런 의미에서 지금의 정치를 비판하면서도, '냉소의 언어'가 아니라 '가능성의 언어'를 견지해야 한다.

'가능의 예술'이라는 정치의 별칭답게, 제대로 된 정치를 실천하려는 정치가는 물론, 침착하게 좋은 정치를 기다리는 시민을 격려해야 한다. 누군가 지금 같은 나쁜 정치의 관성을 이어가기보다 정치를 정치답게 제대로 해보고 싶어 하는 정치인이 있다면 그에게 자신감과 용기를 갖게 하는 정치론, 우리에게는 그게 필요하다.

이 대목에서 우리 사회의 상식에 반하는 이야기이겠지만, 꼭 해두고 싶은 말이 있다. 필자는 여러 분야 엘리트 집단 가운데 정치 엘리트가 전체적으로 가장 낫다고 생각한다. 인품으로 보더라도 교수나, 언론인보다 낫다. 행정 엘리트나 법률 엘리트, 시민운동 엘리트보다 낫다. 소화해야 할 일정으로 따지면 기업의 중역들보다 더 바쁘게 일하는 사람이 정치인이다. 도덕적인 기준에서도 상대적으로 가장 깨끗하다.

국회 인사청문회를 보면, 교수나 언론인 같은 엘리트 집단보다 정치 엘리트 집단이 훨씬 도덕적임을 볼 수 있다. 본래 그 사람이 도덕적인지 아닌지와 상관없이, 정치 엘리트 역할을 계속하려면 법도 더 잘 지켜야 하고 세금도 제대로 내야 하는 등 자신의 정치 여정을 위협하는 일은 하지 않아야 할 정도의 선한 압박이 작동한다. 지금 우리 정치는 그 수준까지는 좋아졌다.

일에 대한 책임성이나 실력에서도 다른 분야 엘리트보다 정치 엘리트가 낫다. 언론이 야유하듯 만들어 내는 정치인들의 모습과는 달리, 실제로는 다른 어느 분야 엘리트들보다 정치 엘리트들에게서 배울 점도 많다. 모든 정치인이 그런 것은 아니지만 평균적으로 보면 정치를 오래 한 사람일수록 정치가답다. 오히려 정치 경력 없이 영입된 초선, 전문가 집단 가운데 무능하고 무책임한 사람들이 많다.

정치는 직업 정치인에게 맡겨야지 법률가나 행정 관료, 언론인이나 지식인 같은 아웃사이더에게 맡겨서는 안 된다는 점을 강조했던 막스 베버의 주장에 틀린 것은 없다고 본다. 평생 정치를 하며 재산보다는 명예를 지키며 살아서 동료 정치인과 동료 시민들로부터 존경받을 수 있다면 그것으로 충분하다고 여기는 정치인들이 많아져야 민주주의도 산다.

지금 우리 국회에도 여전히 정치가로서 제 역할을 묵묵히 하는 의원들은 많다. 정치에 대한 기대를 접게 만드는 문제 의원들은 많이 잡아야 50여 명 정도다. 그들을 제외하고 나머지 의원들은 유능하고 성실하며 또 책임감도 있다. 다만 문제의 50여 명들처럼 논란을 일으키기 위해 애쓰지 않고 자기 홍보에 신경을 덜 쓸 뿐이다. 한 집단 안에서 6명 가운데 1명이 문제이고 나머지 5명은 성실하다면 괜찮은 편이다.

법률가나 언론인, 대학교수는 물론이고 심지어 시민운동 엘리트 집단을 봐도 실력이나 도덕성, 책임성에 있어서 정치 엘리트 집단보다 결코 낫다고 볼 수 없다. 선출직의 경험을 통해 성장한 직업 정치인을 대신해 이들 법률 엘리트나 언론 엘리트, 지식인 엘리트, 시민운동 엘리트들에게 정치를 맡긴다면 어떻게 될까? 필자는 최악의 상황이 될 것이라고 생각한다. 지금 우리 의원들에게 부족한 건 나쁜 정치와 싸울 용기일 뿐, 입법자로의 성실함과 도덕성에서는 최선을 다하는 사람들이다.

정치를 나쁘게 만드는 문제의 국회의원들은 크게 다섯 유형으로 나눠볼 수 있다. 첫째는 선동가형이다. 그들은 어떤 사안에 있어 합리적 해결책이나 대안을 모색하는 것이 아니라 무엇이든 공격과 야유의 소재로 동원하는 데 익숙하다. 싸움과 갈등을 부추기고 자신이 앞장서는 장면을 연출하는 데 유능하다. 그렇게 해야 팬덤 지지자들로부터 환호와 찬사를 받을 수 있다고 여기며, 공익보다는 자신을 위한 정치를 해야 지지자도 얻고 영향력을 키워갈 수 있다고 믿는 유형이다.

둘째는 일종의 개인 독점형 의원 유형이다. 여론의 관심을 끌 이슈가 생기면 곧바로 나서고, 단독으로 주목받고자 하는 열정을 참지 못하는 의원들을 가리킨다. 그들은 보좌진들에게 늘 신속 대응을 요구한다. 법안도, 기자회견도, SNS 업로드도 다른 의원이 나서기 전에 먼저 하고 싶어 한다. 그런 조바심이 자신을 압도하기 때문에 협동의 가치는 물론, 숙의나 성실한 준비의 중요성은 생각할 겨를이 없다. 혼자 빛나고 싶은 이 유형의 의원들 때문에 우리 국회가 나날이 속보 경쟁 체제로 바뀌고 있다.

셋째는 도덕적으로 뻔뻔한 유형이다. 그들은 자신의 실수나 잘못임에도 논란을 이어가며 끝까지 사과나 인정을 하지 않는다. 그들은 사실을 인정하는 것을 패배로 여기는 특별한 사고방식의 소유자들이다. 그들은 팬덤 지지자들이 나서서 상대 당이나 언론의 비판에 맞서 대신 싸워 주고 후원금도 쉽게 걷고 인지도도 더 올라가는 것을 경험한 뒤 부끄러움조차 갖지 않게 되었다. 염치없는 일이라도 팬덤 지지자들이 바라는 싸움을 계속한다면 성공할 수 있다고 확신하는 이들 역시 의회정치를 멍들게 한다.

넷째 유형은 외견상 매우 적극적이고 전투적인 것 같지만 실제로는 무능력하고 무책임한 의원들이다. 상임위 전체회의에서는 카메라를 의식해 언성을 높이지만, 카메라가 없는 소위원회에서는 논리적이고 성실하게 심의할 수 없는 의원들이 그들이다. 실력을 키우는 어려운 노력보다 인지도를 높이는 쉬운 선택이 자신에게 더 유익하다고 여기며 동료 의원들이 보내는 부정적 시선을 견딘다. 그들은 언론에 많이 언급되고, SNS 구독자나 응원 댓글이 많은 것을 정치를 잘하는 것으로 착각하는 사람들이다.

다섯째 유형은 팬덤 지지자들이 좋아하는 이른바 '팬덤 인싸'에 들어가는 것을 동경하고 거기에 속하지 못해 안달하는 의원이다. 그들은 자신을 돌아볼 생각보다는 나는 왜 안 되는지에 연연하며 그 짜증을 보좌진에게 돌리는 사람들이다. 이런 의원일수록 보좌진 교체가 잦다. 의원실을 함께 정치하는 팀이나 동료로 이해하지 못하고 수시로 임면을 반복하는 의원들 때문에 의원실 문화가 일종의 연예 기획사 사무실처럼 변하고 있는 것도 문제다.

정치를 나쁘게 만드는 의원들이 누군지를 가려 보는 방법이 있다. 가장 대표적인 것은 반대자나 비판자를 만나는 것을 싫어한다는 것이다. 그들은 환호 받는 자리만을 원할 뿐, 토론이 필요한 모임을 기피한다. 자료 검토나 법안 준비에 긴 시간을 보내는 것을 참지 못하고, 언론에 자신의 이름이 얼마나 자주 언급되는지에만 신경을 쓴다. SNS에 자신의 활동 모습을 올리는 것을 중요하게 여기는 그들은 그 짧은 메시지와 얼굴 사진 때문에 보좌진들에게 자주 화를 낸다.

상임위에서 그들은 상대방 의원이나 증인들이 발언하는 중에 소리를 잘 지른다. 야유나 조롱조 언어가 입에 붙어 자기도 모르는 사이에 튀어나올 때도 많다. 그들의 질의에는 치밀한 사실 관계를 따지는 내용보다 국가나 국민, 민족, 민주주의, 노동자, 서민 같이 구호성 용어가 많이 등장한다. 누가 알아주지 않더라도 자신의 의지대로 의정 활동을 하는 사람들과는 거리가 먼 그들에게 중요한 것은 첫째도 홍보, 둘째도 홍보, 셋째도 홍보다. 그들이 두려워하는 것은 의정 활동을 잘 못하는 것이 아니라, 주목받지 못하거나 지지자들에게 잊히면 어쩌나 하는 데 있다.

팬덤 지지자들에게 잘 보이고 싶어 하는 이 새로운 유형의 50여 명의 의원들이 의회정치와 정당정치를 나락으로 이끌고 있다. 그들은 의견을 달리 하는 여야 의원들 속에서 합리적 토론을 이끌 수 없는 사람들이며, 협력을 통해 일하는 사람들이 아니라 공격과 야유를 통해 일이 안 되게 만드는 사람들이다. 정치를 정치답지 못하게 만드는 이들 소수의 거친 목소리 때문에 나머지 250명의 의원들이 같은 존재로 경멸당하는 게 우리 국회의 현실이다.

정치가가 용기를 내야 한다

시민 없는 민주주의가 형용모순이듯, 정치가가 없는 민주주의도 실존할 수 없다. 시민에게 책임지지 않는 정치가 독단을 낳듯, 정치가가 없는 시민 직접 정치는 세상 사람들을 성마르고 조급하게 만든다. 그런 정치관은 선동에 취약하다. 작은 이견 앞에서도 무력하게 무너질 수 있다. 정치가들의 독립적인 역할 없이 존립 가능한 인간 사회나 작동 가능한 민주주의는 없다. 정치가들이 주어진 임기 동안 정치를 자율적이고 또 책임 있게 운영할 수 있어야 사회 갈등을 다룰 수 있고 시민의 평화와 안정도 도모할 수 있다. 정치가의 독립적인 역할 없이 그저 민심을 따르라고 하면 민주주의는 여론에 아첨하는 정치로 둔갑하기 쉽다.

정치가들과 그들의 조직인 정당이, 시민의 다양한 의견을 조직하고 표출하고 대표하면서, 공익이 무엇인지를 둘러싸고 더 깊게 숙의해 '합의된 변화'를 이끌어야 민주주의는 그 원리에 맞는 역할을 한다. 모두가 정치를 하는 민주주의, 일상이 곧 정치여야 한다고 보는 민주주의의 비전은 위험하다. 적법하게 선출된 정치 엘리트들의 역할을 부정하거나, 그들을 함부로 조롱해도 되는 민주주의를 만들 수는 없다.

그렇게 되면 민주주의는 앞에서는 시끄럽고 뒤에서는 비선출직 강자 집단들의 욕구를 남몰래 채워 주는 지배 수단으로 타락한다. 반反엘리트주의나 정치 물갈이와 같은 허구적 주장보다 '정치 엘리트 육성론'이나 '정치 엘리트 선용론'이 훨씬 가치 있는 민주적 접근이다. 시민 참여나 대중의 민주적 의식만으로 민주주의는 절대 충분할 수 없다.

정치학이 우리에게 가르쳐 주는 것은, 민주주의란 시민의 민주적 의식에 의존하는 체제가 아니라는 사실이다.[5] 민주주의 국가들의 시민 유권자를 대상으로 한 의식 조사가 일관되게 보여 주는 것은 공적 판단을 위해 독립된 지식과 정보를 추구하는 유권자나 시민의 이미지는 일종의 신화라는 사실이다. 그들은 스스로 정책을 결정하고 정부를 이끌 수 있는 지식이나 능력을 갖추기 위해 시간과 비용을 지불하는 것이 아니라, 자신이 신뢰하는 정치인이나 정당의 판단을 평가하는 방법으로, 어떤 정부에게 일을 맡길지를 선택한다. 요컨대 시민이나 민중은 정치인이나 정당, 나아가 정부의 통치 지식과 통치 능력을 이용해 주권자의 역할을 하는 것이지, 모든 사안에 대해 자신의 판단과 결정으로 공적 명령을 내리고 이를 정치인과 정당, 정부가 집행하도록 하는 것은 아니다. 시민들의 행위 동기가

---

5   정치학에서 이와 관련된 논의의 역사는 길고, 시민 유권자가 정치 의제나 이슈를 이해하고 투표하는지에 대한 조사도 방대하게 이루어졌다. 이에 대한 자세한 분석과 평가에 대해서는 Achen and Bartels(2017)를 참조할 것.

민주적이지 않더라도, 설령 공익적이지 않을지라도 민주주의는 가능하다. 시민의 다수가 자신의 안위를 우선시하거나, 심지어 이기적일지라도 민주주의는 얼마든지 잘 작동할 수 있다. 악마조차 민주주의의 원리나 제도, 규범을 따르게 하는 것, 그런 정치 체계를 만들고 잘 운영하는 것, 우리가 관심을 갖는 것은 이런 문제다.

주관적 참여 의식이나 정의감으로 말할 것 같으면, 민주당 쪽의 정치 팬덤은 물론 태극기부대 시민들의 민주적이고 민족적인 열정도 대단하다. 하지만 정치학자는 그들의 확신에 찬 정의감과 참여 의식이 삐뚤어진 결과를 가져올 수 있음을 경고한다.

한동안 많은 이들이 정치가나 정당의 역할을 줄이고 시민의 직접 참여를 확대하는 것을 민주주의라고 오해했다. 정당도 직접 민주주의 개혁을 하겠다고 하지를 않나, 대통령이 국회를 압박하는 국민운동에 참여하지를 않나, 청와대가 입법과 사법의 영역까지 국민 직접 청원을 받는 일까지 있었다. 국민을 앞세우고 직접 민주주의를 강조할수록 정치가 나빠졌다. 대통령 자리를 두고 양극화된 전쟁은 심화되었고, 이 전쟁에 쇄도해 들어온 팬덤들이 정치의 역할을 파괴했다.

팬덤의 위세가 커질수록 정당과 정치가들이 서로 마주 앉아 공동체의 문제를 풀어 가는 민주주의의 모습은 보기 어려워지고 있다. 팬덤 리더들이 여론에 직접 호소하고 지지자를 직접 동원하는 일은 일상화되었다. 이에 호응한 당파적 팬덤 시민들은 서로 무례해도 좋다는 듯 행동했다. 생각이 다른 사람을 경멸하는 일에도 익숙해졌다. 그에 비례해 시민들 속에서도 서로 다름의 사이를 채워야 할 협동의 가능성이 줄었다. 그보다는 쉽게 화를 내고 모두가 억울해 하는 사회가 되었다.

민주주의는 이상적 정치체제가 아니다. 민주주의는 인간의 한계만큼이나 문제도 많고 단점도 있다. 화단이나 텃밭처럼 늘 꾸준히 가꿔 가야 하는 게 인간의 민주주의다. 시민의 역할도 중요한데, 그 역할이 정치가와 정당을 없애는 방향으로 구현될 수는 없다. 정치가와 그들의 조직인 정당이 책임 있는 역할을 하지 못하면 세상의 그 어떤 민주주의도 좋은 결과를 가져오지 못한다.

한국 현대사의 두 축복

돌아보면, 한국 현대사가 부정적인 측면만 있었던 것은 아니다. 제2차 세계대전 이후 독립한 신생국가들을 비교의 대상으로 놓고 보자면, 한국 사회가 산업화의 과제를 달성하고 또 민주화를 일궈 내는 과정에서 두 가지 큰 축복이 있었다. 하나는 민주화 이전 시기에 있었고, 다른 하나는 민주화 이후 시기에 있었는데, 공통적인 것은 두 시기 모두 야당의 역할이 좋았다는 데 있다.

첫째, 여당보다 야당이 먼저 만들어졌다는 사실이 중요하다. 해방 후 초기 입헌 질서를 주도한 세력은 야당이었다. 반면 여당은, 자유당의 사례가 보여 주듯, 제1공화국 탄생 이후에 만들어졌다. 정권을 잡고 나서야 여당이 만들어진 것이다. 자유당이 그랬고, 공화당도 그랬고, 민정당도 그랬다. 정당이 정권을 만든 게 아니라, 정권이 여당을 사후에 인위적으로 만들어 냈다. 야당은 달랐다. 야당은 늘 있었다. 정권이 바뀌고 정변이 있고 군부 쿠데타가 있을 때도 야당이 있었다. 야당이 있는 권위주의와 야당이 없는 권위주의는 몹시 다르다.

야당이 있었기에 전쟁의 참화에서 벗어난 지 7년 만에 전국적인 민주혁명에 성공할 수 있었다. 일인당 국민소득이 100달러도 안 된 1960년에 있었던 4월 혁명과 제2공화국의 출현이 확고하게 만든 것이 있었다. 적어도 남한에서만큼은 '민주주의 없는 산업화'의 길이 인정될 수도, 정당화될 수도 없다는, 바로 그것이다. '민주화 없는 공산주의 산업화'의 막다른 길로 가게 된 북한과는 이로써 서로 완전히 다른 역사의 경로를 밟게 되었다. 야당이 있었기에 군부 정권에서도 의회와 정당의 공간을 폐쇄할 수 없었다. 탄압과 분열 공작을 통해서도 야당을 없앨 수 없었다는 것은 미래의 한국 사회로서는 축복이 아닐 수 없다.

야당이 없었더라면 한국의 민주화 과정은 훨씬 더 많은 피와 희생을 치렀을 것이다. 이는 야당의 역할이 거의 없었기에 반체제 운동이나 무장투쟁으로 맞서야 했던 중남미나 동남아시아 국가들의 사례와 비교해 보면 분명하게 알 수 있다. 1985년 2월 총선이 사실상의 야당 승리로 마무리된 것은 한국 민주화의 큰 선물이었다. 그렇지 않았더라면 학생들과 노동자들은 더 오랫동안 더 격렬하게 싸워야 했을 것이다. 야당이 없었더라면 1987년 평화적인 민주화 이행은 불가능했을 것이다. 같은 군사정권이라 할지라도 야당이 있는 권위주의에서의 민주화 이행은 확실히 덜 폭력적인 경로를 만든다.

둘째, 비슷한 시기 민주화를 했다고 해도 나라마다 그 이후 과정은 똑같지 않다. 중남미 여러 국가의 사례에서 보듯, 민주화 이후에도 혼란은 계속될 수 있다. 법이 아니라 폭력과 부패가 지배하는 국가도 있고, 군부 역시 병영으로 순순히 돌아가지 않은 나라도 많다. 반군과 반체제 무장투쟁이 민주화 이후에도 계속되거나 재현된 사례 또한 적지 않다. 한국의 사례는 이들과 크게 달랐다. 핵심은 한국의 경우 야당의 집권이 조기에, 그것도 평화적으로 이루어졌다는 사실에 있었다.

민주화를 이룬 나라는 많았지만, 야당 집권이 순조롭게 받아들여진 사례는 보기 어렵다. '수평적 정권교체'라고 불렸던 야당의 집권을 우리는 10년 만에 이루었다. 그것이 가져온 선한 효과는 말할 수 없이 컸다. 한밤중에 누군가 군홧발로 문을 박차고 들어올지 모른다는 공포에서 벗어났고, 기본권으로서 자유는 확고한 것이 되었다. 시민사회는 새로운 활력을 갖게 되었으며, 관료나 재벌 대기업도 민주주의에 순응하게 되었다. 군부나 정보기관도 잘못된 야심을 버려야 했다. 이로써 한국의 민주화는 불가역적인 것이 되었고 누구든 민주주의 안에서 이익을 추구하고 적법한 절차와 방법으로 경쟁해야 하는 단계로 들어섰다.

민주주의가 '우리 동네의 유일한 게임 규칙'으로 자리를 잘 잡지 않았더라면 한국 경제가 선진국이 되는 일은 없었을 것이다. 권위주의의 복원이나 군사정권의 재집권이 대안으로 고려되는 상황에서, 민주적인 절차와 제도, 규범과 가치는 여러 행위자 집단의 마음속에 안착할 수 없게 된다. 민주화를 되돌릴 수 없게 되었다는 사실을 받아들이고 노동자와 공존하는 길을 선택했기에 한국의 대기업은 세계적인 기업이 될 수 있었다.

권위주의 시대의 기업 문화로 글로벌 경쟁에서 앞서간다는 것은 상상할 수 없는 일이다. 야당의 집권은 세계화 시대의 경제 발전을 위해서도 축복이었다. 문제는 그다음에 있었다.

좋은 대통령이 아니라 좋은 정당이 중요하다

한국의 민주화는 시민의 손으로 최고 통치자를 선출하는 '대통령 직선제' 요구로 시작했다. 이 요구는 1987년 6월 민주 항쟁과 10월 헌법 개정, 그리고 12월의 대통령 선거로 실현되었다. 이 단계의 과업은 권위주의 체제의 복원 시도가 불가능해지는 시점에서 종결된다. 정치학자들은 이를 '민주적 공고화'democratic consolidation라고 부르는데, 1997년 야당 후보가 대통령 선거에서 승리하는 것을 기점으로 한국의 민주화는 명실상부하게 공고화되었다. 지금 우리가 직면하고 있는 한국 사회의 비극적 양상은 공고화 이후, 즉 민주주의는 역전되기 어려운 단계로 들어섰고 이제 민주주의의 내용을 채워야 하는 단계가 되었는데, 바로 거기서 문제가 생겼음을 실증한다.

민주주의는 왕을 선출하는 것이 아니라, 사회의 다양한 이익과 열정을 자유롭게 표출하고 집약하는 정치의 체계가 작동하는 것을 가리킨다. 이를 주도하는 것은 정당'들'이다. 이들이 공익을 두고 책임 있게 경쟁해야 민주주의는 그 가치를 실현할수 있다. 이 과정에서 사회적 요구가 배제됨 없이 대표되고, 그들 사이의 갈등을 조정될 기회를 향유하는 것, 이른바 '정당 다원주의'party pluralism가 민주화의 다음 단계를 이어 갔어야 했다. 한마디로 말해 직선 대통령, 야당 대통령의 과제에 이은 민주화의 다음 과제는 정당정치의 발전으로 구현되었어야 했다는 말이다.

바로 이 단계에서 한국 민주주의가 길을 잃었다. 정당정치가 아니라 대통령 전쟁이 심화되었다. 대통령 전쟁은 민주주의만이 아니라 사회 전체를 극단적으로 분열시키기 시작했다. 그과정에서 정당은 자율성을 잃고 대통령 전쟁의 부속물이 되어버렸다. 국회는 '대통령 관심 사안'을 둘러싸고 여야가 대리전을 치르는 곳으로 전락했다. 정당 정부party government가 아니라대통령 정부, 혹은 청와대 비서실 정부가 나타났다.

정당들 '사이'의 책임 정치가 아니라, 대선 후보 및 당 대표를둘러싼 당내 경선 전쟁에 모든 것을 걸어야 하는 일이 당 내부를 분열로 이끌었다. 사회의 중대 의제를 둘러싼 정치가 아니라, 당내 경선, 즉 대통령 후보가 되고자 하는 탐욕의 싸움 때문에 정당정치도 민주정치도 망가졌다. 한국 정치의 모든 것이대통령 혹은 대통령이 되려는 사람들을 위한 것으로 변질되어

버렸다.

대통령은 야당을 인정하지 않는다. 야당은 대통령을 공격하는 것으로 할 일을 다 했다고 여긴다. 여당은 정부를 책임지는 집권당government party이 아니라 대통령을 엄호하는 역할을 한다. 여야는 마주 보고 정치를 하지 않는다. 각자 등을 지고 돌아서서 자신들만의 지지자를 향해 아첨하고 상대를 비난하는 방식으로 일한다. 여야 서로 '두고 보자'라는 식의 복수 의식을 키우는 정치를 한다.

대통령은 '정부조직법'대로 정부를 움직이지 않는다. 내각위에 대통령 비서실이 있고, 국무회의 위에 대통령 수석 보좌관 회의가 있다. 시정연설을 위해 국회에 오는 대통령들은 의원들을 동료 정치인으로 여기지 않는다. 그들과 대화하지 않는다. 질문도 받지 않는다. 대신 카메라를 향해 '국민 여러분'만 호명하다 연설이 끝나면 국회를 떠난다.

대통령 선거는 분명 행정부 수반을 선출하는 시민 총회인데, 실제는 거의 국가를 들었다 놓았다 할 정도의 에너지가 동원된다. 대통령 이름 뒤에 붙어야 할 것은 '행정부'인데, 모두가 '대통령 정부'라고 부른다. 과거처럼 '자유당 정부', '민주당 정부', '공화당 정부'라고 불려야 할 것을 이제는 문재인 정부, 윤석열 정부처럼 사인화된 명칭을 사용한다. '문민정부', '국민의정부', '참여정부'라고 하던 관행도 사라졌다.

정당이 대통령 후보를 배출하는 것도 아니다. 이제는 정당 밖에서 여론의 지지를 얻는 사람이 후보도 되고 대통령도 되고 정당도 장악한다. 정치를 해서는 안 되는 경력이나 성품을 가진 사람도 열성 지지자만 만들 수 있으면 정치를 손에 쥘 수 있게 되었다. 이 모든 일은 '국민 참여 정치'로 정당화된다. 정당의 공직 후보자를 결정하는 결정도 '국민 참여 경선'이라고 부르고, 정책도 예산도 청원도 '국민 참여'로 하는 것을 좋은 일로 여긴다.

변화는 어디서 일어나야 할까. 정당이다. 승부를 봐야 할 곳은 정당이다. '좋은 정당 만들기' 없이 그 어떤 변화도 지금과 같은 정치를 바꾸지 못할 것이다. 경제적으로나 군사적으로나 문화적으로나 한국은 선진국 못지않게 발전했는데, 정치를 책임질 정당의 발전을 못 이룰 일도 아니다. 의원에서 하급 당직자에 이르기까지 자신의 정당에 자부심을 갖는 변화가 만들어져야 한다. 정당에 대한 일체감과 충성심을 북돋는 변화 없이 "일회용", "하루살이", "떴다방", "인력 사무소" 같은 자조적인 표현이 나도는 정당이 잘될 리 없다. 정당들의 분발을 촉구하고 또 기대한다.

민주주의와 민주주의가 아닌 체제를 구분하는 핵심은 복수의 정당에 있다. 경쟁하는 정당들이 좋지 않으면 민주주의도 얼마든지 나빠질 수 있다. 좋은 정당이 없으면 대중 민주주의가 갖는 역동성은 얼마든지 포퓰리즘 정치, 팬덤 정치, 양극화 정치를 불러올 수 있다. 정당들이 사회의 다원적 요구를 잘 대표하고, 의회정치를 책임 있게 이끌며, 공공 정책의 유능한 공급자로서 능력을 키워 가지 못하면 민주주의도 최악으로 작동할 수 있음을 오늘의 한국 사회가 말해 준다.

결론

팬덤보다
팬덤을 불러들이는
정치가 문제

1.

정치가는 대중의 지지를 먹고 산다. 민주주의 체제라면 열정적인 팬이 있고, 그들의 팬심이 작동하는 게 자연스러운 일이다. 인간의 역사에서 대중이 참여하는 정치는 단 한 번도 조용한 적이 없었다. 참여의 열정이 세상의 다양한 목소리를 표출하면서 공동체를 더 넓게 통합해 낼 때도 있었고, 반대로 세상을 극심한 적대와 증오로 분열시킬 때도 있었다.

예의를 잃지 않고 이견을 말하고 얼굴을 붉히지 않고 반대 토론을 할 수 있을 때의 정치와 그렇지 못할 때의 정치는 다르다. '건강한 팬심'이 참여를 이끌 때와 '적대적 팬덤'이 광신을 자극할 때의 정치는 같을 수 없다.

팬심이든 팬덤이든 본질적으로 민주적인 정치 현상이다. 민주정치는 대중의 열정을 불러들이고 또 필요로 한다. 다만 그열정은 가치 있는 만큼이나 위험한 결과를 낳을 수 있다. 합리적 이성으로 단련된 집단적 열정은 인간 세상에 유익한 에너지를 제공할 수 있다. 그렇지 않은 열정은 공허한 분노와 곧 이은 좌절을 낳고, 쉽게 치유될 수 없는 분열과 상처를 공동체에 안긴다.

2.

정치란 인간 삶에서 불가피한 싸움의 문제를 전쟁의 방법이 아 닌 평화의 방법으로 다루는 일을 뜻한다. 싸움의 상대를 없애 는 방식이 아닌, 서로의 차이를 인정하는 것에서 정치의 역할 은 시작된다. 그 기초 위에서 여야가 공유하는 가치를 최대화 하는 것을 '공동 통치'co-governance라고 한다. 다르지만 나눌 수 있다면 공유할 방법을 찾는 것을 '조정의 정치'라고 한다. 갈등 적인 사안에서는 이견을 좁히려고 노력하되 오해로 볼 수 없는 최종적 차이에 도달할 때는 기꺼이 타협에 나서는 것, 이는 '교 섭의 정치'라고 한다.

　서로 물러설 수 없는 사활적 쟁점이 있을 수 있는데, 그때는 각자 소수의 대표에게 권한을 위임해 비공식적인 협상조차 허 용하는 것을 '거래의 정치'라고 한다. 그 어떤 방법으로든 합의 에 도달할 수 없는 상황이라면 변화의 조건이 성숙되기를 기다 리는 것도 정치의 현명함 가운데 하나다. 비록 완전하지는 않 았지만, 인류는 이런 정치의 방법으로 시민들 사이의 '내전' 대 신 좀 더 자유롭고 다정하고 평등하고 건강한 공동체를 조심스 럽게 일궈 올 수 있었다.

　정치에서 완전한 해결책이란 있을 때보다 없을 때가 더 많다. 모두를 만족시킬 대안을 발견하는 것은 행운에 가깝다. 실현될 수 없는 '이상적 최선'을 앞세우는 일은 변하지 않는 현실에 대한 분노를 낳고, 분노는 정치가를 길 잃게 만든다. 우리에게 필요한 정치는 분노를 유발하는 정치가 아니라 변화와 개선을 위해 꾸준히 노력하고 협력하는 정치다.

시민을 바꿔 좋은 정치를 만들 수는 없을 것이다. 그보다는 좋은 정치가 좋은 시민을 만들고 사나운 정치가 사나운 시민을 만든다는 점을 더 중시해야 한다. 인간의 공동체 안에서 시민으로서의 좋은 삶은 그에 앞서 좋은 정치의 역할이 있을 때만 가능했다. 그런 의미에서 지금의 팬덤 정치는 정치가 정치다운 역할을 하지 못하면 무슨 일이 벌어지는가를 실증하는 사례라 할 수 있다.

3.

많은 이들이 팬덤 정치의 문제를 강성 시민, 강성 지지자들의 문제라고 말한다. 자신과 생각이 다른 같은 당 정치가를 상대 정당의 첩자라고 욕하고 야유하는 팬덤 당원 혹은 팬덤 지지자들이 정치를 나쁘게 만든다고 탓하는 사람도 많다. 하지만 그

건 절반만 사실일 것이다. 그 전에 먼저 정치가 나빠졌는데, 그 사실을 말하지 않은 채 욕설과 야유 문자만을 문제시하는 것은 공정한 일이 아니다. 팬덤 시민, 팬덤 당원이 있기 훨씬 이전에 '팬덤을 필요로 하는 정치'가 선행했다는 사실, 문제의 초점은 거기에서 찾아야 한다.

자발적인 시민 참여는 좋고 대중 동원은 나쁘다는 의견도 있다. 그러나 참여와 동원은 반대말이 아니다. 정치학의 기본 상식 가운데 하나는, 어느 정도 규모가 있는 참여는 동원 없이 이루어지지 않는다는 것이다. 민주정치는 일종의 독과점 시장이다. 일반 시민이라는 수요자의 독립적인 역할이 있기 이전에, 선택의 대안을 제공하는 정당들과 정치가들의 공급자 역할이 중요하다.

강성 지지자나 팬덤 시민, 팬덤 당원의 지나침이 문제라면, 그 전에 그들에게 용기를 갖게 한 정치인이 있었는지를 먼저 살펴야 한다. 정치가 나쁘고 정당이 역할을 제대로 하지 못하면 그 자연스러운 결과로 시민도 대중도 당원도 얼마든지 세상을 사납게 만들 수 있다.

팬덤 정치는 정치를 바꾸는 문제로 접근할 일이지 시민을 바꿔서 해결할 일이 아니다. 정치를 좋게 하려는 자들이 인정받고 정치를 나쁘게 하는 자들이 기회를 얻지 못하게 해야 한다.

정치가들이나 정당이 어떻게 하든 시민만 잘하면 된다는 것은 합당한 주장이 아니다. 여러 번 강조하지만, 민주주의는 시민이 자유롭고 정치가들은 책임을 지는 것을 뜻하며, 시민이 정치를 대신할 수는 없다.

팬덤이라고 불리는 강성 지지자의 문제는 근본적으로 나쁜 정치에 의해 '만들어진' 문제다. 쫓아내고 절연해야 할 것은 팬덤 정치가이자 이들이 고용하고 동원한 팬덤 활동가들이며, 바꾸고 개선해야 할 것은 이들에게 기회를 주고 야심을 갖게 한 정당 자신이다.

여러 번 이야기하지만, 지금 여야는 마주 보며 정치를 하지 않는다. 서로 등을 돌려 자신의 지지자들을 향해 상대를 비난하는 일만 한다. 그런 '정치 아닌 정치'를 하는 여야가 민주주의를 괴이한 방향으로 이끌고 있다. 정치 없는 민주주의 혹은 정치 대신 혐오를 주고받는 민주주의의 등장이라고 정의할 만한 상황이다. 그로 인한 고통과 사회적 비용은 누가 감당하는가. 정부나 정치의 도움이 필요한 중하층의 시민들이다.

중상층의 시민은 정치의 도움 없이도 시장에서 활용할 수 있는 소득, 직업, 자산, 지위, 학력 등으로 자신을 지킬 수 있지만, 한 사회의 다수를 구성하는 중하층의 시민은 그렇지 않다. 타고난 조건에 순응해 살아야 한다면 그들의 삶은 달라지지 않는다. 변화와 개선은 공공 정책과 공적 예산을 관장하는 정치에서 만들어져야 한다. 이것이 민주주의 체제에서 정치가 존재하는 이유다.

그런데도 여야는 정치를 하지 않는다. 모든 것을 상대 탓으로만 돌릴 뿐 공동으로 전개하는 시민 사업 같은 것은 없다. 그로 인해 만들어지는 묘한 심리가 있다. 현직 대통령이 일을 잘못하면 전직 대통령과 야당이 너무 좋아한다. 야당이 여러 문제에 직면하면 현직 대통령과 여당이 너무 좋아한다. 여야 모두 서로가 망하기를 바란다. 이들이 드러내는 것은 자신들의 나약한 심성일 뿐, 책임 있는 정치가의 자세는 아니다.

그간 정치의 기능은 계속 나빠졌고 이제는 실종 상태에 가까워졌다. 정치를 하라고 시민들이 주권을 위임했는데, 주권을 위임받은 여야가 정치를 하지 않는다. 혐오와 야유로 일하는 것은 정치가 아니다. 언론과 지식인들의 파당화, 관제화도 문제다. 이들을 비판하며 등장한 신종 미디어나 인터넷 지식인들의 과도한 권력화도 심각한 수준이다.

그들은 세상을 보는 독립적인 시각이나 관점 없이 어느 한편에 서서 파당적 선동으로 싸움을 부추기는 역할을 한다. 야유와 혐오를 대중화하고 사회화하는 것은 그들이다. 그들이 권력의 기관지나 대변자 같은 역할을 통해 돈을 벌고 위세를 떨친다. 권력과 자본으로부터 독립된 공론장의 기능이 식민화되든 말든 책임감을 느끼지 않는다. 팬덤 정치는 이들 신종 권력 언론의 번성을 가져왔다.

4.

여당 시민, 야당 시민들 사이의 적대와 혐오의 감정은 순수하다. 그들이 가진 적대와 혐오는 진심에 가깝다. 그 가운데 팬덤 대중의 적대나 혐오는 과도할 정도로 확신에 차 있다. 순수한 시민은 민주주의도 순수하길 바라고 그래서 이질적인 것을 불손한 것, 정화해 없애야 할 것으로 착각하기 쉽다.

영국의 철학자 데이비드 흄은 인간의 이성이란 기껏해야 정념의 노예라고 했는데, 이를 바꿔 말하면 인간에게 이성적이고 합리적인 태도는 본성이 아니라 학습의 결과라는 뜻이다. 혐오의 정념에 이끌리는 지금과 같은 정치가 합리적 시민성을 성숙시킬 교육의 기회가 될 수 없다는 것은 분명하다.

순수한 인간은 타락도 쉽다. 그들은 이성보다는 정념에 잘 이끌린다. 같은 정념을 가진 집단에 속해 있으면 잘못된 의견도 의심 없이 받아들인다. 나아가 혼자 있을 때 가졌던 두려움도 쉽게 버린다. 인간은 이익을 위해서도 집단에 가담하지만 두려움을 피하기 위해 그럴 때도 많다. 생명의 위험을 느낄 상황이 아닌데도 타자에게 과도할 정도로 공격적일 수 있는 것은 인간뿐이다.

20세기 전반기 독일의 나치에 가담했던 중간계급 출신의 지지자들에게서 보았듯이, 인간은 고립감과 두려움에서 벗어나고자, 자아에 투영된 혐오감을 타자화해 유대인과 집시 그리고 공산주의자들에게 쏟아 낼 수 있는 존재다. 죄책감 없는 폭력은 그 결과다.

아리스토텔레스는 혐오의 감정을 가리켜, 자신에게서 비롯된 배설물을 자신의 것이 아니라고 부인하는 태도와 연관지어 설명한 바 있다. 그래야 혐오의 원천이 자기 자신임을 부정하고 나아가 혐오의 대상을 공격하고 제거하는 데 따른 죄책감에서 벗어날 수 있기 때문이다. 혐오하고 공격하는 내가 문제가 아니라 애초 그 대상자에게 잘못의 원천이 있다고 여겨야 안심이 되는 것이다.

과거 군사정권을 이끌었던 사람들도 야당과 학생운동을 두려워했다. 그 두려움은 정당성을 갖고 있지 못한 자신들에게서 비롯되었다. 그 때문에 야당과 학생운동에 대한 탄압을 정당화하면서 민주화 운동에 참여하는 사람들을 겉과 달리 속이 빨간

'빨갱이들'로 정의하곤 했다. 남한이 아니라 북한을 이롭게 하는 존재로 타자화해야 자신들의 정당성 부재에 따른 불안감과 두려움을 줄일 수 있었다.

그 일을 이제는 팬덤 시민, 팬덤 당원들이 한다. 그들은 같은 당 안에서 이견을 갖는 사람들을 이적시할 때마다, 겉만 파랄 뿐 속은 빨간 다른 당 사람이라는 의미로 '수박'이라는 이름을 붙임으로써 수박을 깨자는 행동의 비인간성에 죄책감을 느끼지 않으려고 한다. 물론 이런 일이 있기 전에 누군가를 향해 '부역자'[1]라는 말을 정치가들이 먼저 썼다. 더 심하게는 '귀태'鬼胎[2]나 '토착 왜구'[3]라는 말을 동원한 정치인들도 있었다. 이들이 없었으면 '팬덤 현상'은 '별일 다 있네' 정도로 웃어넘길 수 있었을 것이다.

우리 인간에게는 자신이 가진 판단과 습성을 타인에게 강요하려는 성향이 있다. 이런 성향은 민주주의에서 극대화된다. 외적 강제에 순응하기만 하면 최소한 내면의 평화는 지킬 수

1 　전쟁 중 점령당한 지역에서 점령군을 위해 정보를 제공하고 협조한 자.

2 　귀신과의 사이에서 태어난 자식이란 뜻으로, 상대 당 정치인들을 가리켜 태어나지 말았어야 할 사람으로 공격하기 위해 사용하면서 유명해진 말.

3 　자생적 친일 부역자.

있었던 권위주의 때와는 달리, 민주주의에서 시민은 자유로운 만큼 그 자유를 타인에게 강요하고 싶은 욕구를 참지 못할 때가 많다. 자유의 강요도 평화를 위협할 수 있다.

자신의 의견을 확신할수록 다른 사람의 생각을 지배하고자 하는 욕구는 더 커지기 마련이다. 자기 확신에서 자유의 고양을 느낄수록 균형 잡힌 판단보다 자기 확신을 강화할 정보와 지식의 추구에 열정적인 것은 우리가 가진 취약함이다. 플라톤은 이런 인간의 단점이 민주주의에서 극대화된다고 보았다. 따라서 그는 민주정의 타락은 곧 참주, 즉 대중이 사랑하는 독재자의 출현으로 이어질 것이라고 경고했다.

인간이 가진 이 확신의 딜레마, 즉 독단에 쉽게 휩쓸리는 단점을 악용하는 정치가들은 많았다. 실제로 그들이 불러들인 혐오는 쉽게 전염되고 빠르게 대중화되기도 했다. 인류가 전체주의를 경험하면서 알게 되었듯이, 그렇게 되면 일반 대중도 잘못된 열정으로 세상을 고통스럽게 할 수 있다. 민주주의는 군대나 총칼에 의해서만이 아니라 민주주의자들 혹은 민주주의를 오해한 자들에 의해서도 잘못될 수 있다.

5.

우리에게 합리적 토론이 필요한 이유는, 진리란 찬반 어느 한쪽 편에 있기보다 그 사이에 있을 때가 많기 때문이다. 우리가 선거에서 승리한 한 세력에게 모든 것을 맡기는 당-국가 체제(일당제) 대신 여야가 함께 입법부를 운영하게 하는 것도 같은 이유에서다. 제아무리 선한 대통령에 의한 것이든, 이념적으로 고결한 정당에 의한 것이든, 행동하는 양심과 정의감에 충만한 대중에 의한 것이든, 정치에서의 독단과 독주는 필연적으로 전제정을 낳는다.

혐오는 토론 없는 사회, 독단이 지배하는 사회가 만들어 낸 치명적인 질병이다. 팬덤은 대중에게 아첨하는 정치, 혐오를 악용하는 정치가 만들어 낸 부산물이다. 인간은 다름과 차이 때문에 고통받지만 다름과 차이가 없어도 고통받는다. 인간은 언제든 추락할 수 있는 '날개 잃은 천사'다. 우리 사이에서 불완전한 이해로 인한 이견과 갈등은 없앨 수 없다. 모든 것을 알 수는 없다는 의미에서 '무지의 문제'는 신이 아닌, 인간이 안고 있는 본질적인 한계다. 이런 사실을 받아들인다고 해서 좋은 사회를 위한 인간의 노력이 좌절되는 것은 아니다. 다름과 차이가 의심과 증오, 적대를 낳게 할지, 아니면 좀 더 다양하고 풍요로운 의견들이 넘치는 다원 사회를 만들지는 우리가 어떤 선택을 하는지에 달려 있다.

복수의 정당 사이에서 논쟁과 조정, 타협을 거쳐 모두에게 구속력을 가진 입법과 공공 정책을 결정하고 집행하게 하는 것이 힘은 들고 시간은 걸려도 사회를 더 잘 통합하고 공익의 증진에 더 잘 기여한다는 것을 믿고 인류가 선택한 것이 민주주의다. 하나의 옳고 정의로운 의지가 있다고 믿는 '전체주의적 민주주의'보다, 복수의 정견들 사이에서 잠정적 합의를 반복해 가는 '다원주의적 민주주의', 이 길이 우리가 소중하게 키워가야 할 정치의 미래다. 달라도 안전할 수 있고, 느려도 길을 잃지 않으며, 침착하고 다정해도 뒤처진 느낌을 갖게 하지 않는 민주주의가 우리에게는 필요하다.

강한 산성의 물질을 그릇에 담으면 그릇이 먼저 상하듯, 혐오는 상대에게 도달하기 전에 우리의 영혼을 먼저 파괴한다. 팬덤 정치도 혐오하고 깨뜨리고 싶은 상대를 아프게 만들기 이전에, 우리가 바라는 세상을 먼저 무너뜨린다. 우리가 그 길을 갈 수는 없지 않겠는가.

6.

정치는 중요하다. 민주주의는 정치의 독립된 역할 없이 작동할 수 없다. 그 역할을 정치가들이 한다. 그들이 여야의 여러 정당들로 나뉘어 경쟁하면서 협력하는 덕분에 시민도 사회도 경제도 작동할 수 있는 것이 민주주의다.

정치가는 존중되어야 한다. 그들은 우리가 민주적으로 절차에 따라 선출한 우리의 일부이다. 우리가 인정한 유일한 통치자들이다. 그들을 야유하고 조롱하는 사람들이 그들을 쫓아내고 자신들이 지배하겠다고 말하는 것은 민주주의를 파괴하는 행위다. 나아가 그렇게 하는 것이 진정한 민주주의라고 주장하는 것은 거대한 착각이다. 어떤 것이든 관용해서는 안 된다.

정치의 역할 없이 그 어떤 인간 공동체도 자유롭고 평화롭고 평등하고 안전하고 건강한 삶을 영위할 수 없다는 점에서, 정치는 찬사받는 인간 활동이어야 한다. 정치를 하는 일은 어렵다. 육체적으로는 대기업 총수보다 바쁘고, 정신적으로는 종교 행위나 사회운동보다 훨씬 더 큰 고통과 갈등을 감수해야하는 고결한 실천이다. 그 책임을 기꺼이 짊어지려는 자에게는 그에 합당한 호민관의 대접과 존경이 주어져야 한다.

시민으로서 정치를 쉽게 야유하고 비난하거나, 이를 쉽게 허용하는 것은 자해적인 일일 때가 많다. 우리는 정치가를 우리의 대표로 파견해 공동체를 운영하겠다는 결심으로 민주주의를 선택했다. 민주주의는 우리가 적법하게 선출한 사람들에게만 통치를 허락하는 체제다. 그런 우리와, 우리가 선출한 대표 사이가 나빠지기를 원하는 사람들, 그래서 정치를 시장에 넘기고 민간에 넘기고 전문가나 행정 관료제에 넘기라고 하는 사람들, 나아가 국민이나 시민에게 넘기라고 하면서 실제로는 자신들이 지배하고자 하는 팬덤들은 근본적으로 민주주의를 위협하는 사람들이다.

필자는 정치학을 전공했지만 필자가 하는 정치학보다 정치가들이 하는 정치가 비교할 수 없이 더 힘들고 또 그래서 가치 있다고 생각한다. 그들이 자신의 일에 자부심을 느끼는 정치 환경과 사회 문화가 뒷받침되어야 팬덤 정치 같은 가짜 정치가 끼어들지 못한다. 동료 정치가를 희생시켜 자신이 성공하려는 팬덤 정치가들이 아니라, 책임감과 소명 의식을 가진 진짜 정치가를 길러 내는 한국 민주주의가 되어야 한다. 사납고 공격적인 팬덤을 가져야 대통령이 되고 당 대표가 되고 당 최고위원이 되는 민주주의는 결국, 민주주의가 아니다.

7.

정치를 정치답게 하는 정치가가 많아졌으면 한다. 그런 정치가들이 용기를 내길 바라고, 정치를 파괴하는 정치와 과감하게 싸우길 바란다. 그래서 문제의 팬덤 정치를 더 나은 정치를 위한 잠깐의 진통 정도로 마무리해 주었으면 한다. 우리가 응원해야 할 정치는 그런 정치다. 정치가 찬사받기를, 정치가가 민중의 진정한 친구가 되기를 소망한다.

국정데이터조사센터. 2023. "제1차 데이터 브리프: 한국의 정치 양극화 현황과 제도적 대안에
　　　관한 국민인식조사." 한국행정연구원(03/06).

김승미. 2023. "누가 의원이 되나: 한국의 사례." 국회미래연구원 『기초 조사 자료 보고서』.

다운스, 앤서니 지음. 박상훈·이기훈·김은덕 옮김. 2013. 『경제이론으로 본 민주주의』.
　　　후마니타스.

더불어민주당. 2022. 『당령·당헌·당규』.

레비츠키, 스티븐, 대니얼 지블랫 지음. 박세연 옮김. 2018. 『어떻게 민주주의는 무너지는가』.
　　　어크로스.

런시먼, 데이비드 지음. 박광호 옮김. 2018. 『자만의 덫에 빠진 민주주의』. 후마니타스.

_____ 지음. 최이현 옮김. 2020. 『쿠데타, 대재앙, 정보권력 민주주의를 위협하는
　　　새로운 신호들』. 아날로그(글담).

로젠블루스, 프랜시스 매컬, 이언 샤피로 지음. 노시내 옮김. 2022. 『책임 정당:
　　　민주주의로부터 민주주의 구하기』. 후마니타스.

로크, 존 지음. 강정인·문지영 옮김. 1996. 『통치론: 시민 정부의 참된 기원, 범위 및 그 목적에
　　　관한 시론』. 까치.

루소, 장 자크 지음. 김영욱 옮김. 2018. 『사회계약론』. 후마니타스.

마넹, 버나드 지음. 곽준혁 옮김. 2004. 『선거는 민주적인가: 현대 대의 민주주의의 원칙에
　　　대한 비판적 고찰』. 후마니타스.

메이어, 피터 지음. 함규진·김일영·이정진 옮김. 2011. 『정당과 정당체계의 변화』. 오름.

문우진. 2011. "제18대 국회 원내 정당의 정당 응집성 분석." 『한국정당학회보』 9(2).

박경산·이현우. 2009. "의회에 대한 국민 인식 비교." 이갑윤·이현우 편저. 『한국 국회의
　　　이상과 현실』. 오름.

박상훈. 2013. 『만들어진 현실』. 후마니타스.

_____. 2017a. 『정당의 발견(증보판)』. 후마니타스.

_____. 2017b. 『민주주의의 시간』. 후마니타스.

_____. 2018. 『청와대 정부: 민주 정부란 무엇인가를 생각한다』. 후마니타스.

_____. 2020a. "한국의 정치 양극화가 갖는 유형론적 특징." 박상훈 엮음. 『양극화된 정치, 무엇이 문제이고 어떻게 개선할 수 있을까』. 국회미래연구원 연구보고서 20-28호.

_____. 2020b. "더 많은 입법이 우리 국회의 미래가 될 수 있을까." 『국가미래전략 Insight』 40. 국회미래연구원.

_____. 2021. "포퓰리즘은 민주적인가." 국회미래연구원 칼럼 <미래생각>(10/20).

_____. 2022a. "과도한 '물갈이 영입 공천'이 민주 정치를 어렵게 한다." 국회미래연구원 칼럼 <미래생각>(02/16).

_____. 2022b. 『정치적 말의 힘』. 후마니타스.

박선민. 2020. 『국회라는 가능성의 공간』. 후마니타스.

박찬표. 2002. 『한국의 의회정치와 민주주의』. 오름.

_____. 2021. "제임스 매디슨의 대의민주주의론: 민주주의 문제점에 대한 민주적 해결책." 서울대학교 한국정치연구소. 『韓國政治硏究』 30-2.

베버, 막스 지음. 박상훈 옮김. 2021. 『소명으로서의 정치(개정판)』. 후마니타스.

사르토리, 조반니 지음. 정헌주 옮김. (근간). 『정당과 정당체계』. 후마니타스.

샤츠슈나이더, E. E. 지음. 현재호·박수형 옮김. 2008. 『절반의 인민주권』. 후마니타스.

서복경. 2020. "입법발의 쏙슝 미스테리, 무엇이 문제이고 어떻게 날라실 수 있을까?" 『국회미래연구원 발표회 자료집』(11/25).

손낙구. 2021. "나는 어떻게 제정법을 준비했나: 협동조합기본법이 제정되기까지." 국회미래연구원 연구보고서 2.3.1-1.

_____. 2022. 『조세 없는 민주주의의 기원』. 후마니타스.

아리스토텔레스 지음. 천병희 옮김. 2009. 『정치학』. 숲.

윤왕희. 2022. "'비호감 대선'과 정당의 후보 경선에 관한 연구: 경선 방식과 당원구조 변화를 중심으로." 『한국정당학회보』 21-2.

전진영. 2019. "주요국 의회의 연간 의사운영과 의장의 권한." 『NARS 현안분석』 78. 국회입법조사처.

정순영. 2023. "누가 의원이 되나: 독일의 사례." 국회미래연구원 『기초 조사 자료 보고서』.

조은혜. 2023. 『'팬덤 정치'라는 낙인: 문재인 지지자, 그들은 누구인가』. 오월의봄.

중앙선관위. 2022. "2021년도 정당의 활동개황 및 회계보고."

중앙선관위선거연수원. 2021. "각국의 정당·정치자금제도 비교연구."

최장집. 2017. "제퍼슨, 매디슨과 미국 민주주의." <네이버 열린 연단>(09/16). https://openlectures.naver.com/text_viewer?module_id=871&contents_id=13 2112#nafullscreen.

토스카노, 알베르토 지음. 문형준 옮김. 2013. 『광신: 저주받은 개념의 계보학』. 후마니타스.

하잔, 르우벤, 기드온 라핫 지음. 김인균·길정아·성예진·윤영관·윤왕희 옮김. 2019. 『공천과 정당정치』. 박영사.

한국행정연구원. 2022. "2021년 사회통합실태조사." 한국행정연구원.

해밀턴, 알렉산더, 제임스 매디슨, 존 제이 지음. 박찬표 옮김. 2019. 『페더럴리스트』. 후마니타스.

허석재. 2019. "누가 당원으로 가입하나?" 미래정치연구소 편. 『한국의 당원을 말하다』. 푸른길.

호프마이스터, 빌헬름 지음. 토마스 요시무라 발행. 2021. 『민주주의를 형성하는 정당: 국제적 시각에서 이론과 실전』. 콘라드 아데나워 재단 한국사무소

홍지웅. 2021. "비쟁점 법안에 대한 이해와 오해." 국회미래연구원 연구보고서 2.3.1.

Achen, Christopher H. and Larry M. Bartels. 2017. *Democracy for Realists: Why Elections Do Not Produce Responsive Government*. Princeton University Press.

Bartolini, S. 1983. "The Membership of Mass Parties: The Social Democratic Experience 1889-1978." H. Daalder and P. Mair eds. *Western European Party System. Continuity and Change*, Sage.

Burton, M. and R. Tunnicliffe. 2022. "Membership of political parties in Great Britain." *Research Briefing*, 30 August, House of Commons Library.

Dalton, R. and M. Wattenberg. 2000. *Parties Without Partisans*. Oxford University Press.

Duverger, Maurice. 1959. *Political Parties: Their Organization and Activity in the Modern State*. Wiley.

Katz, R. S. and P. Mair. 1995. "Changing models of party organization and party democracy: The emergence of the cartel party." *Party Politics* 1(1).

Koole, Rund A. 1996. "Cadre, Catch-all or Cartel? A Comment on the Notion of the Cartel Party." *Party Politics* 2(4).

Luce, Edward. 2012. *Time To Start Thinking: America and the Spectre of Decline*. Little Brown.

Manin, Bernard. 1994. "Checks, balances and boundaries: the separation of powers in the constitutional debate of 1787." Biancamaria Fontana ed. *The invention of the modern republic*. Cambridge University Press.

Moynihan, Daniel Patrick. 1993. "Defining Deviancy Down." *The American Scholar* Vol. 62, No. 1(Winter).

Nonnenmacher, Alexander, Tim Spier. 2019. "Introduction: German Party Membership in the 21st Century." *German Politics* 28:2.

Rousseau, Jean-Jacques. 1979. *Reveries of the Solitary Walker*. trans. by P. Walker. Penguin.

Scarrow, S. 2015. *Beyond Party Members. Changing Approaches to Partisan Mobilization*. Oxford University Press.

Taylor, Charles. 2022. "Degenerations of Democracy." Craig Calhoun, Dilip Parameshwar Gaonkar, Charles Taylor eds. *Degenerations of Democracy*. Harvard Univershty Press.

van Biezen, I, P. Mair and T. Poguntke. 2012. "Going, Going, ··· Gone? The Decline of Party Membership in Contemporary Europe." *European Journal of Political Research* 51(1).

van Haute, E. 2015. "Joining isn't Everything: Exit, Voice, and Loyalty in Party Organizations." R. Johnston and C. Sharman eds. *Parties and Party Systems: Structure and Context*. UBC Press.

● 기사

강준만. 2023. "누가 '참여'를 아름답다 했는가." 『한겨레』(03/12).

권태호. 2022. "[유레카] 수박." 『한겨레』(06/13).

김남국. 2022. "문자 폭탄 읽어는 봤는가 ··· 팬덤정치 악마화는 답이 아니다." 『중앙일보』(06/03).

신진욱·이세영. 2022. "정당은 왜, 팬덤정치에 휘둘리는가." 『한겨레21』(04/22).

우석훈. 2011. "수박, 사과 그리고 적녹시." 『경향신문』(06/13).

이대근. 2018. "<이대근 칼럼> 올드보이를 위한 변명." 『경향신문』(08/14).

"고소, 고발에 얼룩진 2019년 '범죄 국회'." 『시사저널』(2019/11/06).

"'국힘 결별'한다더니 … 전광훈 '수천만 되도록' 당원 가입 장려." 『중앙일보』(2022/04/17).

"나는 왜 '개딸'이 됐는가." 『국민일보』(2023/01/31).

"문자 총공의 의미와 참여 방법 안내!"
　　　　https://www.clien.net/service/board/park/17092252(검색일: 2023/05/15).

"민주당 강성 지지층, 그들은 왜 멈추지 않는가." 『한겨레』(2023/04/22).

"민주당 광주 당원 15% 조사 … 95%가 허수?" KBC광주방송(2023/02/23).

"이재명 '개딸'들 나섰다 … 18원 쏟아지던 조응천에 생긴 일." 『중앙일보』(2022/03/23).

"'재명이네 마을' 인기투표 1위는 최강욱." 『아시아경제』(2022/03/28).

"진보 색채 짙어진 민주당 '좌클릭' … 멀어지는 보·혁." 『세계일보』(2018/07/15).

"최병렬 대표는 극우단체의 낙선대상?" <오마이뉴스>(2004/02/04)에서 재인용.

"팬덤정치는 대의민주주의의 대안이다."
　　　　https://www.clien.net/service/board/park/17316470(검색일: 2023/05/15).

"평당원들, 정당 대중정치운동에 시동 걸다." <세상을 바꾸는 시민언론
　　　　민들레>(2023/05/27).

"'호남 비하' vs '겉과 속 다르다는 뜻' 호남 경선 앞 때 아닌 '수박 논란'."
　　　　『한국일보』(2021/09/22).

● 인터넷 자료

국회 의안정보시스템. https://likms.assembly.go.kr/bill/main.do.

대검찰청. "형사사건 동향: 고소/고발사건 접수 현황." https://www.spo.go.kr/site/spo/ex/
　　　　duelistIncdentTrend/accuseInvsetigationAcceptstat.do

대법원. 2020. 『사법연감』. https://www.scourt.go.kr/portal/news/NewsViewAction.
　　　　work?pageIndex=1&searchWord=&searchOption=&seqnum=6&gubun=719.

미국홀로코스트박물관. "홀로코스트 백과사전: 나치 테러의 시작." https://encyclopedia.
　　　　ushmm.org/content/ko/article/the-nazi-terror-begins.

혐오하는 민주주의
: 팬덤 정치란 무엇이고 왜 문제인가

1판1쇄 | 2023년 8월 28일

지은이 | 박상훈
펴낸이 | 안중철, 정민용
편   집 | 윤상훈, 이진실, 최미정

펴낸 곳 | 후마니타스(주)
등록 | 2002년 2월 19일 제2002-000481호
주소 | 서울 마포구 신촌로14안길 17(노고산동) 2층
전화 | 편집_02.739.9929/9930 영업_02.722.9960 팩스_0505.333.9960

블로그 | blog.naver.com/humabook
트위터, 페이스북, 인스타그램 | humanitasbook
이메일 | humanitasbooks@gmail.com

제작 | 천일문화_031.955.8083 일진제책_031.908.1407

값 18,000원

ISBN 978-89-6437-438-2 03300